본서를 선물 받으신 분은
3번 읽으십시오.
18명에게 전하십시오.

<u>   </u> 불자님께

<u>서기 20   년   월   일</u>

<u>   </u> 드림

念 佛 覺 者 列 傳
염불각자열전

윤회를 벗어나 왕생극락한 사람들

김성우 편저

비움과소통

서방삼성도(西方三聖圖). 아미타부처님과 관세음보살(우), 대세지보살.

中生을 사바세계에서 극락세계로 인도하고 접인하시는 석가모니불(右)과 아미타불을 형상화한 이하백도도(二河白道圖)

일심을 깨닫고 염불로 윤회를 벗어난 사람들

정토(淨土)는 육도윤회를 벗어난 깨달음의 세계
업을 지닌 채 옆으로 삼계를 벗어난다(橫超三界)

이른바 오탁악세 말법시대인 오늘날, 불교를 비롯한 모든 종교가 위기를 맞고 있다. 종교의 타락과 세속화는 탈종교 시대를 예견하고 있고, 불교도 예외는 아니어서 고승과 도인, 선지식이 부재한 상황에 처해 국민의 정신을 위로하고 이끌어갈 영도력을 상실한 상황이다.

얼마 전 통계청이 발표한 '2015 인구주택 총조사' 결과는 더욱 충격적이다. 불교도가 10년 만에 약 300만 명 감소한 761만 명으로, 제1종교에서 제2종교로 밀려난 것이다. 고령 신도가 대다수인 불교 인구가 시간이 지날수록 급격하게 줄어들 것은 자명하다. 청소년포교와 청장년층 신도 교육 활성화를 비롯한 제도적인 조치도 필요하겠지만 가장 중요한 것은 무엇보다, 언제 어디서 누구나 쉽게 할 수 있는 효과적인 수행법의 대중화·생활화일 것이다.

알다시피, 한국불교의 수행법에는 참선, 염불, 위빠사나, 주력(진언), 간경, 사경, 절하기, 방생 등이 있다. 참선은 한동안 조계종 시민선방을 중심으로 수행 붐이 불기도 했지만, 행법이 어렵고 일상 속에 지속하기가 쉽지 않고 효과가 단기간에 나타나질 않아 이제는 전문 수행자들만의 전유물로 인식되고 있다. 한 마디로 대중화에 실패한 것이다. 위빠사나 역시 근본불교를 공부하는 분들에 의해 서서히 보급되고 있지만 아직까지는 미미한 형편이다. 반면 염불·주력 수행법은 일반 신도들이 쉽게 접근할 수 있고 수행법도 간단해 많은 불자들이 생활 속에서 꾸준히 실천하고 있다.

예를 들어, '관세음보살' 칭명염불로 급속히 발전한 종단이 천태종이라면, '옴마니반메훔' 진언수행으로 성장한 종단이 진각종이다. 이 두 종단은 불교계에서 제3, 제4의 종단으로 발돋움하였으며, 쉽고 간단한 수행법의 잇점을 가지고 앞으로도 교세가 확장될 전망이다. 조계종이 실천하기도 어렵고 실제적인 효과(깨달음)를 얻는 것이 사실상 어려운 참선 위주의 수행법으로 포교에 실패한 반면, 천태종과 진각종은 간단한 불보살님 명호나 진언을 생각하고 외우는 염불로 수행의 대중화에 큰 성공을 얻은 것이다. 신라 때 원효 스님이 전국 방방곡곡에서 표주박을 두드리며 온 백성들에게 '나무아미타불' 염불을 전할 수 있었던 것도 쉽고 간편하고 효과적인 수행법으로서의 장점이 있었기 때문이리라.

자력과 타력이 둘이 아닌 효과적인 불력(佛力)수행

이미 부처님께서도 염불이 범부중생에게는 가장 적합한 수행법으로 파악하셨다. 특히 오늘날과 같은 말법시대에 꼭 필요한 대안으로 미리 설해놓으셨으니, 그 대기 법문이 바로 자력(自力)과 타력(他力)이 둘이 아닌 불력(佛力)수행이다. 이른바 이행도(易行道: 쉽게 실천할 수 있는 길)에 해당하는 정토종(淨土宗) 또는 정종(淨宗), 연종(蓮宗)으로 불리는 염불수행문이 바로 그것이다. 이 정토법문은 사실, 하근기나 하는 차원 낮은 법문이 아니라 문수·보현·관음·대세지보살과 8종의 조사인 용수보살이 왕생극락을 발원했을 정도로 심오한 법문이다. 우리나라에서도 가장 많은 사찰을 창건한 양대 고승인 원효·의상 대사께서 염불법을 널리 펴서 신라불교의 찬란한 꽃을 피운 바 있다.

일부 대중이 홀대하고 깎아내리는 염불이라는 수행법이 실은 위대한 성현들께서도 이구동성으로 찬탄하고 닦았던 수행법임을 알아야 한다. 염불은 부처님의 한평생 교화의 정화(精華)이자 '윤회를 벗어나는 지름길 중의 지름길'이라 해도 과언이 아니다. 염불의 최고 장점은 업장을 소멸시키지 않고도 '윤회를 벗어난 깨달음의 세계'인 극락에 왕생할 수 있다(帶業往生)는 데 있다. 게다가 일단 극락에 왕생하면 다시는 퇴전하지 않는다는 점에서 염불은 '성불로 가는 최고의 방편'이라 할만하다. 탐진치 삼독(三毒)을 전혀 없애지 못해도, 또 일심불란이나 염불삼매에 들지 못해도 부처님의 본원력(本願力)에 의지하기 때문에 극락에 왕생할 수 있다. 또 오역죄를 지은 극악한 죄인도 임종 시 한 번, 또는 십념(十念)의 염불로 극락에 왕생할 수 있으니 이는 부처님의 대자대비하신 원력 덕분이다.

업을 지닌 채 옆으로 윤회계를 벗어나는 묘법

염불이 횡적으로 윤회계(삼계)를 벗어나서(橫超三界) 업을 짊어진 채로 극락에 왕생한다는 것은 정토법문에만 있는 특별한 장점이다. 즉 일체의 다른 법문을 통해서는 반드시 수직적으로만 윤회계를 벗어날 수밖에 없고, 횡적(橫的, 공간적)으로는 절대로 삼계를 벗어날 수 없으니 수직으로 벗어나는

삼계윤회를 옆으로 벗어나는 정토법문을 설한 횡초
삼계도(橫超三界圖, 최정화 作)

것은 지극히 어렵고, 횡적으로 벗어나는 것은 쉽기 때문이다. 한 가지 비유를 든다면, 긴 통대나무 막대의 마디 안에 벌레가 갇혀 있어서 대마디 밖으로 나가고자 하는데, 만약에 대나무 마디 쪽을 향하여 수직으로 한마디 한마디씩 씹어서 구멍을 뚫어 대나무 끝까지 가고자 한다면 이는 수직적으로 삼계를 벗어나려는 것으로서 대단히 어려운 일일 것이다. 하지만 바로 대마디 옆을 향하여 대나무 마디 벽을 씹어서 구멍을 낸다면 이는 횡적으로 삼계를 벗어나려는 것으로서 대단히 쉬울 것이다. 그렇기 때문에 이 비유는 정토법문이 다른 행법에 비하여 가장 직접적이고 빠르며 원만하고 즉각 깨닫는 법문임을 설명하기 위해 자주 인용된다.

이러한 법문만을 보더라도 오탁악세를 살아가는 범부들이 이 염불법문을 버리고 다른 수행에 의지하면 생사 해탈할 확률이 거의 없다고 봐도 무방하다. 때문에 마명·용수보살과 선도 대사, 영명연수 선사 등 수많은 불보살의 화신들이 인간의 몸으로 다시 사바세계에 오셔서 염불법문에 의지할 것을 간곡하게 당부하셨던 것이다.

상중하 모든 근기가 닦는 효과적인 성불의 지름길

이 정토법문은 중국에서는 당나라 이후에 선종 사찰에서 염불을 병행해 수행해 오면서 선정쌍수(禪淨雙修: 참선과 정토수행을 같이 닦음)의 전통으로 자리 잡아 원나라 이후 오늘날까지 중국과 대만의 주 수행법으로 정착되었다. 현재 대만과 중국의 선종사찰에서도 염불법을 병행할 정도로 염불은 가장 쉽고 효과적인 수행법으로 자리 잡았다. 하지만, 우리나라에서는 조선시대의 억불정책으로 중국의 정토법문이 거의 전해지지 못했고, 신라 원효 스님의 일심정토 염불수행의 전통마저 희미해지고 말았다.

이 염불법문은 상중하 근기 모든 수행자가 할 수 있으며, 가장 쉽고 빠르며 효과적인 수행법으로서 특히, 바쁜 현대인들에게는 가장 적합한 수행방편이 되고 있다. 오늘날, 화두참선과 위빠사나 위주의 자력수행은 최고의 경지에 도달해도 윤회를 벗어나기는 사실상 불가능한 현실이 되고 말았다. 반면, 염불 수행자들은 살아서도 안심을 얻고 불력의 가피를 입어 행복한 삶을 영위하는 동시에 미리 임종을 준비하고 염불을 하면서 극락에 왕생한 이가 역사상 부지기수이며, 현재도 극락왕생한 이들이 적지 않다.

이 극락이라는 정토(淨土)는 육도윤회를 벗어난 보살지 이상의 구도자가 머무르는 깨달음의 세계이다. 그러나 불행히도 한국 불자 가운데는 극락이 육도 안의 천상의 한 곳으로 오해하는 이들이 많다. 그러다 보니 염불을 하근기가 하는 낮은 수행법으로 오인하는 경우가 대부분인데, 이로 인해 한국불교가 더욱 대중화되지 못한 큰 원인이 되었다.

선(禪)과 염불 함께 닦으면 '뿔 달린 호랑이'

이제라도 간화선 위주의 한국불교가 생활불교로 살아나기 위해서는 염불수행의 대중화가 아주 절실하다. 염불이 살아나면 불자들의 신심도 살아나고 선종 역시 더불어 생기를 찾을 수 있다. 특히 염불삼매의 경지는 선의 삼매와 둘이 아니어서 많은 선지식의 출현을 기대해 봐도 좋을 것이다. 선종(법안종)의 조사이자 연종의 조사이기도 한 영명연수 선사가 남긴 유명한 선종사료간(禪淨四料簡)에 참선과 염불이 상승작용을 할 수 있는 묘법이 담겨있다.

"참선수행도 하고 염불수행도 하면 마치 '뿔 달린 호랑이'(戴角虎) 같아 현세에 사람들의 스승이 되고 장래에 부처나 조사가 될 것이다.
참선수행은 없더라도 염불수행만 있으면 만 사람이 닦아 만 사람이 모두 가나니 단지 가서 아미타불을 뵙기만 한다면 어찌 깨닫지 못할까 근심 걱정 하리오.
참선수행만 있고 염불수행이 없으면 열 사람 중 아홉은 길에서 자빠지나니 저승 경지가 눈앞에 나타나면 눈 깜짝할 사이 그만 휩쓸려 가버리리."

역사상 출·재가의 많은 고승 대덕들이 마음을 깨달은 후 염불로 보림하면서 윤회를 벗어나 극락정토에 왕생하였다. 그들의 구도과정과 수행법을 통해 참선과 염불이 둘이 아니며, 선(禪)과 염불을 함께 닦으면 '뿔 달린 호랑이'가 되어 살아서는 만인의 스승이 됨을 알 수 있다. 게다가 이생의 명이 다한 뒤 정토에 왕생한 후 불퇴전지에 올라 무생법인을 증득하고 마침내 성불하여 중생을 제도하는 일대사를 완수할 수 있음을 알게 된다.

필자는 미력하나마, 일심을 깨달아 염불로 보림하고 중생을 제도한 뒤 생사 해탈한 고승·대덕의 일화와 구도과정을 정토법문의 관점에서 조명하여 염불수행을 되살리는 밑거름이 되고자 한다.

나무아미타불 나무아미타불 나무아미타불

2018년 6월 관음재일에
파주 비움과소통 서재에서 자항慈航 합장

-운서주굉, '불설아미타경소초'

간청을 기다릴 여유가 없었던 것이다.
오직 힘이 미치지 못할까만 걱정한 까닭에
생사를 가로질러 절단하고 급히 중생을 구원하시니,
부처님이 큰 자비로 이 정토문을 열어
해탈과 선정을 매우 얻기 어려우니,
말세 중생은 근기가 우둔하고 장애가 깊어
세상을 구함이 가장 시급하다(救世最急)는 것은

목 차

信願念佛　　同登極樂

제2부. 왕생전록(往生傳錄)

제3부. 염불법사(念佛法師) 왕생록(往生錄)

제1부. 염불각자열전念佛覺者列傳

"속히 불퇴전지 이르러 성불하려면 아미타불 염하라"
_ '제2의 석가' 용수보살

"육지의 길에서 걸어가는 것은 힘들고, 바다의 길에서 배를
타는 것은 즐거우니 보살의 길도 이와 같다. 혹은 '부지런히
행하여 정진하는 길'(難行道)이 있고, 혹은 '믿음의 방편으로
행하기 쉬운 길'(易行道)로 속히 불퇴전의 땅에 이르는 자가
있다." _「십주비바사론」

성불하기 쉬운 길 안내한 '제2의 석가'

〈십주비바사론(十住毘婆沙論)〉
은 대승불교권에서 '제2의 석
가'로 추앙받는 용수(龍樹,
Nagarjuna)보살의 저술이다.
불교의 가르침을 자력(自力)
위주의 어려운 난행도(難行道)
와 불력(佛力) 위주의 쉬운 이
행도(易行道)로 나누고 염불문
을 열어보인 근거로 삼게 된
논서이다. 이 논서는 대승의
수행자가 걸어가는 보살도에
서 '믿음의 방편으로 행하기 쉬운 길'을 말할 뿐 아니라,
그 길을 염불이란 수행법을 통해 구체적으로 밝히고 있어

정토문을 열게 된 결정적인 근거가 되었다. 용수보살은 이 논서에서 "만약 보살이 이 몸으로 불퇴전의 땅(不退轉地)에 이르러 아뇩다라삼먁삼보리를 성취하고자 한다면 응당 시방의 모든 부처님의 명호(名號; 이름)를 불러야 한다."면서, 성불하기 위해 가장 빠르고 쉬운 방편인 염불수행을 적극 권장했던 것이다.

초지보살로 왕생극락한 '대승의 아버지'

용수보살은 부처님으로부터 의발(衣鉢)을 전해 받은 선종의 제14대 조사(祖師)인 동시에 8종(宗)의 종주(宗主)이기도 하다. 특히, 정토종에서는 처음으로 염불문을 개창한 창조(創祖)로 존중하고 있다. 그는 부처님께서 열반하시고 약 600~700년 후(서기 2~3세기)에 남천축국(南天竺國)에 태어나 부처님의 대승법(大乘法)을 세상에 널리 편 논사로서, '대승불교의 아버지'로도 불린다. 특히, 용수보살은 부처님께서 미리 예언까지 해놓으신 분이기도 하다. 〈입능가경(入楞伽經)〉에서 부처님께서는 "내가 열반한 후 미래세에 남천축국에 용수라는 자가 태어나서 나의 대승법을 세상에 널리 펴서 환희지(歡喜地; 보살 초지)를 증득하여 왕생극락할 것이다."라고 말씀하신 분이다. 이 예언에서 보듯이, 용수보살은 윤회를 벗어난 깨달음의 세계인 극락정토와 무척 인연이 깊은 분임을 알 수 있다.

은신술로 궁녀 임신시킨 후 참회하고 출가

그러나, 엄청난 저술에도 불구하고 용수보살의 일생에 대한 기록은 자세하지 않다. 구마라습이 지은 〈용수보살전(龍樹菩

薩傳)〉에 따르면, 그는 인도 남부의 브라만 출신으로 브라만 논사였다고 한다. 그는 총명했지만, 청년시절에는 충격적인 악행을 저지르기도 했다. 친구 세 명과 몸을 숨기는 은신술을 익혀 왕궁에 들어가 궁중의 미녀들을 범해 임신까지 시켰던 것이다. 왕은 범인을 잡기 위해 땅 위에 고운 모래를 뿌리게 하고, 그들의 발자국이 모래에 새겨지자, 병사들에게 창과 칼로 공중을 찌르도록 시켰다. 친구 세 명은 그 자리에서 모두 죽고, 용수보살만 간신히 궁중을 탈출했다. 이 사건을 계기로 그는 모든 욕망이 번뇌와 고통의 근원임을 깨닫고 불교에 귀의하게 된다.

중관학파 논사로 공과 중도사상 체계화

그가 살던 시대에는 상좌부가 스리랑카로 건너간 상태였고 인도에는 상좌부가 소멸된 상태였기에, 부파불교가 아닌 대승불교에 귀의했다. 공(空)사상을 핵심으로 여기던 초기 중관학파에 출가한 용수보살은 불과 석 달만에 기존의 불경을 다 외웠다고 한다. 중관학파의 논사가 된 용수는 어떤 불변의식(分別意識)이 있어 윤회한다는 부파의 아비달마를 비판함과 동시에, 중관학파의 공(空)을 더욱 철학화 하는 작업에 몰두했다. 그 결과물이 바로 〈중송(中頌)〉이고, 그 핵심 내용이 팔불중도(八不中道)이다. 용수보살은 〈중론(中論)〉에서 "생하지도 않고 멸하지도 않으며, 상주하지도 않고 단멸하지도 않으며, 동일하지도 않고 다르지도 않으며, 오지도 않고 가지도 않는다(不生亦不滅 不常亦不斷 不一亦不異 不來亦不出)"는 팔불중도를 설해 모든 사견을 타파했다. 동시에, "연기법(緣起法)이 곧 공이며, 또한 가명(假名)이며, 또한 중도의 뜻이다."라는 삼제게(三諦偈)로서 중도의 뜻을 드러내기도 했다.

용수보살 진영

용수보살은 출가자 위주의 '수행중심 불교'에서 재가자 중심의 대승불교 교단의 확립에 주도적인 역할을 하기도 했다. 새로운 교단에 맞게 교리와 계율을 수정하고 의복과 의식도 새로 만들어 기존 승단과 차이를 두었다. 이러한 사실 이외에 그의 일생은 믿기 어려운 일화들로 가득한 것이 사실이다. 하지만 보이지 않는다고 무작정 전설로 치부하기 보다는 하늘과 지옥 등 육도(六道)에 속하는 보이지 않는 세계도 있다는 측면에서 담담하게 바라볼 필요가 있다. 특히 용궁(龍宮)에 들어가서 〈화엄경〉을 가져왔다고 하는 전설 같은 일화가 그렇다.

용궁에서 화엄경 등 대승경전 통달

대룡(大龍)보살은 용수보살이 자신의 실력을 믿고 아만심(我慢心)에 가득 차 있는 것을 보고 측은지심을 내어 그를 바다 속으로 데리고 들어가 용궁의 칠보로 장식한 창고에 가득한 대승 경전들을 보여줬다. 용수보살은 이것을 받아 석 달간 독송하고 그 종지를 두루 통달했으며, 특히 〈화엄경〉에 심취했다. 방대한 3본(本)의 〈화엄경〉 가운데 가장 이해하기 쉽고 간단한 하본(下本) 화엄경과 그 밖에 다른 대승경전을 골라 모시고 나와서 대승법을 세상에 널리 폈다. 훗날 화엄경을 축약한 〈화엄경 약찬게(略纂偈)〉를 비롯해 〈대지도

론〉·〈회정론〉·〈육십여리론〉·〈중송〉·〈십이문론〉·〈칠십공
론〉·〈십주비바사론〉·〈대승이십론〉·〈자량론〉 등을 지었으
니, 그의 불법에 대한 깊이와 넓이는 상상하고도 남음이 있
을 것이다.

심지법문 설하며 염불로 극락왕생 권해

심지(心地)를 깨달아 부처님의 혜명(慧命)을 계승한 용수보살
은 놀라운 지혜로 수많은 논쟁과 토론을 통해 많은 왕공과
장자, 브라만들을 불교에 귀의시켰다. 대승의 진리와 남을
이롭게 하는 보살의 길, 태어남도 없고 죽어감도 없는(不生
不滅), 본래 생멸이 없다는 무생법인(無生法忍)을 가르쳤다.

선종의 심요(心要)를 깨달은 용수보살은 공(空)도리와 심지법
문을 설하는 한편, 항상 아미타불(阿彌陀佛)을 염송(念誦)하
며 많은 수행자들에게 왕생극락을 권했다. 극락정토와 염불
수행에 대한 글도 많이 지어 훗날 정토종 교리의 근원을 제
시했다.

번뇌와 죄업 소멸하는 염불삼매 강조

그 대표적인 논서가 바로 〈화엄경〉 중에서 '십주품(十住品)'
을 해설한 〈십주비바사론(十住毘婆沙論)〉이다. 여기서 '십주'
는 십지(十地)로, 보살이 부처에 이르기 위해 수행하는 10단
계를 말한다. 십지를 모두 설명하지 않아 그다지 중요하게
여겨지지 않았으나, 믿음을 방편으로 하는 이행도(易行道)인
아미타불의 명호를 외우고 마음에 새기는 길이 설명되어 있
어 중요한 논서가 됐다.

아울러 용수보살은 〈대지도론(大智度論)〉에서 "염불삼매(念佛三昧)는 능히 종종의 번뇌나 숙세 죄업까지 다 제거한다."며, 염불삼매의 힘을 강조하기도 했다. 그는 "어떤 성문이나 보살이 염불삼매를 닦을 때, 비단 부처님 몸만을 염할 것이 아니라 부처님의 갖가지 공덕과 법신(法身)도 염해야 한다."며, 부처님 명호를 외울 때 항상 염두에 둬야 할 바에 대해 당부하기도 했다.

매미 허물 벗듯 생사해탈

염불문의 초조로서, 대승의 대표 논사로서, 가장 방대한 논서를 남긴 저술가로서 대승불교의 초석을 다진 용수보살은 명성과는 달리 조용하게 일생을 회향하였다.

소승불교의 한 법사가 용수보살에게 앙심을 품고 있다는 사실을 안 그는, 이 세상을 떠나려 할 때 그에게 물었다.

"당신은 내가 이 세상에 오래 머물기를 바라는가?"

"진실로 원치 않습니다."

소승의 법사가 이렇게 말하자, 용수보살은 조용한 방으로 들어가 며칠이 지나도 나오지 않았다. 제자들이 문을 부수고 들어가 보니 매미가 허물을 벗은 듯이 왕생한 상태였다고 한다. 그가 세상을 떠난 지 백여 년이 지나, 남인도의 여러 나라에서는 용수보살을 위해 사당을 짓고 '제2의 석가'라 부르며 부처님과 같이 공경하며 섬겼다.

정토에 왕생하면 누구나 '불퇴전지' 증득

일심을 깨달아 선종의 조사가 되었으며, 모든 경전의 종지

를 밝게 통달해 8종의 종주가 되어 '보살'의 칭호까지 받게
된 용수보살이 무슨 이유로 염불수행을 하고 왕생극락을 발
원한 것일까. 그것은 말할 것도 없이 구경성불(究竟成佛)과
속성불도(速成佛道)를 위한 것이었다. 수행자들이 보살 7지
이상인 불퇴전지에 이르지 못하면 윤회하면서 전생에 닦은
대분분의 기억을 상실(격음의 미혹; 隔陰之迷)하기 때문에 용
수보살은 일단 윤회를 벗어난 극락정토에 왕생할 것을 발원
한 것이다. 극락세계에서는 범부에서부터 성문, 연각, 보살
에 이르기까지 연꽃에 화생(化生)하는 즉시 누구나 불퇴전지
보살이 되어 다섯 가지 신통력을 갖추고 성불공부를 하게
된다. 곧 이어 아미타부처님을 친견하여 법문을 듣게 되면
신속히 무생법인을 증득하고 성불 수기(授記)를 받을 수 있
기에, 일단 극락에 왕생할 것을 간절히 당부한 것이다.

불경의 왕인 〈화엄경〉의 주연 배우인 문수·보현보살과 선
재동자가 염불수행으로 극락왕생을 발원한 사실을 깊이 참
구해 보자. 참선 수행자의 교과서인 〈능엄경〉에서 관세음보
살과 대세지보살이 이근원통(耳根圓通)과 염불원통으로 깨달
은 법문을 다시 한번 사유해 보자. '제2의 석가'께서 염불삼
매를 주창한 까닭을 거듭 살펴보시고, '발보리심 일향전념
아미타불' 하시길 발원한다.

나무아미타불!

예배 · 찬탄 · 발원 · 관찰 · 회향의 염불로 윤회 벗어나라
_ 유식학의 개척자 세친보살

"세존이시여, 저는 일심으로 시방세계에 광명을 널리 비추는 무애광여래(아미타불)께 귀의하옵고 안락국(극락정토)에 왕생하길 원하옵니다." 〈왕생론(往生論)〉

초지보살로 왕생한 유식불교 개척자

지난 호에서 '대승불교의 아버지'이자 '제2의 석가'로 불린 용수보살이 초지보살로서 윤회를 벗어난 극락정토에 왕생했다는 기록을 살려본 바 있다. 이번 호에서는 유식(唯識: 오직 識만 존재한다)불교의 개창자로서 대승불교의 초석을 다진 세친보살(世親 또는 天親菩薩, 바수반두, Vasubandhu, 320-400년경) 역시 초지보살로서 왕생극락을 발원한 정토종의 중흥조임을 밝히고자 한다.

왕생극락하는 5대 염불수행법 제시

'천 부의 논주'로 불린 세친보살은 많은 대승의 논서를 지어 불승(佛乘)을 크게 천양한 한편, 정토삼부경의 하나인 〈무량수경〉을 높이 우러러 보아 '원생게(願生偈)'와 '논'을 지었는데, 이것이 바로 〈왕생론〉(원제는 無量壽經優婆提舍願生偈, 정토론이라고도 함)이다. 인광 대사는 〈왕생론주〉 서문에서 이렇게 그를 찬탄하였다.

"세친보살께서는 중생으로 하여금 끝내 왕생할 수 있도록 오문수법(五門修法)을 보여주셔서, 예배 · 찬탄 · 작원(作願) · 관찰 · 회향의 법을 구현하셨습니다. 관찰문에서는 정토의 장엄 · 여래의 법력 · 보살의 공덕을 상세히 보여주셨습니다. 무릇 〈왕생론〉을 보고 듣는 사람은 모두 왕생을 발원할 것입니다."

쉽게 불퇴전지 증득하려면 정토왕생이 필수

세친보살

유식불교의 대가인 세친보살이 〈왕생론〉을 통해 다섯 가지 염불수행법을 드러내며 밝히고자 했던 대의는 과연 무엇일까? 그의 목소리로 직접 들어보자.

"저 안락(극락)세계를 관찰하여 아미타여래를 친견하고 저 국토에 태어나기를 원함을 보인 것이다."(왕생론)

구도자가 생전에 불퇴전지(보살 7지 이상)에 이르지 못한다면 몸을 바꾸면서 대부분 전생의 기억을 상실하고 퇴전하기 마련이므로, 일단 윤회를 벗어나는 것이 급선무이다. 따라서 반드시 왕생극락을 발원해야 한다는 것이다.

그렇다면 어떻게 관찰하고, 어떻게 신심을 낼 것인가?

"만약 선남자 선여인이 오념문(五念門)을 닦아 행을 성취하면 마침내 안락국토에 태어나 저 아미타부처님을 친견할 것이다. 무엇이 오념문인가? 첫째 예배문이요, 둘째 찬탄문이요, 셋째 작원문이요, 넷째 관찰문이요, 다섯째 회향문이다."

어떻게 예배하는가?

"신업(身業·몸)으로 아미타여래·응공·정변지께 예배하는 것은 저 국토에 태어나려는 뜻을 내는 까닭이다."

어떻게 찬탄하는가?

"구업(口業·입)으로 저 여래(아미타불)의 명호를 부르는 것은 저 여래의 광명·지혜·덕상처럼, 저 명호의 뜻처럼 여실하게 수행하여 상응하고자 하는 까닭이다."

사마타(止)·위빠사나(觀) 함께 닦는 염불

어떻게 발원(作願)하는가?

"일심으로 전념하여 마침내 안락국토에 왕생하길, 마음으로 항상 발원하여 여실하게 사마타(止)를 수행하고자 하는 까닭이다."

어떻게 관찰하는가?

"저 국토를 지혜로 관찰하고 정념(正念)으로 관하여 여실하게 위빠사나(觀)를 수행하고자 하는 까닭이다. 저 국토를 관찰하는 것에는 세 가지가 있다. 첫째 저 불국토의 장엄공덕을 관찰하는 것이요, 둘째 아미타부처님의 장엄공덕을 관찰

하는 것이요, 셋째 저 모든 보살들의 장엄공덕을 관찰하는
것이다.”

마침내 어떻게 회향하는가?

“일체 고뇌하는 중생을 버리지 않기 위해서 항상 발원·회
향을 우선으로 삼아 대비심을 성취하는 까닭이다.”

정토왕생하여 성불하는 목표 확립

이런 내용을 핵심으로 하는 세친보살의 〈왕생론〉이 후대의
정토문 건립에 끼친 공헌은 두 가지로 요약된다. 첫째는 아
미타불의 극락정토 왕생을 발원하고 신속히 성불하겠다는
수행자의 목표를 확립한 것이고, 둘째는 정토왕생의 다섯
가지 수행법을 오념문으로 제시한 것이다.

관찰문은 국토와 부처·보살 등 29가지 장엄을 관찰하여
‘믿음’을 일으키는 것이고, 작원문은 ‘발원’이며, 찬탄문은
칭명의 ‘행’이므로, 오념문은 ‘신(信)·원(願)·행(行)’을 포함
하고 있다. 이 오념문을 축소하면 곧 부처님의 본원력을 관
하고, 아미타불의 명호를 칭념하는 ‘본원칭명(本願稱名)’이라
할 수 있다.

이로써 세친보살은 용수보살이 〈십주비바사론〉 ‘이행품’에서
설한 아미타불 본원칭명의 골수를 더욱 체계적인 이론과 구
체적인 행법을 곁들여 계승하였다. 목표상에 있어서는 일반
적인 대승에서 말하는 이 땅에서 불퇴전을 얻는 것을 극락
정토에 왕생하여 신속하게 성불하는 것으로 추진했음을 알
수 있다. 세친보살을 통해 정토법문은 일반적인 대승법문의
목표(발보리심)와 방법(육도만행)으로부터 완전히 독립하여

발전하게 된 셈이다.

'아비달마구사론' 저술하며 소승법 널리 펴

세친보살

이렇듯, 정토종에서 차지하는 세친보살의 위상은 중흥조라고 칭해질 정도로 대단하지만, 세간에 알려진 그의 수행이력은 유식 법상종(法相宗)의 개창조이자, 대승불교의 확립자로 더 유명하다.

〈바수반두법사전(婆槃豆法師傳)〉에 따르면, 세친보살은 간다라의 장안국(페샤와르, 현 파키스탄령)에서 카우시카(Kauika)라는 성을 가진 바라문의 둘째 아들로 태어났다. 그의 형은 유가유식(瑜伽唯識)의 개조인 무착(無着, Asanga)보살이었다. 세친보살은 어렸을 때는 바라문으로서 인도철학을 섭렵하고, 출가후에는 다양한 부파의 사상들을 공부하여, 당시에 가장 큰 세력 중의 하나였던 설일체유부의 사상을 정리·비판하는 〈아비달마구사론〉을 저술하였다. 처음에는 소승법을 배워 대승법을 믿지 않을 뿐만 아니라 부처님의 설이 아니라고 비방까지 하였고, 그 후 아유사국(阿踰闍國)에 가서 절을 짓고 소승법을 널리 펴게 된다.

'대승 비불설' 주장하다 참회

그런데 세친보살의 맏형인 무착보살이 아우가 소승법을 익혀 대승경전을 비방한다는 말을 듣고는 악도(惡道)에 떨어질 그 과보를 근심한 나머지 사람을 아유사국으로 보내 아우에게 "내가 병세가 매우 심하니 급히 본국으로 돌아오라"고 전했다.

세친보살이 그 말을 전해 듣고는 즉시 장안국에 돌아와 병문안(問安)을 드렸다. 형이 자기를 그처럼 염려해 주는 것에 무한한 고마움과 송구함을 느낀 세친보살은 형에게 사과를 드리고는 대승법을 해설해달라고 청했다. 무착보살이 간략히 대승법의 요의(了義)를 설명해주니, 세친보살이 즉시 대승의 종지를 깨달아 소승법보다 훨씬 수승한 법문임을 알게 되었다.

세친보살은 대승법을 비방한 죄가 극심함을 알고는 "전일에 이 혀로써 대승법을 비방했으니, 이 혀를 칼로 끊어 참회하면 그 죄업이 소멸이 되겠습니까?" 하고 물었다.

그러자 무착보살은 이렇게 방편을 일러주었다. "너의 그 죄업은 혀를 천 번을 끊는다 해도 결코 소멸되지 않을 것이니라. 네가 만일 대승을 비방했던 그 혀로써 이제부터는 대승법을 찬탄하게 되면 그 죄업이 소멸하게 될 것이다."

'유식삼십송' 등 대·소승론 천 부 저술

이로부터 세친보살은 〈유식삼십송〉〈유식이십론〉〈대승백법명문론〉 등 많은 대승론을 지어 그 부수가 무려 500부(部)에 달했다. 그 전에 소승론 지은 것을 합치면 1,000부에 가까운 방대한 논을 지어 세상 사람들이 천부론주(千部論主)라고 불러 찬탄했을 정도다.

세친보살은 유식을 닦는 요가(瑜伽)수행자이자 대승 경론을 강의하고 저술하는 논사로서 세상에 널리 알려졌지만, 정작 당신의 주된 수행법은 염불이었으며 일단 윤회계를 벗어난 극락정토에 왕생하는 것을 1차 목표로 삼았다. 극락정토에 화생하는 구도자들은 삼악도(三惡道)가 없는 수승한 공부환경에서 누구나 불퇴전지 보살로서 5신통을 구족하며 아미타부처님 법문을 듣고 빨리 무생법인을 증득하여 성불의 수기(授記, 예언)를 받기 때문이다.

세친보살이 대승경전을 두루 살펴 본 후 정토법문에서 크게 발심이 되어 극락세계를 극구(極口) 찬탄하고는 그곳에 왕생하기를 지극히 간절하게 발원해 〈왕생론〉을 찬술한 것이 결코 우연이 아닌 것이다. 그는 일생을 아유사국에 머물면서 많은 사람들을 교화하여 정토왕생에 대한 발원을 권하셨으며, 80세를 일기로 서방정토로 왕생하셨다.

대승의 조사들이 선택한 가장 쉬운 성불법

이와 같이 대승법에 밝은 조사스님 가운데 왕생발원을 하지 않은 분은 거의 드물다. '제2의 석가'로 불린 용수보살이 〈십주비바사론〉과 〈지도론〉 등 정토에 관한 가르침과 극락세계를 찬탄하는 정토예찬문 등을 저술하였고, 대승불교의 선구자인 마명보살 역시 〈기신론〉에서 정토에 관한 가르침을 써 놓으셨다. 이를 미루어 보더라도, 정토법이란 대승불교의 귀추(歸趨)가 되는 법문이라 할 수 있으며, 극락세계란 정토 중에도 가장 훌륭한 곳임을 확인할 수 있다.

세친보살의 염불관은 유식사상의 대가답게 "법신(法身)과 상응하여 하나가 된다."고 하는 법신염불의 성격을 띠면서도, 용수보살의 뒤를 이어 가장 쉽고 빨리 윤회를 벗어나는 길(易行道)을 제시하였다. 즉 아미타불의 본원력에 의지하여 정토에 왕생하는 가장 빠른 길, 순풍에 배를 타듯이 성불을 이루는 가장 손쉬운 길, 그것이 바로 염불수행임을 확고히 한 것이다.

오늘날, 중국과 대만, 일본 등 대승불교권에서 정토법문이 가장 큰 영향력을 발휘하고 있는 가운데, 한국불교에서는 유독 정토법문이 홀대를 받고 있다. 대승불교에서 가장 수승한 방편인 염불법이 살아나야 불자들의 신심도 살아나고 선종도, 한국불교도 살아날 수 있음을 자각하고 각 종단에서는 염불수행의 대중화에 더욱 힘을 쏟아야 할 것이다.

나무아미타불!

"나무아미타불이 위없이 깊고 묘한 선(禪)이다."
_ 정토종 초조 혜원 대사

"요사이 선종들이 염불하며 정토를 닦는 이를 보고는 상에 집착하여(着相) 수행한다 하며 비방하고 참선·견성하여 진상(眞常)을 돈오하는 것만 같지 못하다 하므로, 근기가 천박한 이들은 그 말을 믿고 염불도 아니 하고 경도 보지 아니 하며 오염된 삶을 살고 있어서 입으로는 참선을 말하나 마음에는 도를 행하지 아니하며 정토를 비방하고 왕생을 믿지 아니한다. 이는 크게 잘못된 것으로 아미타불이 '위없이 깊고 묘한 선(禪)'임을 알지 못하는 것이다." 〈귀원직지(歸元直持)〉

최초의 수행결사 '백련사' 이끈 정토종 초조

한·중·일 최초의 수행결사인 백련결사를 이끈 중국 정토종의 초조 혜원(慧遠, 334~416년) 대사는 염불 역시 삼매로 깊이 들어가면 선과 둘이 아님을 몸소 보여준 선각자였다. 생전에 염불삼매를 증득하고 정토법문을 처음으로 중국 전역에 널리 알린 대사는 〈귀원직지〉에서 "참선·견성코저 하면 다른 방편을 들 것 없이 다만 한마디 '아미타불'만 가지고 스스로 참구하며 염하여 오래 되면 자연히 소득이 있을 것"이라 하였다. 그는 설사 깨닫지 못하더라도 명(命)을 마칠 때 육도윤회를 벗어난 세계인 극락정토의 최고 경지인 상품상생(上品上生)을 얻을 것이라고 설했다. 선종에서는 견성하고서도 확철대오하지 못하면 생사윤회를 벗어나기가 지극히 어려운 반면, 정토종에서는 업을 지닌 채 윤회를 벗어나는(帶業往生) 깊고 묘한 선(禪)이 염불법문이란 것이다.

도안 법사의 '반야경' 법문 듣고 깨달아

혜원 대사는 중국 진나라 하동 땅 대주 지방의 안문군(雁門郡) 누번현(樓煩縣)에서 속성이 가(賈)씨로 탄생했다. 12세에 이미 유가의 학문을 두루 통달하여 세상사에 집착할 것이 없음을 알았다. 21세에 강을 건너 범선자라는 자와 같이 은거해 살까하여 아우인 혜지(慧持)와 같이 가다가 중원에 난리가 나서 길이 막혀 가지 못하게 되었다. 이때 태행산에 도안 법사가 계신다는 말을 듣고 혜지와 같이 찾아가 예를 올리고는 그곳에서 머물면서 도안 법사의 〈반야경〉 강의를 듣고 심오한 진리를 깨달았다.

세상의 모든 학문은 겨와 쭉정이 같은 것임을 절감한 대사는 아우 혜지와 같이 삭발·출가하였다. 도안 법사는 혜원 스님이 훌륭한 법기(法器)임을 아시고는 "앞으로 이 나라에 불법의 펴짐이 그대에게 달려있노라"고 극구 찬탄하였다. 그때 진나라의 불법은 인도로부터 들어온 지 삼백년이 지나

승풍이 문란해지고 불법이 점점 쇠잔해져 가는 때였다. 혜원 대사가 도안 법사를 따라 각지를 돌아다니다 양양(襄陽)에 머무르던 때 마침 전진(前秦)의 부견(苻堅)이 침공하여 스승 도안 법사가 장안으로 연행되었다. 혜원 대사도 스승과 헤어져 남쪽으로 내려왔고, 호북성 형주 상명사(上明寺)로 옮겼다.

여산 동림사에서 30년간 동구불출(洞口不出)

대사는 그뒤 강서성 심양(潯陽)에 이르러 여산(廬山)으로 들어가 서림사(西林寺), 즉 훗날의 동림사(東林寺)에 주석하게 되는데, 이로부터 30년 동안 한 번도 산을 나가지 않았다고 한다. 이런 사실은 훗날 창작된 '호계삼소(虎溪三笑)'의 고사로 잘 알려져 있다.

대사의 철저한 수행과 교화 활동은 당시의 승풍을 바로잡고 불법을 다시 번창하게 하는 결정적인 역할을 하게 된다. 새로운 수행결사의 중심지가 된 동림사가 창건되기까지 불보살의 보이지 않는 가피가 작용했다는 일화가 〈고승전〉 등 여러 전기에 기록되어 있다.

혜원 대사가 오십 되던 해에 여산에 가 보니 산세가 수려하며 서기가 감도는지라 그곳에서 수행을 하고자 했지만 식수가 없었다. 그러자 대사께서는 주장자(拄杖子)로 땅을 탁 치면서 말하길 "이곳에 우물이 생길지어다."라고 하니, 즉시 맑은 물이 솟아올라 우물이 되었다고 전한다.

대사는 그곳에 풀을 베고 터를 다듬어 조그만 암자를 지은 후 〈열반경〉을 강의하였다. 그랬더니 불가사의한 일이 일어났다. 산신이 열반경 강의를 듣고 크게 감동하여 신력(神力)

정토종의 조정(祖庭) 여산 동림사 전경

으로 하룻밤 새 큰집을 지을 수 있는 많은 재목(材木)과 집 터까지 마련해 주었다. 이런 사실이 소문이 나자 그 고을 수령까지 감동하여 절을 크게 지어 동림사(東林寺)라고 이름 을 붙여서 드렸다.

대장경 열람 후 가장 효과적인 정토 수행법 선양

그 당시 진나라에는 많은 경전이 미비한 상태였으며 특히 선 법(禪法)은 아직 들어오지 않아 들어볼 수도 없었다. 대사께 서 그러한 선법을 펴시려고 사내에 별도로 선실(禪室)을 마련 해 놓고 멀리서 선사 한 분을 청해 대중들로 하여금 선(禪)을 닦도록 하였다. 그러나 그 수행법이 너무나 어려워서 평범한 근기나 속인들은 도저히 행할 수 없는 것이었다. 결국 대사께 서는 모든 경전을 열람한 후 누구나가 행할 수 있고 큰 효과 를 얻을 수 있는 수행법은 오직 정토법으로서, 염불수행보다 좋은 방편이 없음을 알게 되었다.

晉蓮宗初祖盧山東林慧遠大師

원흥(元興) 원년(402년), 대사는 승속을 초월한 제자 123인과 함께 여산 산중의 반야대에 있던 아미타불상 앞에서 왕생극락의 서원을 세우고, 백련사(白蓮社)의 조사(祖)로서 추대된다. 스님을 믿고 따르는 제자들은 결사 대중 123인을 비롯해 무려 삼천여 명이나 되었으며, 그들은 불철주야 염불수행에 매진하였다. 다만 대사의 염불행은 후세의 〈정토삼부경〉에 기초하여 오직 '아미타불' 염불로 왕생극락을 목표로 하는 전수(專修)염불이 아니라 〈반주삼매경〉에 기초를 두고 생전에 반주삼매(般舟三昧)를 닦는 점이 달랐다.

관불(觀佛)수행으로 16일간 반주삼매에 들다

반주삼매는 염불삼매의 일종으로 부처님을 관하는 관불삼매(觀佛三昧) 또는 부처님이 눈앞에 현전 하는 불립삼매(佛立三昧)라고도 불린다. 7일 또는 90일 기간을 정하여 몸, 입, 뜻의 세 가지 업을 청정하게 가다듬어 바르고 온전하게 아미타부처님을 관하고 염한다. 이를 통해 삼매에 들어 눈앞에서 아미타부처님을 비롯한 제불(諸佛)을 친견하고 교화를 받아, 임종 시에는 왕생하는 수행법이다. 실제로, 대사께서 82세 되던 해 11월 초하루에 정(定: 삼매)에 들어 17일에 비로소 출정(出定: 삼매에서 깨어남)을 하시어 염불삼매의 깊은 선정력을 보여주셨다.

"불법은 왕법(王法)에 종속된 것이 아니다."

중국에 비로소 정토법문과 염불행을 널리 전한 대사의 높은 덕은 당시 서천(西天)의 여러 나라에까지 알려지게 되어 '동방의 호법보살(護法菩薩)'이란 칭송을 받았다. 타국의 스님들까지도 혜원 대사를 '대승도사(大乘道師)'라 하여 여산을 향해 향을 사루고 예배드리는 자가 많았다. 요나라 임금도 대사의 도덕을 높이 흠모하여 자주 뵙고 법문을 들었으며, 진나라 황제는 대사를 궁전에 모시려고 세 번이나 청했으나 핑계하여 응하지 않았다.

진나라 안제 때는 불법에 사태(沙汰)를 만나 많은 스님들을 잡아서 처형하는 것을 혜원 대사께서 상소를 올려 그 환난을 모면하게 되었다. 그 후 다시 모든 승려들로 하여금 임금을 받들도록 하려는 것 또한 대사께서 글을 올려 면하게 되었다. 대사는 "불법(佛法)은 왕법(王法)에 종속된 것이 아니"라며 정면으로 주장했는데, 이것이 유명한 〈사문불경왕자론(沙門不敬王者論)〉이다.

임종 7일 전 아미타불·관음·세지보살 현신

어느덧 대사의 세수 83세(416년)가 되셨다. 그해 7월 그믐날이었다. 저녁녘에 허공을 쳐다보니 아미타부처님의 금색신(金色身)이 허공에 가득 차 보이며 부처님의 원광(圓光) 안에는 무량한 화불(化佛)이 계시며 관음(觀音) 세지(世智) 두 보살은 좌우에 모시고 서계시며 열네 줄의 물줄기가 광채를 내며 상하로 흐르는 가운데, 아름다운 음성이 울려 나오고 있었다. 그런데 그 음성은 고(苦) 공(空) 무아(無我) 무상(無常)의 묘법을 설해주고 있었으며, 그 밖에 가지가지의 찬란하고 아름다운 장엄들이 펼쳐져 있는데, 그 모든 광경이 〈관무량수경〉에서 설해 놓은 16관(觀)의 풍경과 하나도 다른 바가 없었다.

이때, 아미타부처님께서 혜원 대사에게 말씀하시길 "나의 본원력(本願力)으로 너를 위안해주기 위해 왔노라. 앞으로 7일 후면 나의 국토인 극락세계에 왕생하게 될 것"이라고 말씀해 주셨다. 혜원 대사 보다 앞에 세상을 떠난 불타야사(佛陀耶舍)라는 스님과 아우인 혜지 스님과 유유민(劉遺民) 거사 등이 부처님 곁에 같이 있으면서 대사를 보고 읍(揖)하여 말하기를, "법사께서는 저희들보다도 훨씬 앞에 뜻을 내셨거늘 왕생극락이 어찌 이처럼 늦으십니까?"라고 하는 말이 분명하게 들려왔다.

"삼매의 왕인 염불삼매로 윤회 벗어나라"

대사께서는 8월 1일부터 약간의 병세를 보이더니 6일에 대중이 술로 된 약을 권하니 드시지 않고, 꿀물을 권하니 율사에게 물어본 후 드셨다. 이날 대사께서는 유언으로 "정성이 지극하면 대자대비하신 부처님께서 반드시 도와주시는 것이며, 결정코 극락세계로 접인(接引)해주실 것이니 간절한 마음으로 정성을 다해 염불에 노력하여 힘쓸지어다."라는 말을 마치시고 서쪽을 향하여 단정히 앉으셔서 합장하여 염불하시고는 세상을 떠나셨다.

염불종의 창설주로서 '반주삼매'를 강조한 염불법문을 세상

공덕이 높고 넓어 정진수행하기 용이하여
염불만큼 우선 삼을 것이 없다.
나는 언제나 부처님 명호의 불가사의한 소리를 알아차리고
매번 마음의 현을 퉁길 때마다 마음속 부처님 명호를 잘 듣기만 하면
언제나 나를 얽매는 번뇌를 곧 녹여버릴 수 있다.
나를 가로막는 집착의 정(執情)도 막힘없이 서로 통하고
탁 트여 밝아지기 시작한다.
만약 천하 사이에 지극히 심묘한 염불법문이 아니라면
또 누가 있어 이처럼 현묘할수 있겠는가?
-혜원대사慧遠大師〈염불삼매서念佛三昧序〉

에 널리 전한 혜원 대사. 그는 〈염불삼매시집서(念佛三昧詩
集序)〉에서 "삼매 중에 가장 공덕이 높고 나아가기가 쉬운
염불삼매를 증득하게 되면 왕생극락은 필연지사"라며 일심
으로 염불에 전력할 것을 당부하였다.

평생 참선이나 위빠사나를 해도 득력하지 못한 분들은 가장
간편하고도 효과적인 염불삼매를 증득하여 살아서는 안심을
얻고 숨을 거둘 때는 윤회계를 벗어나 정토에 왕생하시길
간절히 발원한다.

나무아미타불!

윤회 벗어나는 '수행하기 쉬운 길' 안내한
_ 칭명염불의 시조 담란 대사

"수행하기 쉬운 길(易行門)이란 부처님을 믿는 인연으로써 청
정한 정토에 태어나기를 원하면 부처님의 원력을 입어 곧 저
청정한 국토에 왕생할 수 있음을 말한다. 부처님 원력에 의지
하여 대승의 정정취(正定聚)에 들어간다. '정정'이란 곧 이 아
비발치(不退轉地)를 말한다. 비유하면 물 위에서 배를 타면 즐
거움이 있는 것과 같다. 이「무량수경우바제사」는 한 마디로
대승의 극치이며 뒤로 물러나지 않고 바람을 타고 항해하는
것이다."〈왕생론주(往生論註)〉

성불하는 가장 쉽고 빠른 방법 '이행문'

지난 회에서는 정토종의 초조인 혜원(慧遠, 334~416) 대사의
구도기를 소개하였다. 이번에는 정토종 조사의 계보에는 빠져
있지만, 정토종이 하나의 종파로 형성되는 데 기초를 다진 분
으로, '아미타불 칭명염불'의 시조로 불리는 담란(曇鸞,
476~542) 대사의 정토사상과 행장을 알아볼까 한다.

위의 글 〈왕생론주〉'서문'에서 보이듯이 용수보살의 이행문
(易行門)설과 난행문(難行門)설에 기초하여 보다 쉬운 방법으
로 중생을 정토, 즉 깨달음의 세계로 인도해주는 염불수행의
길을 본격적으로 안내한 선지식이 바로 담란대사이다.

담란대사는 천친(세친)보살이 〈무량수경〉의 본 뜻에 맞게 알

중국 산시(山西)성 개휴현(介休縣) 면산(綿山) 정과사(正果寺) 전경과 정과사에 모셔진 담란 대사의 육신사리(肉身舍利 · 등신불).

기 쉽게 설명하고 극락왕생의 원(願)을 세워 지은 게송인 〈무량수경우바제사원생게〉(왕생론)에 주석을 붙인 〈왕생론주〉를 통해 이렇게 자문자답하는 듯하다.

"성불하는 가장 쉽고 빠른 방법은 무엇인가?"

"그것은 바로 아미타부처님의 본원력(本願力: 근본 원력)에 의지하여 업을 지닌 채 윤회계를 벗어난 정토에 왕생하여 불퇴전지에 올라, 무생법인(無生法忍)을 증득하는 염불수행이다."

아미타불 원력의 배 타고 피안에 당도한다

그렇다면, 쉬운 길(불력수행)과 어려운 길(자력수행)은 어떤 차이가 있을까. 담란 대사는 〈왕생론주〉 서문에서 "보살이 불퇴전의 경지를 구하는 데는 두 가지 길이 있다."면서, 난행도(難行道)와 이행도(易行道)를 설명하고 있다.

"난행도는 오탁의 세상에, 그리고 부처님이 계시지 않는 때에 불퇴전지를 구하기가 어렵다는 것이다. 이것이 어려운 것은 이런 이유 때문이다. 첫째, 외도(外道)이니 보살의 법을 어지럽게 한다. 둘째, 성문(聲聞)이니 자신의 이익으로 대자비를 장애한다. 셋째, 무원악인(無願惡人)이니 다른 사람의

담란 대사의 육신사리가 모셔진 정과사

수승한 덕을 깨뜨린다. 넷째, 전도선과(顚到善果)이니 청정한 선행을 능히 파괴한다. 다섯째, 유시자력(唯是自力)이니 타력에 의지함이 없다. 이는 비유하자면 마치 육지에서 걸어가면 힘든 것과 같다."

우리가 부처님 탄생지인 네팔의 룸비니로 가려할 때, 자력수행의 난행도가 걷거나 헤엄쳐서 가는 것이라면, 불력(佛力)수행인 이행도는 빠른 배나 비행기를 타고 가는 것과 같다. "이행도는 말하자면, 단지 부처님을 믿는 인연(信佛因緣)으로 정토에 태어나기를 원하는 것이다. 부처님의 원력에 힘입어 문득 저 청정토에 능히 왕생하는 것이다. 부처님의 원력에 의지하여 곧 대승 불퇴전의 대중 속으로 들어가는 것이다."(왕생론주)

염불하는 이 마음이 부처를 이룬다

대승불교의 아버지이자 선종을 비롯한 8종(宗)의 '할아버지 스승(祖師)'인 용수보살이 〈십주비바사론〉에서 성불에 이르는 어려운 길과 쉬운 길을 이처럼 극명하게 설명했음에도, 구도자들은 왜 여전히 어려운 길을 선택하는 것일까. 더구나 온갖 장애와 유혹이 더욱 치성한 오늘날 이 오탁악세에서 쉬운 길을 외면하는 것일까.

한국불교에 한정해서 말한다면, 그것은 정토법문을 '하근기나 하는 쉬운 수행' 정도로 여기는 오해와 무지에서 비롯된 듯하다. 하지만 불자들은 대승의 할아버지이자 선종의 제12·14대조사인 마명·용수보살이 왜 정토법문을 선양했는지를 분명히 알아야 한다.

선종에서는 극소수의 도인들만이 확철대오하여 생사해탈하지만, 정토종에서는 시장의 할머니, 상인, 노예와 심지어는 살생을 업으로 하는 백정이나 반려동물들까지 윤회계를 벗어나 정토에 왕생한 사실이 〈왕생록〉이나 〈동물왕생불국기〉 등에 무수히 등장하는 것이다.

담란 대사를 비롯한 정토의 스승들이 〈관무량수경〉에서 주로 인용하는 "아미타부처님을 염하는 이 마음이 바로 부처이며(是心是佛), 염불하는 이 마음이 부처를 이룬다(是心作佛)"는 법문을 깊이 참구하여 성불의 지름길을 찾아보시길 바라마지 않는다.

팔만대장경을 샅샅이 읽은 후 가장 빠른 성불의 길이 정토법문에 있음을 확인했다는 담란 대사 역시, 난행도를 걷다가 이행도로 전향해 생사해탈한 선지식임을 상기해 보자.

참된 장생불사법은 정토법문에 있다

중국의 남북조시대인 서기 476년, 산시성(山西省) 안문(雁門)
에서 태어난 담란 대사는 어려서 고향 근처인 오대산의 영
험한 이적을 보고 발심 출가하여 반야학의 4론이라고 일컬
어지는 〈중론(中論)〉〈백론(百論)〉〈십이문론(十二門論)〉〈대
지도론(大智度論)〉과 그밖에 불성에 관한 여러 학설을 공부
했다.

대사는 뒤에 〈대집경(大集經)〉을 독송하며 깊은 뜻을 살펴
주석을 하고 있었는데, 작업을 절반쯤 했을 때 그만 감기
증세의 병에 걸려 의원을 찾아갔다. 그랬더니, 그 의원이 도
교의 방술(方術)을 권하는 것이었다.

"사람의 목숨이 위급하여 하루 저녁처럼 무상(無常)합니다.
내가 듣자니 신선술을 배우면 오래 살 수 있다고 합니다.
신선술을 먼저 배운 뒤 불교를 숭상하는 것이 맞지 않겠습
니까?"

이 말을 들은 담란 대사는 강남으로 유명한 도사인 도은거
(陶隱居)를 찾아가 〈선경(仙經)〉 열 권을 받아가지고 기뻐하
며 돌아오는 길에, 낙양에서 보리유지(菩提留支) 삼장법사를
만났다.

담란 대사가 물었다. "불법 중에도 이 〈선경〉을 뛰어넘는
장생불사법이 있습니까?"

보리유지 법사가 대답했다. "북방에도 장생불사법이 있는가?
설사 있다 한들 잠시 죽지 않더라도 결국에 윤회하게 되는
데, 뭐 그리 귀한 법인가? 참된 장생불사법은 우리 불교라
네."

양무제 "담란 법사는 육신보살이다." 찬탄

보리유지 법사는 정토삼부경의 하나인 〈관무량수경》을 주면서 "여기에 의지하면 삼계에 다시 태어나지 않고, 육도를 윤회하지 않아서 텅 비어 쉬게 되며, 화복과 성패가 없는 것을 수명으로 한다. 강변의 모래만큼의 겁(劫)으로도 무한한 수명에 이르지 못하는 것이 우리 부처님의 장생법"이라고 말했다.

이에 담란 대사는 크게 기뻐서 〈선경〉을 불태운 다음 정토에 전념하여 〈예정토〉 12수를 짓고, 〈안양집〉 두 권을 저술했다. 위(魏)나라 왕이 담란 대사를 높이 받들어 '신란(神鸞)'이라는 법호를 하사했으며, 칙명으로 병주의 대암사(大巖寺)에 머무르게 하였다.

염불수행으로 득력한 담란 대사에게는 신비한 이적(異蹟)이 많았다고 전한다. 남조(南朝)의 양무제(梁武帝)를 만난 뒤 북쪽으로 돌아가자 양무제는 수시로 북쪽을 향해 머리를 조아려 절하며, "담란 법사는 육신보살이다."라고 찬탄했다고 전한다.

극락정토에서 온 용수보살 친견하고 왕생

대사는 만년에 분주의 현중사(玄中寺)에서 주석했다. 또한 개산의 북쪽으로 가 여러 사람들과 함께 염불수행을 했으며, 동위(東魏)의 흥화4년(542)에 평주의 요산사(遙山寺)에서

67세의 나이로 왕생하였다.

어느 날 저녁, 성스러운 인도 승려가 나타나서 "나는 용수
(龍樹)라네. 오랫동안 정토에 머물다가 그대의 뜻이 나와 같
기에 만나러 왔다."며 다음과 같은 게송을 일러주고 사라지
는 것이었다.

> "한번 떨어진 나뭇잎은 다시 가지에 붙지 못하고
> 다발을 묶지도 않은 수수를 창고 안에서 구할 수 없는 것이
> 며
> 날아가는 흰 갈매기는 잠시도 머물지 아니하나니
> 아직 닥치지 않은 미래를 쫓아갈 수도 없는 것이며
> 현재는 또한 이제 어느 곳에 있으리오."

담란 대사는 때가 되었음을 알고 대중을 모아놓고 당부했
다.

"인생이란 괴롭고 괴로움이 그칠 날이 없다. 지옥의 여러 고
통을 두렵게 생각하고, 구품정업(九品淨業)을 닦도록 하라."

제자들이 소리 높여 염불하자 대사는 서쪽을 향해 예배하고
입적하였다. 절에 머물던 모든 사람들은 꽃으로 장식한 깃
발들이 서쪽에서 오는 것을 보았고, 하늘의 음악이 오랫동
안 울려 퍼지는 것을 들었다고 〈속고승전〉 등에 전한다.

대승의 염불심 살아나야 불교중흥 가능

정토종 초조 혜원 대사의 사후 150여 년 뒤에 활동한 담란
대사는 정토법문을 사회전반에 확산시키는 데 큰 역할을 했

으며, '아미타불'의 명호를 염하는 관행은 그로부터 비롯되
었다고 한다. 그의 영향을 가장 크게 받은 인물로는 일본
정토진종의 개조 신란(親鸞)을 들 수 있다.

정토종이 중국과 일본에서 선종과 쌍벽을 이루며 발전해온
반면, 신라·고려시대에 성행하던 염불수행이 극도로 폄하되
고 정토관련 서적마저 흔치 않은 오늘날. 대승불교의 위대
한 선지식들이 고구정녕 선양했던 정토법문을 참구하여 누
구나 노는 입에 염불하는 시절이 올 때, 비로소 불자들의
신심이 살아나 한국불교의 중흥을 기약할 수 있으리라.

대문 밖이 저승이니, 불자님들은 언제 어느 때나 '나무아미
타불'을 염하여 생사해탈의 든든한 양식(資糧)을 삼으시길
간절히 기원드린다.

나무아미타불!

"육도윤회 벗어난 극락정토 의심하지 말라"
_ 천태종 개조 천태지자 대사

"타력(他力)수행이란 아미타부처님께서 염불하는 중생을 모두 대자대비의 원력으로 거두어주심을 굳게 믿고서, 곧장 보리심을 내어 염불삼매(念佛三昧)의 수행을 하는 것이오."
_ 〈정토십의론(淨土十疑論)〉

순풍에 돛 단 듯이 나아가는 '이행도'

이 법문은 "번뇌망상에 얽매인 범부가 어떻게 시방 삼계(윤회계)를 벗어난 서방정토에 왕생할 수 있겠는가"하는 의문에, 천태지자(天台智者, 538-597) 대사가 직접 답한 것이다.

지자 대사는 이어 "아미타 부처님의 원력 가피에 편승하여, 중생 자신의 근기와 정성이 부처님의 원력과 서로 감응함으로써 곧장 서방정토에 왕생할 수 있다."면서 다음과 같이 '닦기 쉬운 길(易行道)'을 부연해서 설명하고 있다.

"사람이 물길을 따라 배를 타고 순풍에 돛 단 듯이 나아감에, 잠깐 사이에 천리에 이르는 것과 같으니, 이것이 타력수행에 해당한다."

천태종 개조가 염불법문 전한 까닭은

정토수행의 골수를 설하고 있는 이 법문을 본 불자들은 의

천태지자 대사 진영

아할 것이다. 오시팔교(五時八敎)의 교판 등 천태교학을 확립한 천태종의 실질적인 개조(開祖)인 지자 대사(천태종 제4대 조사)가 정토법문을 설하고 있으니 말이다. 사실, 정토종의 조사들은 대부분 후대에 추존된 분들이며 이 가운데는 영명연수 선사와 철오 선사 등 선사들도 포함되어 있다. 〈정토성현록〉 등에는 선종은 물론 천태종, 율종 등 다양한 종파의 큰스님들이 등장한다. 이는 모든 종파의 고승들이 명심견성(明心見性)한 후 중년이나 말년에 염불 삼매로 보임(保任)하거나 정토왕생을 발원한 사실로도 확인할 수 있다. 대장경의 3분의 1에 달하는 경전에서 정토법문이 설해져 있는 것이 결코 우연이 아니다. 천태지자 대사의 삶을 따라가 보면 이러한 흐름들이 보일 것이다.

어릴 때부터 서방정토와 인연

양무제(梁武帝) 대동(大同) 4년(538년) 7월에 태어난 지자 대사의 이름은 지의(智顗), 자는 덕안(德安), 성은 진(陳)씨이며, 형주(荊州) 영천(穎川)사람이다. 모친이 향기로운 연기가 오색으로 아롱지어 그의 몸을 감싸는 꿈을 꾸고 나서 임신이 되어, 열 달 후 출산함에 신비로운 광명이 방안을 황홀하게 빛냈다고 한다. 태어난 아기는 눈동자가 겹으로 되어 있는 제왕의 상(相)이었으며, 눈썹이 여덟 무늬로 나뉘어 있었다 한다.

대사는 아주 어렸을 때, 누우면 꼭 합장을 하였고 앉아있을 때는 반드시 서쪽을 바라보았다. 조금 더 자라서는 불상을 보면 시키지 않아도 절을 했으며 스님네들을 만나면 항상 인사를 드렸다. 일곱 살 때 부모님을 따라 절에 갔는데 그 절 스님이 보니 보통 아이가 아닌지라 〈법화경〉 '관세음보살보문품'을 읽어 주었더니, 한 번 듣고는 그 많은 글을 전부 다 외웠다고 한다.

18세에 상주(湘州) 땅 과원사(果願寺) 법서(法緒) 스님에게 출가하여 곧 〈법화경〉 전체를 외우고 율장과 여러 대승경전을 공부했으며, 이후 혜광(惠曠) 율사에게 구족계를 받았다.

혜사선사 문하에서 법화삼매 증득

진(晉)나라 문제(文帝) 원하 원년(560), 선(禪)을 좋아했던 지자 대사는 광주(光州) 땅 대소산(大蘇山)의 혜사(慧思) 선사를 참문하였다. 초면임에도 혜사 선사는 "옛적에 영산회상(靈山會上)에서 〈법화경〉 법문을 같이 들은 인연으로 오늘날 다시 만났다."고 말하고는, 보현도량의 네 가지 안락행(安樂行)에 대해 설법하였다. 이에 지자 대사는 대소산에서 법화삼매(法華三昧)를 닦으며 삼칠일(三七日: 21일)을 정진하던 중 〈법화경〉 '약왕보살품(藥王菩薩品)'에 "이것(약왕보살의 소신공양)이 진(眞) 정진이며 이 이름이 진(眞) 법공양 여래(如來)"라는 대문에 이르러 신심이 활연(豁然)하게 정(定)에 들어 법화삼

천태종 본산 국청사 대웅전

매를 증득, 모든 법상(法相)을 크고 밝게 깨달았다. 그는 영
산회상에서 부처님께서 여전히 〈법화경〉을 설하고 계시는
모습을 선정 속에서 보았으며, 나중에 제자에게 "영산에서의
회상은 지금까지도 끝나지 않았다"고 말하였다.

천하 제일 법사로 '小 석가' 명성

지자 대사가 그와 같은 사연을 혜사 선사에게 말하니, 선사
는 "그대는 선다라니(禪陀羅尼: 모든 법이 공한 도리를 체득)를 얻
은 것이니 앞으로 모든 설법인 가운데 제일가는 법사가 될
것"이라고 예언했다. 그 후 지자 대사는 과연 천하에 제일가
는 법사가 되었다. 그 변재(辯才)는 천녀의 변재처럼 미묘한
것이었으며, 설법은 청산유수(靑山流水)처럼 막힘이 없었다.
그의 법문을 듣고 감탄하지 않는 자가 없었으며, 발심 되지
않는 자가 없었다. 그 명성이 천하에 떨치게 되자 '석가여래
의 화현(化現)' 또는 '중국의 작은 석가(小釋迦)'라는 칭송까
지 듣게 되었다.

36사찰 창건, 천태종 기초 다져

천태지자 대사

31세가 되자 지자 대사는 금릉(金陵) 와관사(瓦官寺)에 주석하며 선법(禪法)을 널리 펼쳤다. 38세에는 태주(台州) 천태산에 이르러 북쪽 봉우리에 암자를 짓고 천태종의 터전을 닦았다. 그 후, 대사는 금릉과 여산(廬山), 형양(荊揚) 사이를 주유하다가 수(隋)나라 개황(開皇) 14년(595), 천태산으로 돌아왔다. 천태종의 기틀을 만든 지자 대사는 무려 36곳의 절을 창건하고 80만 구(軀)의 불상을 조성했으며, 승려 1만 4천 명을 직접 출가시켰다. 많은 물고기를 사들여 살려주었으며 60여 곳에 방생연못을 지었고, 조정에 어류 포획 금지를 요청하는 상소를 올리기도 했다. 무려 20여 부 1백50여 권이란 방대한 저술을 남길 정도로 세간과 출세간을 더불어 교화하니 당시의 불교교육이 크게 성행함은 물론이었다. 진(晉)나라 왕 양광(楊廣)이 대사로부터 보살계를 받을 정도로 그를 존중하여 '지혜로운 자(智者)'란 호를 내릴 정도였다.

반주(염불)삼매 닦고 '정토십의론' 저술

천태종의 종주(宗主)로서 수나라 때의 불교 중흥에 결정적인 역할을 한 대사는 말년에 이르러서는 왕생극락을 발원하며 정토수행에 전념하였다. 지자 대사는 〈관무량수경〉에 의거한 관상(觀想) 및 관상(觀像) 염불로 이론적인 근거를 삼았지만, 염불삼매를 주로 닦았다. 소리 내어 염불하거나 마음속으로 염불해서 아미타불을 생각하는 마음이 계속 이어지게 하는 반주삼매(般舟三昧)가 바로 그것이다. 대사의 명저인 〈마하지관(摩訶止觀)〉에 따르면 이 염불삼매의 요점은 "몸으로 걸음을 옮기고, 입으로 소리를 내고, 마음속에서 생각할 때마다 오직 아미타불을 잊지 않고 자신 안에 있게 하는 것(步步 聲聲 念念 唯在阿彌陀佛)"이다. "모든 존재가 꿈과 같다고 염(念)하되 쉬지 말라"며, 반야와 공의 입장을 견지하면서도 염불삼매를 닦은 대사는 〈정토십의론〉을 남기는 등 정토종 발전에도 큰 기여를 하였다.

관음·세지보살 접인 받고 좌탈 왕생

지자 대사가 서문(西門) 석성사(石城寺)에서 임종에 이르자, 제자에게 명해 침상을 동쪽 벽에 마련하되 서쪽을 향하도록 하였다. 대사는 '아미타불'과 '관세음보살'을 염하고, 향을 피운 후 〈불설무량수경〉을 독경한 뒤 게송으로 설했다.

"48원으로 훌륭하게 장엄해놓은 그 좋은 극락정토에 왕생을 원하는 자가 극히 적다. 지옥 경계가 나타나더라도 한생각 돌이켜서 아미타불을 염하여 왕생하길 발원하면 왕생을 얻게 되거늘, 하물며 계정혜(戒定慧)를 닦은 수행인이랴. 그대들은 왕생극락을 굳게 믿어 의심하지 말라."

최초의 등신불로 국청사 지자대사탑에 봉안

제자들이 스승에게 서방정토에 왕생하는 과위(果位)를 묻자,

천태지자 대사

지자 대사는 이렇게 대답하였다. "내가 만약 대중을 이끌지 않았다면 반드시 육근이 청정했을 것이다. 내 수행을 줄이면서 사람들을 이롭게 하였기에 내 과위(果位)는 단지 원오품(圓五品)일 뿐이다. 여러 선지식과 도반들이여, 지금 관음보살님과 대세지보살님이 나를 접인하러 오셨구나."

대사는 이 말을 마친 후 결가부좌(結跏趺坐)하여 마치 삼매(三昧)에 든 것처럼 편안히 극락세계로 왕생하셨다. 이때 대사의 연세는 67세요, 개황 17년(597년) 11월 24일 미시(未時: 오후 1~3시)였다. 대사의 육신은 다비하지 않고 등신불로 봉안되었다. 이는 중국불교 최초의 육신불(육신보살)로 오늘날에도 천태종의 총본산인 국청사(國淸寺) 지자대사탑에 봉안되어 많은 가르침을 소리 없이 전하고 있다.

"육도윤회 벗어난 극락왕생 의심 말라"

요즘도 그렇지만, 옛날에도 '과연 극락이란 곳이 있을까? 죽은 후 어디로 갈까?' 하는 의문을 품는 이들이 많았나 보다. 당시 천향사(天鄕寺)의 혜연(慧延) 스님은 대사의 원적(圓寂) 소식을 들었지만 도저히 갈 형편이 아니었다. 그 후 혜연 스님이 '대사께서는 지금 어디에 계시는가?' 하고 몹시 궁금해하면서 〈법화경〉 사경으로 은연중에 그 답을 기다렸다.

하루 저녁에는 꿈에 서쪽에서 관세음보살이 금색 신(身)으로 광명을 놓으며 나타나시는데, 그 뒤를 보니 지자 대사께서 계시면서 하는 말씀이 "너는 아직도 내가 왕생극락 한 것을 믿지 않고 있느냐?"고 하시고는 사라졌다. 스님은 그제서야 대사께서 왕생한 사실을 조금도 의심하지 않게 되었다. 이 일이 있은 후, 후대의 천태종 스님들 가운데 왕생극락을 발원하는 이들이 무수히 생겨났다.

'석가여래의 화현'이라고까지 칭송을 들은 지자 대사까지 왕생극락을 발원하셨으니, 후대의 우리는 더 이상 극락정토에 대한 의심을 거두고 노는 입에 염불하여 속초성불(速超成佛: 신속히 윤회계를 벗어나 극락에서 무생법인을 증득하고 성불함)의 기연을 맺으시길 발원한다.

나무아미타불!

왕생안락의 염불법을 새롭게 전하다
_ 왕생할 때 꽃비 내린 도작 선사

"성도문(聖道門)은 지혜가 극에 달해야 열반을 증득할 수 있지만, 정토문(淨土門)은 오히려 어리석은 사람이라도 극락에 왕생할 수 있다. 성도문은 자력(自力)에 의지하는 것이어서 수행하기 어렵고 만 명이 닦아 한 명도 성취하기 어렵지만, 정토문은 부처님의 자비력(慈悲力)에 의지하는 것이어서 수행하기 쉽고 백 명이 닦아 백 명 모두 왕생한다."〈안락집〉

도작 선사

일찍이 용수 보살은〈십주비바사론(十住毘婆沙論)〉 '이행품(易行品)'에서 성불로 가는 구도의 길을 수행의 어렵고 쉬움에 따라 난행도(難行道)와 이행도(易行道)로 나누었다. 칭명염불의 선구자인 담란 대사 역시, 난행도와 이행도의 구분을 따르면서 참선, 간경, 주력의 문을 자기 힘으로 가는 것이라 해서 자력문(自力門)이라 하고, 염불의 문을 아미타부처님 본원(本願)의 힘으로 가는 것이라 해서 타력문(他力門)이라 했다.

말법시대 상응법은 '정토문' 강조

이러한 전통을 이은 도작(道綽: 562~645) 선사는 자기의 힘으로 깨달음을 여는 것을 성도문(聖道門)이라 하고, 아미타불의 본원에 의해 정토에 왕생해서 그 공덕으로 보살도의 수행을 닦아 부처가 되는 것을 정토문(淨土門)이라 하였다. 또 당시의 오탁악세는 정토문 밖에 선택할 수 없는 낙약한 사람들의 시대라고 보았다. 다시 말하면, 성도문이란 자력문·난행도와 같은 맥락으로 이 세상에서 스스로의 힘으로 번뇌를 끊고 성불하는 교법이다. 이에 비해 아미타불의 본원력(구제력)에 의지해 극락정토에 왕생해서 성불하고, 다시 이 세계에 돌아와서 중생구제의 성업(聖業)에 종사하는 문이 정토문, 즉 염불문이다. 범부가 믿음의 방편으로 행하기 쉬운 타력문·이행도와 같은 맥락이다.

도작 선사는 〈안락집〉 '성정이문(聖淨二門)' 편에서, 말법시대에는 시대와 근기에 상응하는 정토문이 유일한 법이라고 역설하였다. 그는 "성도문은 지금 시대에는 증득하기 어렵다. 첫 번째는 부처님께서 가신 지 오래되었고, 둘째 성도문은 이치가 깊어 중생이 해오(解悟)하기가 미약하기 때문이다."라고 하였다. 역시 〈염불감응록〉에서는 "자기의 공덕을 정토에 회향하면 이것이 자력(自力)이요, 아미타불의 공덕을 중생에게 회향하여 베풀면 이것이 타력(他力)이다. 자력도 오히려 정토에 왕생할 수 있거늘 하물며 타력이겠는가"라고 하였다.

일반적으로 깨달음의 종교인 불교는 자력수행이 강조되어 왔다. 그러다 보니 타력수행으로 치부되는 염불은 하근기나 하는 차원 낮은 수행으로 간주된 것이 사실이다. 하지만 부처님이 열반하신 후 성도문에서는 깨달은 도인들이 점점 줄

어들고 윤회를 벗어난 아라한과 조사들은 더욱 찾기 어려워졌으나, 정토문에서는 깨닫지도 못한 범부들이 업을 지닌 채 윤회를 벗어나는 대업왕생(帶業往生)의 사례가 무수하게 나타났다. 스스로의 힘으로 성불하겠다는 자력문의 뜻은 존중받아 마땅하지만, 오탁악세의 현실은 타력문에 성불의 가능성이 훨씬 높게 다가온 것이다.

그것은 왜 그럴까? 소위 불력(佛力)수행이라고도 하는 염불은 구도자의 자력(自力)에 아미타불의 가피력(加被力)이 더해진 것이기에 그러한 것이다. 염불이 타력문이라고는 하지만, 정토법문을 오롯이 믿고(信) 왕생극락을 발원하며(願), 일심으로 염불하는 행(行)은 이미 자력수행의 요소를 내포하고 있는 것이다. 게다가 여기에 훗날 아미타부처님이 된 법장 스님의 크나큰 본원력과 공덕이 더해지니 성불의 가능성은 훨씬 높아지는 것이다.

이러한 정토문의 장점에 대해 우익 대사는 〈아미타경요해〉에서 이렇게 설하고 있다. "선(禪)은 오직 자력에만 의존하나, 정토수행은 부처님의 가피력까지 겸했다. 그러므로 두 가지 방편문을 서로 비교한다면, 정토수행이 지금 사람들의 근기에 가장 부합한다. 마치 바다를 건너려는 사람이 반드시 안전하고 빠른 배에 의존해야만 신속히 저 언덕에 도달하는 것과 같다."

48세에 정토문 귀의, 승속 교화

담란 대사의 정토사상을 계승한 도작(道綽: 562~645) 선사는 담란 대사 입적 후 21년째 되는 서기 562년 북제(北齊)의 하청 원년에 병주의 문수(汶水)에서 태어났다. 14세에 출

담란 대사가 주석했던 중국 산서성 교성현交城県에 소재한 현중사(玄中寺)

가하여 15세에 북주 황제 무제의 폐불(廢佛)로 타의에 의해 일시 환속하기도 한 도작 선사는 〈열반경〉을 공부하고 24번이나 강의했으며, 뒤에는 창주의 혜찬(慧瓚: 532~603) 스님을 스승으로 모시고 〈반야경〉을 배웠다.

훗날, 우연히 담란 대사가 살았던 산시성 분주 현중사(玄中寺)에 참배하러 갔다가 담란의 덕을 기리는 비문을 보고 깊이 감명을 받아 수나라 대업 5년(609) 48세에 비로소 정토문에 귀의하였다.

염불 7만 번, 〈관무량수경〉 200회 강의

도적 선사는 그때부터 서쪽을 향하고 앉아 아미타불의 명호를 하루에 7만 번씩 외우고, 〈관무량수경〉을 무려 200회나 강의했다. 늘 온화한 미소로 사람을 맞이하고, 육시(六時)에 독실히 예참하고 부처님을 공경하니, 승속을 막론하고 진실한 염불행을 실천하는 이들이 늘어났다. 진양(晉陽)·태원(太原)·문수(汶水) 세 고을의 승속을 교화하고, 7세 이상이면 누구나 아미타불 염불을 하게 될 정도로 염불문을 크게 선양하였다. 칭명염불을 할 때마다 콩 한 알씩 놓게 했는데,

정진을 잘한 사람은 콩의 양이 80~90석 중간 정도 사람은 30~50석은 되었다고 한다. 자신은 구체적인 참회와 〈반주삼매경〉(般舟三昧: 부처님이 눈앞에 현전하는 삼매)를 닦고, 〈관무량수경〉에 따른 9품관을 닦았지만, 대중에게는 칭명염불을 하기 쉽도록 염주를 이용한 방편을 고안하기도 했다.

도작 선사가 출가, 법을 펼친 분주 현중사

선사께서는 수행자들에게 항상 당부하시길, "서쪽을 향해서는 침을 뱉지 말며 또한 코도 풀지 말며 서쪽을 향해서 대소변(大小便)을 보지 말며 또 앉고 누움에 서쪽을 등지지 말라"고 하였다. 이렇게 염불 위주의 생활불교, 실천불교로 중생을 교화하는데 진력을 다하자 현중사 인근의 고을, 집집마다 염불하는 사람들이 늘어나고 그 도력이 북방까지 알려져 백성들부터 당태종 이세민까지 감화시키는 정토사상을 크게 선양했다. 이처럼 정토종의 창립에 결정적인 역할을 한 그는 서하에 오래 머물렀기 때문에 서하 선사(西河禪師)로 불리었다.

입적시 꽃비 이적, 정토종 퍼진 계기

정관(貞觀) 3년 68세가 되던 해 4월 8일, 도작 선사는 명(命)을 마칠 것을 예감하고 인연 있는 도속(道俗) 제자들에게 기별하니, 그 즉시 사람들이 산중에 가득 모여들었다. 그때 허공 중에 마음의 스승인 담란 법사(曇鸞法師)께서 칠보(七寶)로 된 배 위에 나타나 도작 선사에게 말하길, "너의 정토의 집이 이미 다 완성된 것이나, 너의 남은 보(報)가 다하지

도작 선사

아니하였다."고 했다.

이때 화현의 부처님이 허공 중에 머물러 계시면서 찬란한 하늘꽃을 널리 흩어 내렸다. 당시 모였던 모든 대중이 이를 보고 크게 환희심을 내어 정토종이 더욱 널리 퍼지는 계기가 되었다.

이러한 이적이 일어난 2년 후, 선사의 연세가 70세가 됨에 치아가 전부 새로 나고, 체력이 강건해지고 안색이 맑고 선미(善美)함이 마치 젊은 사람과 같아졌다. 법문을 함에 그 음성이 온화하고 자비스러워 듣는 자로 하여금 환희심과 신심이 절로 나게 했다.

이렇게 정토법문을 한번 더 선양하며 14년의 세월이 더 흐른 정관 19년(645) 4월 24일, 선사는 승속의 모든 제자들에게 "나는 3일 후면 왕생극락을 하게 되니 그대들은 열심히 염불 할지어다."고 작별을 고했다. 이 말을 전해들은 세 고을의 모든 신도들은 스님에게 마지막 작별 인사를 드리고자 수도 없이 찾아왔다. 선사는 고을 사람들에게는 범부가 윤회를 벗어나 성불하는 '가장 높고 깊고 묘한 선(無上深妙禪)'인 정토법문을 가르쳐 준 부모보다 고마운 은인이었기에 끝까지 자리를 지켰던 것이다.

드디어 4월 27일, 현중사에서 선사의 임종 시 백옥 같은 흰 구름이 서쪽 하늘에서 떠 오더니 눈부시게 빛나는 세 갈래의 흰 광선으로 변하여 스님이 계시는 방으로 들어가 찬란하게 비추고 지나가니 열반에 드셨다. 그리고 다비 하는 때에 오색 광선이 세 가닥이 나타나더니 해를 둘러싸며 세 번 돌고 나서는 그 자리에 그대로 멈추어 섰다. 또한 자색(紫色) 구름이 다시 빈소 위에 세 번이나 나타났다가는 사라졌다. 그 누구보다 장한 상서(祥瑞)를 보이며 삼계를 벗어나 극락정토로 왕생한 것이다.

훗날 정토종(淨土宗=蓮宗)의 조사로 공식 추존되지는 않았지만, 용수보살-혜원 대사-담란 대사에 이어 실질적인 정토종의 제4조(祖)로 존경받는 도작 선사는 중국 및 일본 정토종의 교과서로 인정받고 있는 〈안락집〉 2권을 후세에 남겼다. 이 명저는 담란 대사의 〈왕생론주〉에 큰 영향을 받아 왕생안락의 방법을 설하고 있다. 대승의 공관(空觀)에 입각해서 그 논지를 전개한 담란 대사의 입장을 계승하고 있기는 하지만, 담란 대사가 〈무량수경〉을 주로 한 것에 반해, 도작 선사는 〈관무량수경〉을 중시하여 염불을 말법시대에 꼭 맞는 수행방법이라고 한 것이다. 그리고 말법 중생이 왕생하는 길은 〈관무량수경〉 하품하생(下品下生)의 교설에 있다고 믿었다. 당시는 북주 무제(北周武帝: 재위 560~578)의 폐불정책으로 말법(末法)사상이 보편화하고, 〈대집경〉의 5오백년설(五五百年說)에 의해 말법 악세(惡世)의 범부에게 실행 가능한 염불법문을 확립하고, 염불문이야말로 대승불교의 본의(本義)에 합당한 것이라고 주장하였다.

〈안락집〉에서 제기된 정토사상은 선사의 제자인 선도(善導) 대사가 계승하여 종풍을 더욱 크게 이루는 데 기여하였다.

아울러 일본에까지 전해져 법연(法然) 스님과 친란(親鸞) 스님이 정토종을 여는 데 큰 영향을 미쳐, 이 책의 주석서가 수십 종이나 발간되는 등 염불법문의 전승에 결정적인 기여를 하게 된다.

이른바 '종교 무용론'까지 회자되는 오늘의 오탁악세에서, 이 생사윤회를 벗어나기 위해서는 자구 노력과 더불어 아미타불의 본원력이란 '자비의 항공모함(慈航)'을 타야만 가능함을 깨닫고, 그 배의 티켓이라 할 수 있는 '나무아미타불' 염불행으로 자타불이의 불력수행을 해보시길 간절히 권유드린다.

나무아미타불!

오로지 아미타불만 염하는 전수(專修)염불법을 전하다
_ 정토종 제2조 선도 대사

"선도화상은 아미타불의 화신이시니, 대신통과 대지혜가 있으시다… 그분께서 보여주신 전수(專修)염불의 이익은 다함이 없다. '전수란 몸으로는 오로지 아미타불을 예배하고, 입으로는 오로지 나무아미타불을 부르며, 마음으로는 오로지 아미타불을 생각하는 것을 말한다. 이와 같이 한다면 서방에 왕생함에 있어서, 만 명 가운데 한 사람도 빠지지 않는다."
〈증광문초〉

선도 대사 진영

부처님오신날을 앞둔 지난 2018년 5월 1일 새벽 4시, 중국 항저우 동천목산(東天目山) 미타촌의 노인 염불당에서 84세의 노 보살이 선 채로 왕생(立亡)하는 이적이 나타났다. 이 보살은 이날 임종을 미리 대중에게 알리고 염불하던 중 돌연 "서방삼성(西方三聖: 아미타불, 관세음보살, 대세지보살)께서 오셨다!"고 말하며, "나는 서서 왕생할 것이다." 예고한 뒤 15분간 염불한 후 서서 극락세계로 가신 것이다. 이 보살은 동천목산에서 수행한지 5년 동안 이미 두 차례 아미타부처님을 친견하고, 이 말법시대에 사람들이 정토에 대한 믿음을 갖게끔 이런 불사를 보인 것이다.

범부도 선 채로 왕생하는 염불법

오늘날, 고승들도 좌선하며 입적하기 어려운 이 말법시대에 평범한 범부 보살이 선 채로 입적하는 정진력을 보인 것은, 염불행자는 물론 모든 불자들에게 환희심을 불러일으키기에 충분한다. 이처럼 선종의 견성한 도인들도 하기 힘든 좌탈입망(坐脫立亡)을 정토를 닦는 평범한 노인들이 쉽게 해내는 일은 어떻게 가능한가? 그것은 바로 아미타불의 본원(本願)에 따른 자력과 타력(他力: 가피력)이 둘이 아닌 불력(佛力) 수행의 오묘함에 힘입은 것이다.

위에서 인광 대사가 〈증광문초〉에서 설했듯이, 전수염불을 하는 수행자가 6도 윤회를 벗어나 극락정토에 왕생할 확률은 매우 높다. 반면, 여러 잡수(雜修)로 염불하는 이들은 왕생하기가 어렵다. 잡수란 갖가지 법문을 겸하여 닦아 그 공덕을 회향하여 왕생극락 하는 것으로, 마음이 전일(專一)하지 않은 까닭에 천 명 중에 서너 명으로 왕생한 자가 드문 것이다. 따라서 정토경전을 수지독송하고 한결같이 전수염불 하는 범부는 선종의 고승들처럼 갈 때를 미리 알고 생사에 자재한 모습을 보일 수 있음을 알 수 있다.

이와 같이 범부도 생사해탈이 가능한 전수염불을 널리 설한 정토종의 대성자가 바로 선도(善導) 대사이다. 훗날 직계 스승인 담란 대사와 도작 선사를 제치고 정토종 제2조로 추존된 대사는 '아미타불의 화신'이라 불릴 정도로 정토종의 발전에 결정적인 역할을 한 분이다.

수(隋)나라 대업(大業) 9년(613)에 탄생하여 당(唐)나라 영륭(永隆) 2년(681)에 69세로 왕생한 선도 대사의 속성은 주씨(朱氏)이며, 산동성(山東省) 임치현(臨淄縣) 사람이다. 어릴 때 출가하여 삼론종의 거장인 밀주(密州)의 명승(明勝) 법사를 스승으로 모시고 〈법화경〉 〈유마경〉 등의 대승경전을 깊이 연구하셨다.

도작선사 문하에서 정토의 진수를 깨닫다

20세가 되어 구족계(具足戒)를 받은 대사는 묘개율사(妙開律師)와 함께 〈관무량수경(관경)〉을 보고서 탄식하듯 말씀하셨다. "다른 수행법은 진부하고 궁벽하여 성취하기가 어렵고, 오직 이 관문(觀門)만이 반드시 생사를 초월한다."

〈관경〉은 수당 초기에 가장 환영받은 경전 중 하나로서, 정토종뿐만 아니라 불교계 전체의 비상한 주목을 받았기에 이 경전을 강연하거나 독송하는 경우가 많았다.

선도 대사의 나이 20여 세 때, 도작선사가 산서성 태원에서 정토종의 종풍을 드날리고 있다는 말을 듣고는 천리를 멀다 않고 찾아가 가르침을 청했다. 대사의 방문에 대해 도작선사는 마음속으로 매우 기뻐하셨으니, 눈앞에 있는 저 청년이 장차 자신의 후계자가 될 것을 알아본 것이다. 그래서 그는 아미타불의 본원과 〈관경〉의 참뜻에 대해 철저하게 설해주었다.

선도 대사가 염불삼매를 증득한 종남산 오진사

〈관경〉의 참뜻은 반드시 〈무량수경〉에 의거하여 해석해야만 비로소 분명하게 드러날 수 있다. 즉 13관의 관불삼매(觀佛三昧)는 보조수행이며, 오직 믿음과 발원으로 칭명하는 염불삼매만이 모든 삼매 가운데 으뜸이라는 것이다. 선도 대사께서는 도작선사의 지도하에 모든 의심이 얼음 녹듯이 사라졌다.

〈관경〉에 귀의하여 염불삼매 증득

이후 선도 대사의 염불정진에 대해서는 〈신수왕생전(新修往生傳)〉에 다음과 같이 기록되어 있다.

"나중에 종남산 오진사(悟眞寺)에 은거하셨는데, 몇 해 지나지 않아 피로를 잊고 관상(觀想)을 하여 이미 매우 깊고 미묘한 성취를 이루셨다. 문득 삼매 가운데서 극락의 보배누각과 연못과 금으로 된 좌대들이 뚜렷하게 눈앞에 나타났다."

선도 대사는 20여 세의 나이에 삼매를 증득하셨으니, 고금의 고승들 중 대사보다 뛰어난 분은 드물었다.

염불삼매를 증득한 뒤에도 대사의 정진은 쉼이 없었다. 밤잠도 안 주무시고 머리에 불 붙은 듯이 지극한 정성으로 염불수행에 전력을 다하셨다. 대사께서는 언제나 단정히 꿇어앉아서 정성껏 그리고 간절하게 염불을 하되 힘이 다 빠져야만 쉬셨다. 법당에서 나오셔서는 대중과 신도들에게 법문을 설해 모두 크게 발심하도록 하여, 잠시도 헛되이 시간을 보내는 일이 없으셨다. 그와 같이 지극한 정진을 하며 포교를 하되 무려 30년 동안이나 잠을 자지 않고 용맹정진을 하신 것이다.

염불할 때마다 입에서 화신불 출현

그와 같은 철두철미한 수행으로 대사께서는 마침내 염불삼매(念佛三昧)를 크게 증득하고 아미타부처님과 극락세계의 성경(聖境)을 수차례나 친견하며 천안(天眼)까지 열려서, 사람들이 왕생하고 못할 것까지도 알게 되셨다.

대사께서는 또한 불가사의한 신력(神力)도 드러내셨다. 밤으로 염불을 하게 되면 밝은 광명이 입으로부터 나와서 온 방안을 밝게 비추었다. 당나라 고종(高宗) 황제까지 그러한 사실을 전해 듣고는 그 절 이름을 광명사(光明寺)라고 지어 줄 정도였다.

그리고 대사께서 부처님 명호(名號)를 부를 때마다 입에서는 화신불(化身佛)이 출현했다. 이는 오직 숙세(宿世) 선근(善根)이 깊고 신심이 지극한 자에 한해서만 보였다. 제자들 중에 대사의 입에서 나오는 부처님을 친견한 자가 적지 않았다.

전수염불법, 불상이 방광으로 증명

선도 대사

선도대사께서 서경사(西京寺)라는 절에 계실 때의 일이다.

하루는 금강 법사와 염불의 우열을 겨룬 적이 있었다. 이때 대사께서는 이렇게 발원하셨다.

"세존께서는 하루나 이레, 한 번이나 열 번 아미타불을 염불하면 반드시 정토에 왕생한다고 말씀하셨습니다. 이것이 중생을 속이는 게 아니라 진실이라면 곧 이 법당 안의 두 불상이 광명을 놓을 것입니다. 만약 이 염불법이 헛되어 정토에 왕생하지 못하고 중생을 속이고 현혹케 하는 것이라면 선도는 이 자리에서 곧바로 지옥으로 떨어져 오랜 시간 고통을 받으며 영원히 벗어나지 못할 것입니다."

그리고는 여의장(如意杖)으로 법당 안의 불상을 가리키자 불상이 모두 광명을 놓았다.

이런 일이 있은 후, 선도 대사의 명성은 더욱 세상에 알려져 마침내 '아미타불의 화현(化現)'이라는 칭송까지 듣게 되셨다. 대사의 교화를 입어 염불수행을 하는 이들도 헤아릴 수가 없을 만큼 늘어났다. 그 중에는 크게 발심하여 신명(身命)을 바쳐 사신(捨身)공양까지 올리면서 왕생극락을 발원한 이들이 무려 백여 명이나 나왔다.

육신을 부처님께 공양하며 왕생하다

서기 681년 대사의 세수 69세에 이르자, 이제는 교화를 거의 다 마쳤으며 연세도 많아지고 하여 곧 열반하실 때가 되었다.

하루는 대중을 모아 놓고는 절 앞의 버드나무에 올라가서 서쪽을 향해 예배드리고는 합장하며 발원하셨다.

"이 몸 바쳐 석가모니부처님 전에 공양 올리겠사오며, 이 목숨 바쳐 아미타부처님 전에 귀의코저 하옵나니, 대자대비하신 부처님께옵서는 저의 뜻을 받아 주옵소서. 오직 원컨대 이 인연 공덕으로 아미타부처님께옵서 대자대비로 이 몸을 섭수(攝受)하시어 극락세계 세존님 전으로 접인(接引)하옵소서."

말씀을 마친 대사께서 '아미타불'을 열 번 지성껏 부르시고 (十念) 나서 그 몸을 던져 명(命)을 마치시니, 그 순간 공중에서는 아름다운 천악(天樂)이 울려 퍼지고 몸에서는 밝은 광명이 찬란하게 빛나며 그윽한 향취(香臭)가 온 도량에 가득 풍겼다.

극락정토에 왕생하기 위해서는 오로지 '아미타불'만을 부르는 것만으로 충분하다는 선도 대사의 전수염불법은 날마다 고통스러운 삶을 이어가는 중생에게 커다란 희망이었다. 대사께서는 여기에서 한걸음 더 나아가, 정토에 왕생했으면 그곳에서 혼자 행복을 누리고 즐기는 대신 다시 사바세계로 되돌아와 고통 받는 중생을 구제해야 한다는 회향발원심(廻向發願心)을 강조했다. 회향발원심이야말로 동체대비심의 발현이라 할 수 있다.

이번 생에 자력으로 생사해탈할 자신이 없는 구도자라면 반드시 정토법문을 공부해서, 업을 지닌 채 윤회를 벗어나 극락정토의 보살 대중으로서 성불공부를 지어가는 기연을 맺으시길 발원한다.

나무아미타불!

一切善業迴生利,
不如專念彌陀號;
念念稱名常懺悔,
人能念佛佛還憶。

　　　　　——善導大師

일체 선업이 중생을 이롭게 하지만,
아미타부처님 명호를 일심 칭념함만은 못하네
생각 생각에 염불하면 늘 참회가 되거니와
사람이 능히 부처님 염하면 부처님도 그를 생각하네.
– 선도대사

진흙 먹으며 반주삼매 성취하고 짐승까지 제도하다
- 정토종 제3조 승원 대사

"애벌레가 세상의 끝이라고 말하는 것을 우리는 나비라고 부른다."(리처드 바크).

세상 사람들은 흔히, 사람이 죽으면 자연으로 돌아가 더 이상의 생명활동은 없다는 '단멸론'과 윤회를 통해 생이 이어진다는 '윤회론' 중 한 가지 견해를 갖기 마련이다. 깨닫지 못한 중생의 입장에서 윤회를 인정한다면 '생사(生死)'를 애벌레가 의식의 진화를 통해 나비로 거듭나는 과정으로 볼 것이다. 반면, 윤회를 벗어난 깨달은 붓다(自性)의 입장에서는 생도 없고(不生) 죽음도 없다(不滅).

승원 대사

아미타불(자성불)이 염불하고 아미타불이 듣는다

이런 후자의 입장에서는 시작도 끝도 없는 불생불멸의 존재가 바로 무아(無我)인 동시에 대아(大我)인 '참나'이다. 자성불의 입장에서는 시작도 끝도 없는(無始無終) 우주가 다름 아닌 우리의 참모습이다. 무한한 빛(無量光佛)이자 무한한 수명(無量壽佛)이 우리 '본래 얼굴'(本來面目)이다. 법장 스님이 성불하여 되신 아미타부처님이 우리의 자성불과 둘이 아니다. 아미타불이 염불하고 아미타불이 염불을 듣는 도리이다.

살아서는 현실정토를 이루기 위해 정진하고, 오온의 몸을 벗고서는 육도윤회를 벗어난 서방정토에 화생하여 불퇴전지 보살로서 아미타부처님을 친견하고 무생법인(無生法忍)을 증득한 후 구경에는 성불하는 가르침이 바로 정토법문이다.

이번 호에서는 혜원-선도 대사에 이어 정토종의 제3조로 추대된 승원(承遠) 대사의 염불수행과 가르침에 대해 살펴보고자 한다.

버린 음식 씻어먹으며 반주삼매 증득

승원 대사의 생존 연대는 확실치 않으나 당나라 현종 (712-756) 당시라고 하니, 지금부터 약 1,250여 년 전 중국 형산(衡山)이란 지방에 계셨던 분이다. 당시 형산 서남쪽에는 큰 바위가 하나 있었는데, 그 밑이 널찍하게 비어 있었다. 대사께서는 거기에 조그만 움막집으로 암자를 지어 살면서 지극 정성으로 염불정진을 하셨다.

이때 대사께서 닦은 삼매는 가장 대표적인 염불삼매인 반주삼매(般舟三昧) 즉, "지금 바로 부처님이 눈앞에 현전하는 삼매"(佛立三昧)이다. 후한(後漢)의 지루가참(支婁迦讖)이 197년에 번역한 정토종의 가장 선구적인 소의경전인 〈반주삼매경〉에 따르면, 염불행자가 7일 또는 90일(석달) 기간을 정해 몸(身)·입(口)·뜻(意)의 세 가지 업으로 마음을 가다듬어 바르고 온전하게 한 다음 부처님을 마음에 떠올리고 삼매에 들어가면, 모든 부처님들이 수행자 앞에 현전(現前)하여 눈앞에서 부처님의 교화를 받는다는 법문이다.

살아서 부처님 친견하고 임종 시 접인을 받는다

반주삼매를 닦는 구체적인 행법에 대해 정토종 제2조 선도 대사는 〈관념아미타불상해삼매공덕법문觀念阿彌陀佛相海三昧功德法門〉에서 다음과 같이 설하고 있다.

"도량에서 밤낮으로 마음 단속을 이어가며 전심으로 아미타불을 염하고 마음과 소리가 이어가되, 오직 앉고 오직 서서 7일간 잠을 자지 않으며, 또 때에 맞춰 예불 독송하며 염주도 잡을 필요 없이, 단지 합장 염불만 알고 염념이 견불見佛하는 생각을 지어라. 부처님께서 말씀하시길, '아미타부처님 진금색신의 광명이 철저히 비추고 견줄 바 없이 단정함을 그리워하면 심안으로 현전함을 볼 것이다.' 이러한 반주삼매에 대해 인광 대사는 "반주삼매를 수행하지 않으면 눈앞에서 부처님을 친견하기 어렵고, 임종 시 부처님의 접인을 받기 어렵다."고 하였다. 한마디로 반주삼매는 살아서 부처님을 친견하고 임종 시 부처님의 접인을 받는 최고의 염불 수행법인 것이다."

염불삼매 증득 후 신도들에게 칭명염불 권해

승원 대사는 담란-도작-선도 대사가 그러했듯이, 당신 스스로는 밤낮 없이 반주삼매를 닦는 한편, 생업에 종사하는 신도들에게는 간단하고도 쉬운 칭명염불을 권하셨다. 저녁으로는 인근 마을에 찾아가서 사람들을 위하여 설법을 하시고는 간곡히 염불을 권하시며, 이 사바고해를 여의고서 안락국(극

락세계)에서 영원무궁토록 무량한 행복을 누리라고 가르침을
주셨다.

대사의 움막에서의 생활은 그야말로 '무소유'의 실천 그대로
였다. 이상하게도 대사께서는 밥을 짓는 법이 없으며 또한
먹을 것을 구걸하는 일도 없으셨다. 다만, 마을에 내려갈 때
사람들이 버린 음식이 있으면 그것을 주워다가 깨끗이 씻어
서 드셨으며 또 그러한 음식마저 없을 때는 진흙을 잡수시
고 정진했다는 것이다. 진흙에 미네랄이 풍부해 간혹 먹을
수 있다고는 하지만 수시로 드셨다고 하니, 참으로 불가사
의한 일이 아닐 수 없다. 게다가 옷도 남들이 버린 것을 주
워서 깨끗이 빤 후 기워서 누더기로 입으셨다.

무소유 실천하며 염불로 짐승까지 구제

시주에게 시은(施恩)을 짓지 않으시려고 그런 생활을 해나가
시면서도 항상 중생을 구제하기 위한 여러 방편을 실천하셨
다. 마을 입구나 길가에 큰 바위가 있으면 거기에 커다란
글씨로 '아미타불(阿彌陀佛)'을 쓰거나 새겨놓아서 지나가는
사람들이 보고 읽고서 선근(善根) 공덕을 짓게 했다. 들이나
산중에 가시면서 축생을 보면 염불하며 왕생극락을 빌어 주
셨고, 위험에 빠진 짐승이나 물고기를 보면 꼭 건져 주시며
염불로 이고득락(離苦得樂)을 발원하셨다.

언제 어디서나 염불행과 설법으로 무아(無我)를 실천하며 축
생까지 구제하는 자비행을 보이셨으니, 모든 사람들을 평등
하게 사랑한 것은 물론이다. 게다가 대사께서는 평생 진심
(嗔心) 한 번 낸 적이 없으며, 남에게 싫은 소리 한 번 해본
적이 없이 오직 선심(善心)으로 평생을 사셔서 작은 계율조

三祖 南岳般舟 承遠大師(712-802), 唐代僧

차 소홀히 한 적이 없으셨다.

인근 마을 사람들도 대사의 인자한 마음에 저절로 감화가 되어 모두가 스님의 가르침을 받들어 염불수행을 하게 되었다. 그와 같이 수년을 교화하자 더욱 많은 신도들이 울력(雲力, 자원봉사활동)으로 미타사(彌陀寺)를 지어드려 수많은 불자들이 내왕하면서 정토수행을 하게 된 것이다. 대사의 덕망(德望)이 세상에 더욱 널리 알려지자 교화를 받고자 찾아오는 사람들이 수없이 많아졌다. 혹, 신도들이 좋은 옷과 음식을 해 드리면 대중에게 나누어 주거나 가난한 마을 사람에게 갖다 주시고는 부지런히 염불하여 다시는 이 괴로운 세상에 태어나지 말고 서방정토에 태어나라고 간곡히 권해주고 가셨다.

아미타불도 칭찬한 극락세계 보살의 화현

승원 대사의 불가사의한 수행담은 이뿐만이 아니다. 대사께서는 이 세상에 생존해 계시면서 동시에 극락세계에서 아미타부처님을 받들어 모시고 있었다고 하니, 참으로 부사의(不

思議)한 분이셨다. 훗날 정토종 제4조로 추존된 법조(法照) 스님께서 한번은 정(定: 삼매)에 들어 극락세계를 보게 되었다. 이때 아미타부처님을 친견하고 인사를 드리게 되었는데, 부처님 곁에 옷이 아주 남루한 차림을 하고 서있는 분이 계셨다. 그래서 법조 스님은 속 마음으로 이상하게 생각을 했다. '다른 분들은 모두 호화로운 옷차림을 하고 있는데, 어찌하여 저 스님은 저 남루한 옷차림을 하고 있는 것일까' 하고 의아하게 여겼다.

그러자 아미타부처님께서 법조 스님에게 물으셨다.

"네가 이 스님을 알고 있느냐?"

"잘 모르겠습니다."

"이 스님은 너의 나라 형산에 있는 승원(承遠)이라고 하는 스님인데 참으로 장한 수행을 하고 있는 분이니, 네가 꼭 찾아가서 뵙도록 하거라."

아미타부처님의 당부를 듣고, 법조 스님은 출정(出定: 삼매에서 깨어남)한 즉시 형산을 찾아가서 승원 대사의 계신 곳을 수소문하여 마침내 뵙게 되었다. 바위 밑 움막집에서 혼자 계신 대사를 친견하고 보니 과연 삼매 중에 극락세계에서 본 모습과 하나도 다르지 않았다. 법조 대사는 환희심으로 제자의 예를 갖추고 모든 수행법을 자세히 묻고 배움으로써 대를 잇는 정토문의 조사가 된 것이다.

삼매 속에서 극락의 승원 대사 친견한 법조 스님

이러한 기록을 볼 때, 아마도 승원 대사께서는 가난한 스님의 몸을 빌어 중원에 오셨지만, 실은 극락정토 보살의 화신으로서 사바세계에 화현하여 아미타부처님의 법을 전하신 것이 아닌가 한다. 법조 대사처럼 삼매 속에서 아미타부처님과 극락세계를 친견한 사례는 반주삼매를 닦아 성취한 정토 조사스님들이 공통적으로 경험한 일들이다. 정토종 초조인 혜원(慧遠) 법사께서 삼매 속에서 3번 부처님을 뵈온 사실, 3조 승원 대사와 4조 법조 대사께서 16묘관(妙觀)을 닦을 때 항상 삼매 중에 극락에서 아미타부처님을 뵙고 설법을 들은 사실 등은 전형적인 반주삼매의 도과(道果)인 것이다.

아미타부처님께서도 칭찬했다고 할 정도로 대단한 법력을 보인 승원 대사는 91세까지 중국에 정토법문을 널리 전하고, 다시 극락세계로 돌아가셨다. 대사께서 왕생하셨다는 말을 들은 마을 사람들은 마치 부모가 세상을 떠난 듯 애석하게 여기며 남녀노소가 모두 나와 대사의 장례를 모셔드렸다고 한다.

작은 행복보다 생사해탈의 열반 추구해야

이 세상 모든 것은 무상하고 허망한 것이어서 우리 일생은 꿈결같이 흘러가고야 만다. 그런데, 요즘 명상이나 힐링 붐이 불면서 '지금 여기'의 행복을 강조하는 수행방편이 인기를 끌고 있다. 물론 '지금 여기'의 삶을 외면하고 죽음 이후의 왕생만을 강조한다면 문제가 있을 것이다. 하지만 부처님께서 일국의 왕자로서 모든 부와 권력, 명예와 쾌락을 향유했음에도 그 행복을 버리고 출가한 이유는 무엇인가? 그것은 바로 생사윤회로부터 해탈하기 위함이 아니던가. '지금 여기'의 소소한 행복도 물론 중요하지만, 오온의 몸(五蘊身)

이처럼 지위가 높은 (관음·대세지·문수·보현보살 등) 등각보살들도
반드시 모두가 정토에 태어나길 구해야 하는 것은 극락정토에 태어나면
항상 부처님을 여의지 않고 친견하고, 법문을 여의지 않고 들을 수 있으며,
청정한 대중들을 여의지 않고 가까이 지내며 공양을 올릴 수 있으니, 이와
같이 불법승 삼보를 갖춰야만 신속히 무상보리를 원만성취할 수 있기 때문이다.
此等深位菩薩。必皆求生淨土。以不離見佛。不離聞法。不離親近供養衆僧。
乃能速疾圓滿菩提故。
-우익대사 '아미타경요해'

을 버릴 때 식신(識神)은 또 어디로 윤회할 것인가를 깊이
반문해봐야 한다. 부디 부처님의 출가정신을 바로 보고 '생
사해탈'이란 불교의 대의를 되새겨, 육도윤회를 벗어나는 가
장 쉽고 빠른 지름길인 정토법문을 참구해 보시길 바란다.

나무아미타불!

반주삼매 속에서 아미타불께 오회염불법 전수받은
_ 정토종 제4조 법조 대사

"지금 오로지 염불하고, 염(念)하는 사람들은 깊은 선(禪)에 들어가네. 초저녁에 단정한 마음으로 앉으면 서방세계가 눈 앞에 있도다. 염하는 것이 곧 무념(無念)인 줄 알고, 무념이 곧 진여(眞如)인 것이다. 만약 이와 같은 중도의 뜻 요달 하면 이름하여 법성주(法性珠)라 한다."
_ 〈정토오회염불 약법사의찬〉

승원 대사의 정토법 이어 반주삼매 닦아

혜원-선도-승원 대사에 이어 정토종 제4조에 추존된 법조法照 대사의 '정토법신찬(淨土法身讚)'이다. 이 게송을 보면 최고 수준의 염불삼매인 반주삼매(般舟三昧)를 증득한 대사의 가르침은 선과 정토가 둘이 아닌 선정쌍수(禪淨雙修)의 법문임을 엿볼 수 있다.

법조 대사의 출생과 입적한 연대는 분명하지 않지만, 여러 전기를 종합한 활동 시기는 당나라 대력(大曆, 766-778년), 정원(貞元, 785-804)의 해로 추정된다. 출생지 역시 미상인데, 〈신수왕생전〉에는 남양사람(南陽人), 〈정토오회염불약법사의찬〉에는 양한(梁漢)나라 사문이라 되어 있다.

법조 대사는 출가 후 동쪽의 오(吳, 강소성)나라에서 유학한 후 초조 혜원 대사를 흠모해 여산(廬山)에 들어가서 반주삼

오대산 문수도량과 정토종 제4조 법조法照대사의 진영들

매를 닦았다. 다시 765년부터 이듬해까지는 남악형산(南嶽衡山)에 올라가 승원 대사를 스승으로 섬기면서 정토법을 전수받았다. 766년 4월 15일 하안거 때 남악 미타대(彌陀臺)에서 시작한 반주삼매수행은 매년 여름 90일 동안 수행하였다. 반주삼매란 초기 정토종에서 〈반주삼매경〉에 의해 수행하는 염불법으로, 혜원 대사도 반야대(般若臺)에서 123인과 함께 반주삼매를 닦았을 정도로 가장 오래된 고차원의 염불법이다. 〈반주삼매경〉에는 "홀로 한 곳에 머물러 서방의 아미타불이 지금 현재에 계신 것을 염하고, 들은 바를 따라 마땅히 염하라. 여기서부터 천만억의 불국토를 지난 곳에 있는데, 그 국토를 수마제(須摩提; 극락의 범어)라 이름한다. 일심(一心)으로 그것을 염하되 하루 밤낮 혹은 7일 밤낮을 정진하여 7일을 지난 이후는 부처님을 친견할 수 있다."라고 설해져 있다. 말하자면 현생에 염불삼매 속에서 아미타불을 친견하여 가르침을 받고, 명이 다한 즉시 아미타불의 접인을 받아 윤회를 벗어난 극락정토에 화생하게 되는 염불법이다.

삼매 속에서 아미타불의 '오회염불' 전수받아

법조 대사는 승원 대사의 가르침에 따라 반주삼매를 닦은 결과 마침내 삼매를 성취하고 '오회염불(五會念佛)'이란 독창적인 염불행을 닦기 시작했다. 미묘한 가락이 담긴 음악적인 염불법인 '오회염불'의 성립과정에 대해서는 〈정토오회염불송경관행의〉에 다음과 같은 기록이 전해오고 있다.

766년 4월 보름부터 남악 미타사에서 90일간 진행된 반주삼매수행의 제14일 밤이었다. 법조 대사가 홀로 미타대 동북 도량 내에 경행염불을 하고 있었는데, 홀연히 삼매 속에서 아미타불이 계신 곳에 이르러 아미타불께 예배를 올렸다.

아미타부처님께서 대사에게 당부하셨다. "나는 자네가 마음이 진실하여 다른 사람들의 이익을 위해 여기에 온 것이지, 하나도 자기를 위한 이익이 없는 줄 안다. 능히 이러한 원을 발하니 착하고 착하도다, 나에게 묘법이 있는데 가격으로 칠 수 없는 진보(珍寶)다. 지금 너에게 부촉하노니, 이 법을 가지고 염부제(閻浮提)에 가서 널리 행하고 유포하여 천인과 무량한 중생을 이익케 하라. 이 법보를 만나면 다 이익을 얻을 것이다.”

법조 대사가 부처님께 여쭙기를, “어떤 묘법이 있습니까? 오직 원컨대 그것을 설해 주옵소서!” 하니, 아미타부처님께서는 “하나의 무가범음(無價梵音)은 오회염불법문이다. 바르게 저 혼탁한 악세에서 부흥시켜라.” 당부하셨다.

이어 아미타부처님께서는 오회염불의 근거와 공덕까지 일러주셨다. “네가 본 〈무량수경〉에, 극락의 칠보수(七寶樹)는 ‘맑은 바람이 불어오면 다섯 가지 음악소리가 나온다(淸風時發出五音聲)’는 구절이 있나니, 그 ‘다섯 가지 음악소리(五音聲)’가 바로 오회불성(五會佛聲)이니라. 이러한 인연이 있기 때문에 너희가 오회염불법에 따라 아미타불의 명호를 부르게 되면, 그 과보로 모두가 나의 국토에 태어나게 되느니라. 또한 미래의 일체 중생이 오회염불을 만나게 되면, 가난하고 고통스러운 것이 다 제거되고, 아플 때 약을 얻는 것과 같고, 목마를 때 물을 얻는 것과 같고, 굶주릴 때 밥을 얻는 것과 같고, 벗은 몸이 옷을 얻는 것과 같고, 어두운 곳에서 밝음을 만난 것과 같고, 바다를 건너려 할 때 배를 만나는 것과 같고, 보물창고를 만난 것과 같아서 반드시 안락을 얻게 되느니라.”

오대산에서 문수 · 보현보살 친견

극락세계의 다섯 가지 소리에서 유래된 오회염불법은 낮고 높은 음, 느리고 빠른 음으로 소리를 조절하여 ‘아미타불’을 외우는 염불노래이다. 리드미컬한 음률까지 붙여 염불을 하면 잡념의 제거는 물론, 깊은 감격과 환희를 느낄 수 있다. 중국에서 법조 대사가 유포한 이래 꾸준히 전승되면서 수많

문수도량인 중국 오대산 현공사 전경

은 이들이 가피를 입었다. 오늘날 중국이나 대만을 여행하
다 보면 불교성지 어디에서나 흘러나오는 오회염불소리를
들을 수 있다.

반주삼매 속에서 아미타부처님을 친견하고 직접 오회염불법
을 전수받은 대사는 이것을 769년까지 형산 지방에 널리
유포시켰으며, 이후에는 오대산을 참배하게 된다.

대사께서는 이미 767년 남악 운봉사에 있을 때 가끔 발우
속에서 오대산이 나타남을 신비스럽게 보았다. 또 769년 형
주 호남사에 있을 때도 오대산을 보고 도반 몇 사람과 함께
오대산을 향해 걷기 시작해 770년 4월에 드디어 도착, 홍광
사와 화엄사에 등에서 살며 정진했다.

770-771년 사이, 법조 대사는 오대산에서 문수·보현보살
로부터 염불하여 왕생극락 하는 법문을 전수 받는 등 10가
지 불보살과의 감응을 경험하였다. 〈송고승전〉에 따르면 대
사는 대력5년(770) 오대산에 가서 문수보살의 신령한 가르
침을 감득했다고 기록하고 있다. 그때 문수보살이 대사에게
설한 가르침은 이러했다.

문수보살이 닦은 '모든 법의 왕' 염불

"내가 현재 수행하여 닦고 있는 염불법문이 지금 때에 가장 합당한 수행이니라. 여러 수행문이 있지만 염불수행보다 나은 것은 없느니라. 삼보 전에 항상 공양 올리며 복과 지혜를 갖추어 닦는 것이 가장 요긴하며 지름길이 되느니라. 내가 과거 겁(劫) 중에 부처님을 관(觀)하며 부처님을 염(念)하며 항상 공양을 올림으로 인해 지금의 일체종지(一切宗旨)를 얻어 성취하게 된 것이니라. 모든 반야바라밀과 심심(深心), 선정(禪定)과 모든 부처님이 모두 다 염불로부터 나게 됨을 알아야 함이라. 염불은 모든 법의 왕이니 너는 마땅히 항상 무상법왕(無上法王)을 생각하여 쉼이 없게 할지어다."

이러한 법문을 들은 대사께서는 모든 의심이 풀리는 동시에 기쁨과 환희로 오로지 염불수행에 전력을 다할 것을 굳게 결심하셨다. 대사께서는 문수보살을 친견한 오대산 석문(石門) 자리에다 커다란 돌을 하나 세워 표시를 해놓고 돌아오셨는데, 그 돌이 현재까지도 보존되어 있다고 한다.

대사께서는 774년 전후에는 태원(太原; 북경의 형주지방)지방에서 나와 오회염불을 보급하였고 〈오회염불송경관행의〉 3권도 찬술했다. 이어 오대산에 다시 들어가 777년 9월 동대(東帶)에서 다시 문수보살의 진신(眞身)을 친견하였고, 후에 장안에 들어가 장경사 정토원에 머물면서 오회염불법을 널리 전파하였다. 또 그의 스승 승원 대사의 가풍을 알리는 데도 힘을 쏟았다. 대사의 저술인 〈오회염불약법사의찬〉은 774년 이후 정토원에 머물면서 찬술한 것이다.

오대산 죽림사 창건하고 윤회 벗어나

그 후 대력12년(777) 9월 13일이었다. 법조 대사는 제자 8 인과 한 자리에 있었다. 저 멀리 동대(東臺) 쪽을 바라보니 흰 광선 네 줄기가 뻗치더니 이상한 구름이 생겨났다. 그리고 그 구름이 열리면서 오색의 신광(神光)이 비치더니 그 광명 안에 다시 홍색의 커다란 원광(圓光)이 나타나며, 그 원광 안에 문수보살이 청사자(靑獅子)를 타고 계심이 분명하게 보였다. 그리고는 가루 같은 눈이 내려 온 산천을 덮고 오색 원광이 찬란하게 비추고는 얼마 후엔 사라져버렸다. 당시 그 자리에 있었던 분으로는 순일, 유수, 귀정, 지원 스님 등과 사미 유영과 우바새 장희준이었다.

이 일이 있고 난 얼마 후, 대사께서는 문수보살을 친견한 대성석가사(大聖竹林寺)를 기념, 오대산에 죽림사를 창건하고 입적하셨다. 대사께서는 유훈으로 "이제 내 할 일을 다 마쳤으니 이 세상에 더 있어 무엇하리요." 하고는 삼계윤회를 벗어난 정토인 극락세계에 왕생하셨다. 대사의 정확한 왕생 시기는 기록(불조통기에 822년 설이 있다)이 확실하지 않지만, 입적 후 칙명에 의해 대오화상(大悟和尙)이라고 칭해졌다.

문수ㆍ보현보살이 성취하고 권한 염불법

문수보살은 지혜 제일로 칠불(七佛)의 조사이시며, 보현보살은 여래의 장자로서 만행(萬行)을 구족하신 대보살이다. 이러한 대성인들께서 "염불은 제법(諸法)의 왕"이라 하셨으며, "속히 성불함에는 염불보다 나은 법이 없다."고 분명히 말씀해주셨거늘, 어찌 믿지 않을 것인가. 이러한 수승한 정토법문을 눈앞에 두고 믿지 못해 외면하고서 무슨 특별한 법을

닦을 것인가. 독자님들께서는 대승(大乘)의 아버지인 마명·
용수보살을 비롯한 역대 조사스님들이 자세히 설해놓은 정
토법문을 참구하여, 시작도 끝도 없는 윤회의 수레바퀴에서
벗어날 해법을 마련하시길 두 손 모아 발원한다.

나무아미타불!

사람들은 지금 오로지 염불하고,
염송하는 사람들은 깊은 선禪에 들어가네.
초저녁에 단정한 마음으로 앉으면
서방세계가 눈앞에 있도다.
염하는 것이 곧 무념無念인 줄 알고,
무념이 곧 진여眞如인 것이다. 만약
이와 같은 중도의 뜻 요달하면
이름하여 법성주法性珠라 한다.
–법조대사, 정토오회염불약법사의찬

생사해탈의 지름길인 '칭명염불' 전하다
_ '제2의 선도' 소강 대사

"내(석가모니불)가 지금 모든 중생을 위해 이 경법을 설한 것은 그로 하여금 아미타불과 그 국토에 있는 일체 모든 것을 볼 수 있도록 하기 위함이니, 그들이 해야 할 것은 왕생발원으로 누구나 다 구할 수 있느니라. 내가 열반에 든 이후에라도 다시는 의심을 품어서는 안 되느니라."
_ 〈불설무량수경〉

현실문제와 생사대사 해결하는 염불

唐蓮宗五祖新定烏龍少康大師

사람들의 번뇌가 무겁고, 고통과 어려움이 많은 오늘의 말법시대에 현실적인 삶의 문제와 더불어 생사대사(生死大事)를 동시에 해결할 수 있는 법문은 어떤 것이 있을까. 정토문의 선지식들은 이 질문에 대한 답을 정토법문이라고 자부한다. 즉, 정토법문은 가장 간단하고 쉬우며 빠르고 믿을 수 있으며, 비할 데 없는 수승함을 갖추고 있다는 것이다.

한편, 조사스님과 대덕들은 이구

동성으로 이 법문은 "믿기 어려운 법(難信之法)"이라고도 하셨다. 그래서 예부터 정토법문을 일심으로 수지(修持)하여 성취한 이들은 오직 두 부류의 사람만이 있다고 했다.

첫 번째 부류는, 선근이 두터운 사람[善根深厚之人]이다. 이러한 사람은 근성이 영리하고 총명하여 정토법문을 한번 들으면 즉시 깊이 믿고서 정성을 다해 받아들인다. 두 번째 부류는, 복이 있는 사람[有福之人]으로, 여기서 말하는 복은 임시적인 세상의 오욕(五欲)과 육진(六塵)의 복이 아니다. 진정한 복의 과보는 정토경전을 들은 후에 비록 도리를 이해하지는 못하더라도 깊이 믿어서 지성(至誠)으로 이 도리에 따라 수행하는 것이다.

지혜 · 공덕 없이는 믿기 어려운 법

그리고, 가장 어려운 부류는 바로 이들 중간에 해당하는 대다수의 사람들이다. 역대 고승 · 대덕들이 지혜도 없고 복도 없는 이들을 위해 입이 닳도록 정토법문을 설했건만 믿지 않는 것은 고사하고, 오히려 하근기나 하는 수행이라고 무시하거나 아미타불과 극락이 방편설에 불과하다고 폄훼한다. 이런 사람들의 과보는 상상하기 조차 두렵다. "만법은 모두 공하지만, 인과는 공하지 않다(萬法皆空 因果不空)"는 도리를 모르는 어리석음이다.

지금 이 지면을 통해 '믿기 어려운 법'을 접한 독자님들은 깊은 선근공덕을 쌓은 분들로서, 정토법문을 잘 몰랐다면 지금부터라도 자세히 참구하여 생사해탈의 지름길(捷徑)을 걸으시길 바란다. 이번 호에서는 정토종 제4조 법조 대사의 법을 이은 제5조 소강(少康) 대사의 수행이력을 살펴보고자 한다. '후선도(後善導; 제2의 선도 대사)'란 칭송을 얻을 정도로 불가사의한 법력을 보인 소강 대사의 삶 역시 '믿기 어려운' 일화들로 가득하지만, 그 행간 속에서 정토수행에 대한 자부심과 믿음을 굳건히 하는 계기를 삼으시길 기대한다.

불가사의한 법력 보인 '제2의 선도 대사'

〈여산연종보감〉을 비롯한 많은 저술에 간략한 전기가 남아 있지만, 소강 스님의 태어난 해는 분명하지 않다. 그의 성은 주씨(周氏)이고, 중국 절강성 여수현 진운(縉雲) 사람이다. 불자 집안에 태어난 그는 일찍이 출가하여 15세에 〈법화경〉 〈능엄경〉 등 5부(部) 경전을 다 외울 정도로 총명했다고 한다. 곧이어 소응현 조주(趙州) 가상사(嘉祥寺)에 머물면서 구족계를 받고 5년간 율학을 배웠다. 다시 강녕현 상원(上元)의 용흥사(龍興寺)에 머물면서 〈화엄경〉과 〈유가론〉까지 공부했다.

훗날 당나라 덕종(德宗) 정원(貞元; AD. 785-) 초에 스님이 정토에 귀의한 일과 정토종 제2조 선도 대사와의 인연에 대해서는 〈송고승전〉에 다음과 같은 기록이 전해진다.

광명 발하는 선도 대사 글 보고 정토 인연

정원 초에 경락(京洛; 수도인 長安)의 백마사 전(殿)에 이르러 물건에서 광명이 나오는 것을 보고, 어떤 경법(經法)인가 하고 유심히 찾아보니 선도 대사의 '행서방화도(行西方化導; 중생에게 염불을 권하여 서방정토에 왕생하도록 당부한 글)'란 글이었다. 소강 스님은 이것을 보고 환희하여 기원하면서 말하기를

"내가 만약 정토와 인연이 있으면 다만 이 축문(軸文; 두루마리로 된 글)에서 다시 한 번 광명을 나타내어 주십시오." 이러한 서원을 마친 얼마 후, 위엄스럽게 번쩍번쩍 빛나는 광채 가운데 화신불이 계시고 보살들은 헤아릴 수 없이 출현했다. 스님은 깊은 감동을 받고 그 자리에서 당장 서원을 세우며 말했다.

"겁석(劫石; 사방 40리 되는 큰 바위산)은 옮길 수 있으나, 나의 원은 결코 바뀌지 않으리라.(劫石可移 我願無易矣)"

입적한 선도 대사가 염불 유포 부촉

이어서 소강 스님이 장안에 있는 선도 대사의 진영이 모셔진 영당(影堂) 안에 들어가 대사의 영정을 보고 발원하니, 진상(眞像)이 불신(佛身)으로 변해 스님에게 이르기를, "네가 나의 가르침에 의지하여 많은 중생에게 이익을 주게 되면 너는 그 공덕으로 반드시 서방정토에 왕생하게 될 것이니라."라고 분명하게 말씀해 주더라는 것이다.

이 불가사의한 현상을 경험한 소강 스님은 그 말씀을 듣고는 더욱더 환희심이 나서 굳은 결심을 하고 널리 세상에 정토법을 펴기로 작정을 하셨다. 그리하여 남방에 있는 과원사에 가서 정토법을 펼까 하여 그곳을 향해 길을 떠나가는 도중, 스님 한 분을 만나셨다.

그 스님이 물었다. "그대는 어디를 가느냐?"
소강 스님이 대답했다. "과원사에 갑니다."
"그곳엔 무엇하러 가느냐?"

"정토법을 펼까 하여 가는 중입니다."

그 스님이 말씀하기를 "그대가 만일 중생을 제도하고자 할 진대, 마땅히 신정(新定; 지금의 엄주지방)에 가서 교화할지어다."라고 말해주고는 사라져버렸다.

가난한 백성 도우며 염불 권해

소강 대사

과연 소강 스님이 신정으로 가서 보니 그 지방은 아직도 문명이 미개한 지방인지라, 아무리 교화를 해도 성과가 없었다. 급기야 스님은 다른 방편으로 교화하는 수밖에 없다고 생각하셨다. 그리고는 신심 있고 잘 사는 지방에 가서 탁발(托鉢)과 권선(勸善)을 하여 많은 물품과 돈을 마련해 와서는 어른들께는 필요에 따라 물품을 보시해 주고 염불을 권하며, 아이들에게는 돈을 나누어 주면서 염불을 권하셨다. 그 물품과 돈이 다 없어지면 또다시 탁발해 와서 각자의 필요에 따라 보시해 주면서 지성으로 염불을 권하셨다. 혹 재난이나 환난을 당한 자에게는 많은 물자를 구해다 주고 위로를 해주며, 혹 중병을 앓는 자가 있으면 약을 구해 주시고 지성으로 염불을 권하셨다. 이런 자비행에 힘입어 그 지방 사람들 모두 스님을 부모같이 고마운 은인으로 받들게 된 것이다.

〈송고승전〉에는 그의 탁월한 교화방편이 잘 묘사되어 있다. "강서성 순안현 목군(睦郡)에 이르러 성에 들어가 걸식하고 돈을 얻어 어린아이들을 꾀어서 '아미타불'을 염하게 하여

한 번 부르면 1전(錢)을 주었다. 그 후 한 달이 지나자 사람들이 깨미떼처럼 많이 모였고, 염불을 많이 한 사람에게는 돈을 주었다. 이와 같이 하여 1년을 지나자 많은 남자나 여자들이 소강 대사를 보고 아미타불이라고 하였다.”

염불할 때마다 입에서 화신불 출현

10년이 지난 후, 소강 스님은 절강성 건덕현 오룡산(五龍山)에 정토도량을 세우고 세 계단을 쌓고 사람들을 모아 낮과 밤에 수행하였고, ‘찬24계(讚二十四契)’ 게송을 외우며 정토를 찬양하였다. 재일(齋日)에는 교화를 입은 사람이 삼천여 명이나 운집하였고, 이때는 법상에 올라 남녀 제자들로 하여금 대사의 얼굴을 바라보게 하고, 곧 고성으로 아미타불을 부르게 하였다.

낮에는 중생교화를, 밤에는 잠을 안 주무시고 염불에 전력을 다한 스님은 마침내 불가사의한 법력까지 갖추게 되셨다. 제2조 선도 대사처럼 ‘아미타불’ 명호를 부를 적마다 화신(化身)의 아미타부처님이 한 분씩 나오셨다. 게다가 출현하신 아미타부처님들이 차례대로 연결이 되어 공중에 떠 계시다가 염불을 다 마치면 사라지는 것이었다. 그런데 이러한 화신불은 오직 신심이 깊고 염불을 많이 한 분과 소강 스님과 인연이 깊은 분에 한해서만 보였다. 이에 대해 스님께서는 “내 입에서 나오신 부처님을 보는 자는 결정코 왕생극락을 하게 될 것이며, 보지 못하는 자는 왕생극락을 못할 분이니 그런 분들은 더욱 더 신심과 용맹심을 내어 염불에 전력을 다하라”고 격려해 주셨다.

찬란한 광명 놓으며 극락왕생

정원21년(805) 10월 3일, 소강 스님은 전 대중을 모으고 당부하셨다. "그대들은 앞으로도 왕생극락의 발원심을 굳게 가져서 부디 물러남이 없게 할 것이며, 항상 이 괴로운 사바세계에 대한 모든 애착을 버리도록 힘쓸지어다. 나는 이제 이 사바고해를 여의고 극락세계로 왕생할까 하노라. 마지막으로 나의 광명을 비추어 보여주리니, 이 광명을 보는 자는 나의 참 제자일 것이다." 스님은 이런 유언을 남긴 후 밝고 찬란한 광명을 한참 동안 놓으시고는 삼계윤회를 벗어나 서방정토에 왕생하셨다.

이와 같이 정토법문이란 극히 믿기 어려운 반면, 불가사의한 공덕을 얻게 되는 가장 수승한 법이다. 이런 이유로 선종과 천태종, 화엄종을 비롯한 여러 종파의 대선지식들이 임종 시에는 그 모든 법을 내려놓고 오직 이 정토법에 의지하여 염불하면서 왕생극락을 발원한 것이다. 석가세존께서 600여 부 가운데 200여 부의 경전에서 정토법문을 설한 것이 어찌 허언이겠는가. 독자님들은 위로는 십지보살로부터 아래로는 악인에 이르기까지 모두 윤회를 벗어난 정토에 화생하여 반드시 성불에 이르게 되는 '위없이 깊고 묘한 선(無上深妙禪)'인 염불법문을 닦아 생사의 큰일을 해결하시길 발원한다.

나무아미타불!

일행삼매一行三昧

선남자 선여인이 일행삼매에 들어가고자 하면 응당히 비고 한적한 곳에서,
모든 어지러운 뜻을 버리며, 모양[相貌]을 취하지 아니하고,
마음을 한 부처님에 매어[繫心一佛] 오로지 부처님 명호[專稱名字]를 부르며,
부처님께서 계신 방향을 따라, 몸을 단정히 하고 바로 향하여
능히 한 부처님을 끊임없이 계속 생각하면(念念相續),
곧 이 생각 중에 능히 과거, 미래, 현재의 모든 부처님을 보느니라.
– 대승기신론大乘起信論

참선·염불 함께 닦아 '뿔 달린 호랑이' 된
_ 아미타불의 화신, 정토종 제6조 영명연수 선사

참선·염불 같이 닦으면 스승 되어 윤회 벗어나

"참선수행도 하고 염불수행도 하면 마치 뿔 달린 호랑이 같아, 현세에 사람들의 스승이 되고 장래에 부처나 조사가 될 것이다.
참선수행은 없더라도 염불수행만 있으면 만 사람이 닦아 만 사람이 모두 가나니, 단지 가서 아미타불을 뵙기만 한다면 어찌 깨닫지 못할까 근심 걱정 하리오.
참선수행만 있고 염불수행이 없으면 열 사람 중 아홉은 길에서 자빠지나니, 저승 경지가 눈앞에 나타나면 눈 깜짝할 사이 그만 휩쓸려 가버리리.
참선수행도 없고 염불수행도 없으면 쇠 침대 위에서 구리 기둥 껴안는 격이니, 억 만겁이 지나고 천만 생을 거치도록 믿고 의지할 사람 몸 하나 얻지 못하리."

참선 보다는 염불이 가장 간단하고 효과적인 수행법이니 선(禪)과 염불(淨)을 같이 닦아 '뿔 달린 호랑이(戴角虎)' 처럼 세상의 스승이 되라는 가르침을 담은 선정사료간(禪淨四料簡)이다.

참선과 염불을 같이 닦을 것을 설한 선정쌍수(禪淨雙修)의 근원이 된 이 법문을 설한 분이 바로 중국에서 아미타불의

정토종 제 육조, 아미타불의 화신 영명 연수선사

永明 延壽禪師
영명 연수선사
萬善同歸 中道頌
만선동귀 중도송

淨土宗六祖 永明延壽大師

메아리와 같은 육바라밀을 행하고, (施爲谷響度門)
허공 꽃과 같은 만 가지 덕복을 닦으라. (修習空華萬行)
인연으로 생기는 성품 바다에 깊이 들어가, (深入緣生性海)
환상과 같은 법문에서 항상 노닐라. (常遊如幻法門)
본래 물들지 않는 번뇌를 맹서코 끊고, (誓斷無染塵勞)
유심정토에 태어나기를 발원하라. (願生惟心淨土)
실제적인 이치의 땅을 밟고, (履踐實際理地)
얻을 것이 없는 관법의 문에 출입하라. (出入無得觀門)
거울에 비친 그림자의 마군을 항복받으며, (降伏鏡像魔軍)
꿈속의 불사를 크게 지으라. (大作夢中佛事)
환상과 같은 중생들을 널리 제도하여, (廣度如化含識)
적멸한 보리를 다 함께 증득하라. (同證寂滅菩提)

화신으로 추앙받는 영명연수(永明延壽: 904~975)선사이다. 중국에서 아미타부처님 성탄절을 영명연수선사의 탄신일인 음력 11월 17일로 정해 기념할 정도로 유명한 이 스님은 선종인 법안종(法眼宗)의 제5대 조사(祖師)이자 연종(蓮宗: 정토종)의 제6대 조사로 양대 종파에서 높이 존숭을 받은 분이다. 시대적으로 앞선 고승·대덕을 일단 뒤로 미루고 이분을 연재의 서두에 소개하는 이유도 바로 이 때문이다.

아직도 많은 스님과 불자들이 참선이 가장 수승한 수행법이요, 염불이 하열한 수행방편으로 알고 있는 현실에서, 본래

성품을 깨달은 선종의 조사가 왜 6바라밀을 닦고 염불로 보림하여 윤회를 벗어나게 되었는지 설명하기 위해서이다. 그럼, 이 분의 일대기를 따라가며 공부해 보자.

공금으로 방생하다 사형에 처해도 무심한 경지

북송시대에 태어난 스님의 법명은 연수(延壽)이고 호는 포(抱)이며, 영명사(永明寺)에 오래 머물렀으므로 세상에서 영명선사라 일컬었다. 16세에 글을 지어 세상에 천재로 뽑힐 정도로 숙세(宿世)의 선근이 많은 이 분은 일찍부터 출가에 뜻을 두었다. 그러나 부모들이 허락을 하지 않자 세속에 계시면서도 불법을 돈독히 공부하였다. 총각시절부터 법화경을 수지독송해 오셨으며, 법화경을 보실 때는 글을 한 번에 다섯 줄씩 봐 나갈 정도로 비상한 근기였다. 세속에 살면서도 살생이라고는 벌레 한 마리를 죽이지 않을 뿐만 아니라 항상 방생(放生)하길 좋아하셨으며, 육류와 오신채(五辛菜)도 먹지 않았다. 세속에서 이미 출가승보다 엄정한 계행을 실천한 분이었다.

일찍이 과거(科擧)에 급제(及第)하여 고을 원 살이를 할 때의 일화다. 워낙 자비로운 분이라 산짐승이나 물고기 파는 것을 보면 그것을 꼭 사서 방생을 해줘야만 했던 스님은 자기 돈이 없을 때에는 공금(公金)으로 사서 방생을 해줄 정도였다. 그와 같이 수년을 하다 보니 마침내는 많은 공금을 축내어, 그런 사실이 조정에까지 알려져 처형(處刑)을 받게 되었다. 그 당시 국법은 공금을 사사(私事)로 쓴 자에게는 많은 사람들이 보는 앞에서 목을 베어 죽이게 되어 있었다.

당시 조전왕이 명령을 내리길 "죄인을 형틀에 매달아 칼로 목을 치려 할 때 죄인의 안색이 변하거든 목을 베고 안색이 변하지 않거든 목을 베지 말고 풀어주라"고 했다.

명을 받은 형리(刑吏)가 죄인을 형틀에 매달고는 칼을 들어 목을 치려 해도 스님의 안색이 하나도 변하지 않고 태연(泰然)하더라는 것이다. 형리는 왕의 분부대로 목을 베지 않고 풀어주었다.

종달새가 옷자락에 집 지을 정도의 자비심과 삼매력

이런 일을 겪은 스님은 인생무상(無常)을 더욱 크게 느끼시고는 가족들에게 말하기를 "나는 이번에 꼭 죽을 사람이었는데 부처님 덕에 살아나서 이제 부처님 제자가 되고자 하니 나를 이미 죽은 사람으로 알고 잊어주기를 바란다."고 하시고는 명주(明州) 땅에 용책사 취암영명(翠巖永明) 대사에게 출가하셨다. 그때 스님의 나이는 34세였다.

그 후 천태산의 천태덕소(天台德韶)국사에게 찾아가서 그곳에서 비로소 대도(大道)를 성취하게 되셨다. 처음 깨달음을 얻기 전, 지자암에서 90일간 잠을 안 자고 철야정진을 하며 애를 써서 정(定: 삼매)에 들게 되셨다. 그렇게 몇 날 며칠을 정에 드시어 마침내 견성(見性)하여 법안종의 제5조(祖)가 되신 것이다. 당시 삼매에서 나와 출정(出定)을 하고 보니 옷자락 속에 종달새가 집을 지어 놓았다고 한다. 보통 사람들은 몸에 살기(殺氣)가 있어서 짐승들이 보면 모두 달아나는데 이 스님에게는 오직 자비한 마음뿐으로 살생을 하지 않고 방생을 수없이 해온 공덕이 빛을 발한 것이다. 부처님께서는 6년 고행 시에 머리 위에다 까치가 집을 지었었다고 하며, 그 인연공덕으로 까치가 부처님 열반 후 천년이 지나

나제국왕이 되었다고 한다.

법화경 독송 · 염불 · 설법 · 보살행하며 짐승까지 구제

영명선사는 조사가 되어서도 두 가지 뜻을 가지고 계셨다. 하나는 평생토록 법화경을 독송하고자 하는 것과 많은 중생들께 이익을 주고자 하는 것이며, 다른 하나는 계속 선정(禪定)을 닦아 나갔으면 하는 것이었다. 그런데 두 가지를 같이 행할 수는 없어서 부처님께 의뢰하여 결정을 하기로 하셨다.

그리하여 지자선원에 올라가서 심지를 두 개 만들어 하나는 '일심선정(一心禪定)'이라고 쓰고 다른 하나는 '송경만선장엄정토(誦經萬善莊嚴淨土)'라고 써서 말아놓고는 부처님 전에 판단하여 주시기를 기원하고는 두 가지 가운데 하나를 집어서 펴보니 '송경만선장엄정토'라고 쓴 것이었다. 다시 섞어 가지고 두 번째로 집어서 펴보니 역시 처음 것과 같았다. 그와 같이 하기를 일곱 번을 해보았으나 '일심선정'은 단 한 번도 집혀지지 않고 일곱 번 모두 다 '송경만선장엄정토'였다.

이에 영명선사 모든 의심을 풀고 법화경을 독송하며 많은 중생들에게 이익을 주면서 정토수행을 하기로 결심하고는 그 즉시로 염불을 하기 시작하셨다. 모든 중생들을 위하여 매일같이 설법과 만행(萬行)을 행하심에 하루도 휴식 없이 실천하셨다. 마침내는 산에 사는 조류(鳥類) 금수(禽獸) 미물(微物)들을 위해 천주봉에 올라가 법화경을 외우시고 높은 소리로 염불을 해주곤 하셨다.

爲人說去 法施 無量功德

"재시財施는 등잔불과 같아서 조그마한 방만을 밝힐 수 있거니와
법시法施는 햇빛과 같아서 멀리 천하를 두루 비추인다" 하였다.
이르러 법보法寶를 전해 가지고 대승을 강론하여 외우며 글을 짓고
뜻을 풀어 믿지 않는 의심의 화살을 뽑아내고 캄캄한 어리석음에다
지혜의 광명 비추며, 법의 담장 튼튼하게 쌓고 부처님의 수명을 이으며,
대승을 번역하고 지극한 가르침을 윤문하며,
혹 경주經呪를 널리 수행하고 두루 베풀어 수지受持토록 권하며,
법시의 문을 열고 전등傳燈의 불꽃을 이어서 힘껏 감로甘露를 가져
고갈된 마음을 비옥케 하고 금바늘로 치맹痴盲의 눈을 잘 낫게 하라.
-영명연수永明延壽선사 〈만선동귀집萬善同歸集〉

관음보살 친견 후 변재 얻고 하루 10만 번 염불

그와 같이 3년을 하시고 난 어느 날 삼매에 드시어 관세음
보살을 친견하자, 관세음보살께서 감로수(甘露水)로 입을 씻
어 주시더라는 것이다. 그 후부터는 관음변재(觀音辯才)가 열
려 입을 열면 청산유수(靑山流水)같이 법문이 나오고, 듣는
사람들도 모두 환희심을 내어 발심을 하게 되며, 또한 모두
염불하여 윤회를 벗어난 세계인 극락정토에 왕생할 것을 발
원하게 되었다.

이때 영명선사께 법을 배우려 모여든 대중은 무려 2천여
명. 영명사에서 15년 동안 주석한 사이에 제자 1,700인을

제도하였고, 천태산에 들어가서는 1만 명에게 계(戒)를 주었다. 평생 염불을 하며 정토왕생을 발원하였고, 저녁에는 별봉(別峰)에 가서 염불할 적에는 옆의 사람들이 하늘의 음악(天樂)소리를 들었다고 한다. 떠도는 귀신에게 시식하고 방생하기를 말할 수 없이 많이 하였고 40만 본의 미타탑(彌陀塔)을 찍어서 보시하며, 또 승속에 염불을 권장하여 정토종을 널리 퍼뜨리는데 전력하여, 세상에서는 미륵보살이 화생하였다고 칭송하였다.

특히, 매일 108가지의 일과 조목을 정하여 지키고 있었는데, 그 중에는 염불만도 10만 번씩에 달했다. 생전에는 〈법화경〉을 1만 3천 번 외웠고, 특히 〈법화경〉을 들에서 암송하면 양떼가 감응하여 엎드려 들었다고 할 정도였다. 국청사에서 참회법을 닦고 있을 때, 밤 중에 절을 돌아보다가 보현보살상 앞에 공양한 연꽃이 홀연히 자기 손에 있는 것을 보고 이때부터 일생동안 꽃을 뿌리는 공양을 하였다.

선과 교의 금자탑 '종경록' 100권… 선정쌍수 황금시대

영명선사는 관음보살이 감로수를 입에 부어주는 감응을 받고 관음변재(觀音辯才)를 얻게 된 후 팔만대장경을 요약했다는 〈종경록〉 100권, 〈만선동귀집〉 6권, 〈유심결〉 1권 등 60여 부 외에도 많은 저술을 남겼다. 〈종경록〉을 세 권으로 요약한 〈명추회요〉는 성철 스님이 평생 애독한 어록이기도 하다.

영명선사는 일반 선사들과는 달리 신도들을 두루 자비로 대하고 보살행을 널리 실천했다. 율사로서 계율도 설하고,

선사로서 선을 지도하며, 인연 있는 사부대중에게 염불을

가르치며 대자대비행을 펼쳤다. 항상 옆에 따르는 제자들이 2~3천 명이었으며 대중법회 때마다 1만여 대중이 운집할 정도로 선정쌍수의 황금시대를 구가한 대 선지식이었던 것이다.

선사께서는 개보(開寶) 8년(975) 2월 26일 새벽에 대중을 모아 고별인사를 하시고는 서쪽을 향해 단정히 앉으셔서 향을 사루고 염불하시고는 고요히 열반에 드셨다. 다비를 하고 나니 많은 사리가 나와 탑에다 모시어 지금까지도 보존해 내려오고 있다.

영명선사가 왕생하신 뒤 무주의 어떤 스님이 여러 해 동안 선사의 탑을 돌았는데 누가 그 까닭을 물었더니 그는 이렇게 대답하였다고 한다.

"병을 앓다가 명부(지옥)에 들어갔더니 전각 왼쪽에 어떤 스님의 탱화가 있는데, 염라대왕이 무수히 예배하는 것을 보고 물었더니, 맡아보는 관리가 말하기를, '그는 영명선사인데 이 스님처럼 모든 덕행(德行)이 구족원만(具足圓滿) 한 분은 일찍이 보지 못했다. 염불을 잘 닦아 지금은 극락세계에서 상품상생하여 계시오.'라고…"

견성 후 염불과 108가지 행으로 보림한 대선지식

깨달음 이후에도 하루 108가지 행을 닦으셨다는 선사의 행적을 살펴보면, 오늘날 위기의 한국불교에 시사하는 바가 적지 않다. 깨달음만 있고 보살행이 없는 소승불교, 참선만 위대하고 다른 방편은 하열하다는 오만, 출가승이 육식과 음주, 음행 등을 태연히 자행하는 파계, 매년 안거에 드는 선승은 많지만 깨닫지 못하는 수행가풍. 그리고 해오(解悟)

또는 작은 깨달음을 확철대오로 착각하여 깨달음 이후 성태(聖胎)를 보호하고 지켜가는 공부인 보림(保任)법이 없어 막행막식에 떨어진 풍토, "책 보지 마라"(문자에 집착하지 말고 경전을 굴려라)는 말을 잘못 알아듣고 경전을 비방하고 공부하지 않는 풍토를 만들어 이른바 '무식불교'에 떨어진 한국불교의 현실에 영명선사의 삶은 경종을 울리기에 충분하다.

특히, 선종과 정토종은 물론 교종의 대선지식으로서 염불수행을 하고 정토왕생을 발원한 것을 볼 때 염불이 결코 하근기만의 전유물이 아님은 물론, 오히려 지혜와 공덕을 함께 닦은 상상근기(上上根機)들이 닦고 간절히 권유한 원돈(圓頓: 원만하고 단박에 증득하는)법문임을 알 수 있다.

철오(徹悟)선사께서 "이 염불법문은 문수보살과 보현보살 등 여러 대보살로부터 마명·용수 등 여러 대조사들과, 천태·영명·초석·연지 대사 등 여러 대선지식들에 이르기까지, 모두 한결같은 마음으로 귀의하신 가르침이다. 그런데 내가 뭐라고 감히 귀의하지 않는단 말인가."하고 탄식한 고구정녕한 말씀을 우리 불자들은 자세히 살펴보고 정토법문에 대해 참구해 보시길 간절히 발원한다.

나무아미타불!

수행력이 지극하면 자연히 성스러운 경지가 바야흐로 밝아지나니,
착한 인연으로 난 제법諸法의 이치가 스스로 본디부터 그러하기
때문이다. 따라서 십지보살의 경지를 증득하게 되면 지地마다
상相이 모두 현전하는데, 이런 까닭에 "뜻이 간절하면 그윽히
가피를 느끼기에 도가 높으면 마魔도 치성한다"고 하는 것이다.
예컨대 혹 선정의 생각이 미묘하게 들다 보면 다른 모양으로도
변해 보이며, 혹 예배나 경을 독송함에 뜻이 간절하다 보면
잠시 상서로운 모양을 보기도 하는 것 등이다.
그러나 이 모든 경계들이 오직 마음의 그림자인 줄 깨닫는다면
보아도 보는 바가 없으려니와, 그렇지 않고 만일 이런 것들을
탐착해 취한다면 마음 밖에 따로 경계가 생겨서 곧 마사魔事를
이루고 마는 것이다. 그렇다고 또한 버리기에만 몰두한다면
좋은 공덕과 재능까지 버려서 닦아 나아갈 문이 없어지고 만다.
-영명연수선사 '만선동귀집'

출·재가 천여 염불행자와 결사 이뤄 수행하다
_ 정토종 제7조 성상 대사

"성상 대사는 한 번 소리 내어 염불할 때마다 입에서 광명이
나왔다. 행주좌와(行住坐臥)에 심지(心地)를 북돋우며 극기(克
己)하기를, 낮이나 밤이나 중단하지 않았다. 우연히 병이라도
만나면 문득 무상(無常)을 떠올리고 일심으로 죽음을 기다리
며 서방정토에 왕생하기를 구하였다." 〈참운법사집(懺雲法師
集)〉

광명을 보지 못하게 하는 불신의 마음

선도 대사와 소강 대사는 염불할 때마다 입에서 화신불이
출현하고, 성상(省常: 959~1020) 대사는 염불할 때마다 입
에서 광명이 나왔다고 한다. 그런데 특이한 것은 이러한 화
신불과 광명은 신심이 아주 깊거나 염불을 많이 한 사람들
에게만 보이고, 그렇지 않은 사람들에게는 보이지 않는다는
사실이다.

일반인들이 천지에 가득한 부처님의 광명을 볼 수 없고, 또
부처님의 진실한 공덕을 체득할 수 없는 까닭은 무엇일까?
그것은 모두 우리의 업장이 깊고 무겁기 때문이다. 그 중에
도 믿지 못하는 마음이 가장 큰 장애이다. 사람들은 부처님
의 지혜와 실상(實相: 우주와 인생의 진실한 모습)에 대해 완전히
미혹되어 있기 때문에, 경전과 조사스님들이 베푼 말씀을

성상대사 진영

성상대사의 탑묘가 모셔져 있는 절강성 항주 영은사(아래)와 대사의 염불도량 소경사.

받아들이지 못한다. 만약 깊이 믿고서 의심하지 않고 성실하게 염불한다면 누구나 상응(相應)할 수 있으며, 나아가 부처님의 위신력과 가피를 체험할 수 있을 것이다.

윤회 벗어나는 극락행 티켓 예매하라

부처님의 광명은 원만하여 어떠한 광도에도 모두 도달할 수 있기 때문에, 장애가 없다고 말한다. 중생과 부처의 인연이 깊으면 한 생에 제도될 수 있지만, 인연이 얇은 사람은 보다 깊게 하도록 도와준다. 아예 인연이 없는 사람은 부처님과 인연을 맺게 해주는데, 우연히 한마디의 아미타불을 듣게 되면 인연이 맺어지게 된다. 우리는 금생에 다행히 불법을 만났으니 부처님과 인연이 있을 뿐만 아니라, 게다가 윤회를 벗어나는 특별법문인 정토법문까지 접했으니, 가장 수승한 인연이라 해도 과언이 아니다. 이미 깊어진 불연을 근거로 이번 생에 생사윤회로부터 해탈하고자 한다면, 마땅히 믿음(信)과 발원(願)과 명호 수지(持名)에 더욱더 힘써야 한다. 이번 호에서는 정토종 제7조 성상 대사의 삶과 수행을 공부하면서 삼계를 벗어나 정토에 화생하는 극락행 티켓을 예매해 보자.

천태지관 닦다가 정토수행으로 전향

성상 대사 진영

〈정토성현록〉 등에 따르면, 성상 스님은 송나라 절강성 항주(杭州) 땅에 계시던 스님이시다. 성은 안씨며 자(字)는 조미(造微), 전당(錢塘) 사람으로 7세에 출가하여 17세에 구족계를 받으셨다. 의지가 견고하여 계행(戒行)을 철저히 지키고 〈대승기신론〉에 통달하였으며, 천태지관(天台止觀)을 위주로 수행하였다.

송나라 태종 순화(淳化: 990년) 때에 항주 서호(西湖)의 소경사(昭慶寺)에 머물면서 부지런히 경학(經學)을 익히던 중, 여산(廬山) 혜원(慧遠) 법사의 정토문(淨土文)을 보고 크게 발심하셨다. 성불하기 위해서는 염불법보다 나은 것이 없음을 확신하고 불철주야 전수염불(專修淨業)에 매진하였다.

백련결사 본받아 정행사(淨行社) 결성

그 후 스님은 소경사에서 정토종 초조 혜원 법사의 역사상 첫 염불수행결사인 '백련결사'를 본받아 '백련사(白蓮社)'를 결성했다. 얼마 뒤 백련사를 '정행사(淨行社)'로 개명한 스님은 서방정토 왕생을 발원하는 염불행자들을 모아 전적으로 정토수행을 해나가면서 많은 사람들을 교화하고 지도했다. 이때 결사의 명칭을 '정행사'로 바꾼 것은 〈화엄경〉 '정행품(淨行品)'의 종지를 따른 것이었다.

'정행품'은 〈화엄경〉의 십신(十信) 십주(十住) 십행(十行) 십회향(十廻向) 및 십지(十地) 가운데 십신위(十信位)의 수행단계에서 실천하는 청정한 수행을 강조한다. 이 품의 요지는 일상생활 속에서 매 순간 생기는 일에 따라 마음이 산란해지지 않도록 단속하고 수행자를 성장시키는 원력을 세우는 내용이다. 여기서 정토행자의 '원력'은 서방정토에 왕생하여 성불하고 중생을 제도하는 '보리심'을 담고 있는데, 보리심을 일으키면 번뇌를 지닌 채 보살이 된다. 이른바 대심범부(大心凡夫: 큰 마음의 범부)로서 보살도를 실천하는 정토수행을 해나가겠다는 것이 성상 스님의 원력이었으리라.

재상 왕단 등 천여 명 모여 전수염불

범부가 업을 짊어진 채로 극락에 왕생하여 횡으로 삼계를 벗어난다는 '대업왕생 횡초삼계(帶業往生 橫超三界)'의 새로운 가르침을 접한 많은 구도자들이 속속 '정행사'에 모여들자, 대중이 순식간에 천여 명이나 모였다. 그 중에는 스님이 80여 명, 재상 왕단(王旦: 文正公)을 상수로 한 세속의 이름 높은 거사들이 120여 명이나 되었으며, 그 나머지는 신심이 지극한 일반 신도들이었다. 그 옛날 여산 백련사가 다시 재현된 것이나 다름없었다.

원효 대사는 〈아미타경소〉에서, 범부가 곧바로 삼계고해를 벗어나 무상보리에 퇴전(退轉)함이 없는 지위를 얻는 것에 정토법문의 종취가 있다고 말씀하셨다. 그리고 부처님께서 이 세상에 오신 크나큰 의도는 바로 이 믿기 어려운 정토법문을 연설하시기 위함이

七祖 : 杭州昭慶 省常大師(959-1020), 宋代淨土宗僧

라고 강조하셨다. 〈대승기신론〉에 따르면, 불생불멸인 법성의 이치를 요해하고 자심에 갖춘 법신을 조금씩 보기 시작하는 10주위(10住位: 수행계위 52위 중 42위부터 32위까지)의 지위에 오르려면 이 예토(穢土)의 초신(初信)의 지위에서부터 무려 1만 겁 동안 퇴전 없이 수행하여 10신(信)을 원만히 해야 한다고 한다. 그러니 이 예토에서 생사를 거듭하면서 의식의 진화를 이룬다는 것이 얼마나 어려운 일인지 알 수 있다.

성불의 지름길 안내하는 구원의 메시지
영명연수 선사는, 이러한 어려움은 근본적으로 삼계에서 몸

을 받고 버릴 때 겪는 고통과 충격으로 인해 그동안 수행해서 확보한 견처와 경계를 잃어버리거나 자신의 근본서원을 망각하기 때문이라고 설했다. 이러한 법문을 살펴볼 때, 모든 구도자를 쉽고 빠르고 성불케 하겠다는 아미타부처님의 본원(本願)과 서방정토에 대한 믿음·왕생발원·염불행 만으로 임종과 동시에 업을 지닌 채 정토에 화생하여 불퇴전지 보살이 된다는 정토법문은 구도자들에게는 구원의 메시지나 다름없었으리라.

염불·절하며 화엄경 혈서 사경

특히, 성상 스님의 신심은 그 누구도 따를 수가 없을 만큼 깊었다. 부처님 은혜에 보답하며 후래 중생들을 위하는 뜻에서 〈화엄경〉 '정행품'을 사경하는데, 당신 몸의 피를 내어서 그 피로 '정행품'을 다 썼다. 사경할 때에는 언제나 목욕재계(沐浴齋戒)하고 새 옷으로 갈아입고 향을 사루고는 지성껏 예배드린 후 시작했다. 정중히 꿇어앉아서 경문을 쓰시되 글자 한 자 한 자마다 부처님께 삼배를 드리고 합장하며 세 번씩 돌고 나서는 '아미타불'을 세 번씩 염하고 나서 온 정성을 다해 썼다.

스님은 경전 사경과 더불어 법보시와 불상 조성을 통한 정토포교에도 심혈을 기울이셨다. 사재를 들여 경을 천 권 찍어서 천 사람에게 나눠주며 발심해서 염불을 하게끔 권장했으며, 귀한 전단 향나무를 구해 지극한 성심(誠心)으로 아미타여래의 불상을 조성했다. 스님은 불상 앞에 무릎을 꿇고 "저와 대중이 오늘부터 보리심을 발하여 미래제가 다할 때까지 보살행을 실천하고 이 보신(報身)이 수명을 다할 때 극락정토에 태어나게 하소서."라는 발원을 하였다. 그리고는 서방정토의 교주이신 무량수불을 지성껏 받드시되 매일 세 번 예배공양 올리기를 하루도 빠짐없이 봉행하며 염불수행에 전력을 다했다.

아미타불 접인 받고 왕생하다

송나라 진종(眞宗) 천희(天禧) 4년(1020) 정월 12일이었다. 그날은 목욕재계 하시고 새 옷을 갈아입고는 고요히 앉아 염불하시더니 문득 말씀하시기를, "아미타부처님께서 왕림(枉臨)하시었도다." 하시고는 공손히 예배드리고는 이 세상을 떠났다. 그 순간 온 대지가 황금색으로 찬란하게 빛났다. 이를 본 대중은 슬픔과 환희심에 어찌할 바를 몰랐다.

이때 스님의 세수는 62세였다. 스님의 전신(全身)은 영은산(靈隱山) 조과 선사의 탑묘 옆에 모셔졌다. 세간에서는 그를 '전당 백련사주'(錢塘白蓮社主)라고 불렀으며, 소경원정법사(昭慶圓淨法師)란 법호로 칭하기도 했다. 그는 훗날 연종(蓮宗: 정토종)의 제7조로 추대된다.

진여본성의 무량한 광명이 '아미타불'

우익 대사는 〈불설아미타경요해〉에서 "아미타불의 광명과 수명과 명호는 본래 중생을 근본으로 하여 건립한 것임을 응당 알아야 한다. 중생과 부처가 평등함으로써 명호를 수지한 사람으로 하여금 광명과 수명이 부처와 다름이 없게 할 수 있다."고 하였다. 석가세존은 우리들로 하여금 아미타불의 무량한 광명과 수명을 철저하게 증득한 진심·본성을 자주 생각하도록 하기 위해 '아미타불'이란 이름을 지어 부르게 했다는 법문이다. '아미타불'은 바로 진여본성의 무량한 광명과 수명의 명칭인 것이다. 무량수불·무량광불·아미타불은 모두 진여본성의 명칭이기에, 진여일심을 떠나면 명호는 존재하지 않는다. 이러한 이치를 아는 불자라면 선(禪)과 염불이 둘이 아닌 차원에서 자부심을 갖고 수행할 수 있을 것이다. 글자를 모르는 할머니들이 하는 염불을 십지보살도 늘 놓치지 않고 있다는 법문을 기억하며, 자나 깨나 '나무아미타불'로 일향전념(一向專念)하시기를 발원한다.

나무아미타불!

"견성만으로는 생사해탈 어려우니 염불로 보림하라"
_ 정토종 제8조 연지 대사

염불행은 하근기가 아닌 상근기가 닦는 원돈법문

"요즘 사람들이 염불하려 들지 않는 것은 단지 서방정토를 얕잡아 보기 때문입니다. 서방정토에 왕생하는 것은 바로 가장 큰 공덕과 복덕과 지혜를 두루 갖춘 위대한 성현만이 가능한 일이며, 사바세계를 정토로 바꾸는 일입니다. 그래서 우리 석가모니부처님께서 대자대비로 이 염불법문을 가르쳐 주셨으니, 그 공덕은 천지보다 훨씬 크고, 그 은혜는 부모님보다 더 막중하여, 이 몸을 다 박살내고 뼈를 죄다 빻아도 보답하지 못합니다."

사람들이 염불수행을 하근기나 하는 수행이라고 여기는 것은 400여 년 전 연지 대사(蓮池大師, 1535~1615)가 염불법을 펼치던 때나 지금이나 마찬가지인 것 같다. 하지만, 앞에서 연지 대사께서도 설했듯이 염불행은 하근기는커녕 지혜와 공덕을 겸비한 상근기만이 믿고 받아 지녀 닦을 수 있는 가장 원만하고도 단박에 성취할 수 있는 원돈(圓頓)법문인 것이다. 대사는 아미타경을 풀이한 〈미타경소초(彌陀經疏鈔)〉에서 "아미타불의 명호를 부르는 것은 수많은 공덕을 한꺼번에 다 갖추는 것이고, 아미타불 명호만 부른다면, 이는 온갖 수행법을 빠짐없이 갖추는 것이다."라고 하였다. 대사께서는 염불수행법이 계정혜(戒定慧) 삼학(三學)을 두루 포함하고 육바라밀을 빠짐없이 갖춘 법문이라고까지 하였다.

불자들에게는 〈죽창수필(竹窓隨筆)〉의 저자인 운서주굉(雲棲株宏) 스님으로 더욱 유명한 정토종 제8대 조사인 연지 대사의 삶을 따라가 보면 염불법이 왜 가장 원만하고 단박에 성취할 수 있는 원돈(圓頓)법문인지를 자각하게 될 것이다.

어려서부터 염불 배워 불살생 실천

1535년, 명(明)나라 세종 당시 항주 땅에 태어난 대사의 속성은 심(沈)씨이며, 17세에 이미 제반 학문을 마치고 남을 지도할 정도로 총명하였다. 문장은 물론 덕행(德行)까지 뛰어나서 많은 사람들의 존경을 받았으며, 불연이 깊어 친구의 할머니로부터 염불을 배워 어린 시절부터 살생이라고는 벌레 하나도 죽이지 않으셨다.

대사의 나이 27세 되던 해에 부친이 세상을 떠나시고, 29세에 부인이 죽었으며, 31세에는 모친마저 돌아가셨다. 인생에 허망함을 뼈저리게 느낀 그는 염불심이 더욱 간절해졌다. 그래도 세연(世緣)이 아직 남아서인지 재혼하여 18세의 탕(湯)씨 부인을 맞이하였다. 하지만 부부인연도 잠시, 1년 후 32세 되던 해에 성묘를 하러 가서 풀이 우거진 무덤을 바라보며 '인생이란 어찌하여 반드시 죽어야만 하는 것일까. 영원히 죽지 않고 사는 법은 없는가?' 하는 한 생각이 일어

불문에 출가하여 영원불멸(永遠不滅)의 진리를 탐구하기로 결심했다.

성묘를 끝내고 곧장 집으로 돌아와 부인에게 차(茶)를 가져오라 하여 같이 마시고 나서 찻잔을 깨뜨리고는 웃으며 "흩어지지 않는 인연은 없소." 하고는 출가의 뜻을 밝혔다. 그러자, 부창부수(夫唱婦隨)인지 그 부인 또한 "저도 낭군님을 따라서 출가를 하겠사오니 앞에 가시면 저는 모든 것을 정리해가지고 뒤에 가겠습니다."라고 화답하였다. 훗날 탕씨 부인은 47세에 연지 대사의 은사이신 성천(性天) 화상에게 출가하여, 주금이란 법명을 받았다. 주금 스님은 58세 되던 해에 효의암(孝義庵)을 창건해 비구니 총림(叢林)을 개설, 덕 높은 비구니 스님들을 많이 길러내어 큰 공덕을 지었다.

임사체험 통해 견성만으로 생사해탈 어려움 절감

이렇게 부인에게 극적인 이별을 고한 대사께서는 그 즉시 남방의 오대산 성천 화상에게 출가하였다. 연지 대사는 그곳에서 1년을 머물고서 여산(廬山)의 변융(徧融) 선사를 뵙고 수행법을 물으니 이렇게 일러주었다.

"일체 명예와 영리를 탐하지 말고 오로지 힘을 다하여 오직 일념(一念)으로 도(道)를 판단하여야 하니 명(命)이 다하도록 계행을 굳게 지킬 것이며 오직 염불수행을 행할지어다. 생사고해(生死苦海)를 신속히 벗어나 신속히 정각(正覺)을 성취함에는 염불보다 더 좋은 법은 없는 것이니 마땅히 힘써 행할지어다."

선사의 가르침대로 여실히 수행을 해나가다가 얼마를 지난 후, 연지 대사는 산동 지방을 지나가다가 홀연히 마음이 열려 심오한 진리를 깨닫고 이렇게 오도송을 읊었다.

"20년 전 일이 의심스럽다 하여
30리 밖에선들 무슨 기특한 일 만나랴
선과 악이 모두 꿈인 걸
마(魔)와 부처 공연히 옳다 그르다 다투네."

염불수행으로 마음이 밝아지자 드디어 본래성품을 깨달아 초견성(初見性)을 이룬 것이다. 그러나 명심견성(明心見性)도 어렵고 어려운 일이지만, 견성했다 하더라도 미혹과 업장을 완전히 끊지 못해 여전히 생사윤회를 거듭하는 구도자가 대부분이다. 이런 사실은 연지 대사의 임사(臨死)체험을 통해서도 엿볼 수 있다.

대사는 견성체험 이후, 강소 땅 와관사라는 절에서 주석하던 중 우연히 병에 걸렸는데, 병이 낫지를 않고 점점 심해져 마침내 숨이 끊어지고(絶命) 말았다. 그런데 대중이 다비를 하려고 시신을 관 안에다 넣고 운반하려고 하는데, 관 안에서 무슨 소리가 났다. 대중이 관을 열고 보니 연지 대사가 아직 살아계시더라는 것이다.

대사께서 깨어나서 가만히 생각을 해보니, 당신은 그동안 도(道)를 깨쳐 안심하고 살아온 것인데, 이제 이러한 죽음을 당하고 보니 그런 정도의 도력(道力) 가지고는 생사에 아무런 소용이 없는 것임을 크게 깨닫고 앞으로는 오직 염불수행에 전력을 다하겠다고 굳게 결심했다.

염불로 호랑이 조복시키고 가뭄에 단비 내려

그리하여 운서(雲棲)산을 찾아가 그곳에서 평생 염불수행을 하고 갈 것을 발원하고, 송나라 때 호랑이를 조복(調伏) 받으셨다는 복호 선사가 지은 암자에서 살기로 하셨다. 그런데 그 산중에는 호랑이가 많아 사람들이 들어갈 수 없는 곳이었다. 매년 수십 명이 호식(虎食)을 당했고, 그 지방 사람들은 해만 지면 삽작의 문을 걸어 닫고서 출입을 하지 않을 정도였다. 그런 말을 듣고도 연지 대사는 홀로 그 깊은 골짜기에 있는 암자를 찾아가셨고, 거기서 며칠 동안 높은 소리로 경을 독송하고 염불을 하고 많은 고혼(孤魂)을 위해 시식(施食)을 하니 그 후부터는 일체 호환을 당하는 사람들이 없어졌다. 이 어찌 염불의 위신력(威神力)과 가피력(加被力)이 아닐 것인가. 이 일로 그 고을 사람들은 연지 대사를 위대한 도인으로 믿어 받들게 되었는데, 여기에 또 하나의 이적이 일어난다.

연지 대사가 운서산에 주석한 지 얼마가 지나 날이 가물어 곡식이 말라 죽고 산천에 초목까지도 시들 정도여서 온 농민의 걱정이 이만저만이 아니었다. 마을 사람들과 그 지방 관리들과 유지들이 모여 연지 대사가 계신 암자에 찾아가서 무수히 예배드리고는 비가 오게 해달라고 지성으로 간청하기에 이르렀다. 그러자 대사는 "나는 단지 염불밖에 할 줄 모르는 사람이며 아무런 도력도 없습니다. 그러나 여러분이 여기까지 찾아오신 성의를 생각해서 염불이라도 해드리겠나이다." 하시고는 목탁을 들고 그분들과 같이 들로 내려 오셨다. 가물어서 먼지가 푸석푸석 나는 논과 밭을 다니시면서 목탁을 치며 높은 소리로 "나무아미타불"을 부르시면서 한시 바삐 비를 내려달라고 기원을 하셨다. 그랬더니 갑자기

지극정성으로
아미타불의 명호를 열 번 염불하면,
곧 극락에 왕생하여 불퇴전지에 오르게 되어,
그 위엄과 신령함을 가히 측량할 수 없으니
이것이 크게 신령스런 주문이라는 뜻이며,
염불심이 일심불란一心不亂에 이르면
무명無明을 끊고 자성自性을 보게 되니
이것이 크게 밝은 주문이라는 뜻이며,
부처님의 명호를 불러 극락에 왕생하여
끝내 부처를 이루게 되니
이것이 위없는 주문이라는 뜻이며,
극락에서 무생법인無生法忍을 증득하고
다시 사바세계에 되돌아 와서
널리 일체중생을 제도하니 이것이
가히 비교할 수 없는 주문이라는 뜻이다.
- 연지대사

먹구름이 온 하늘에 가득히 덮이고 뇌성벽력(雷聲霹靂)이 치면서 바라고 바랐던 비가 오기 시작했다. 흡족하게 비가 내리자 농민들은 눈물이 날 정도로 기뻐했다. 이를 계기로 연지 대사의 도력은 온 천하에 더욱 널리 알려지게 되었고, 나라에서도 대사를 위해 절을 하나 크게 지어 드렸다 한다.

부처님 말씀과 행이 아니면 하지 않았다

연지 대사께서는 그 후 정토총림을 만들어 많은 스님들과 신도들을 교화해 문하인만도 천여 명이 넘었다고 하며 도력이 높은 제자들이 14명이나 되었다. 스님의 저술로는 유심(唯心)으로 종지를 삼아 사(事)와 리(理)를 융회하며 아미타경을 해설한 〈미타경소초〉와 선정쌍수(禪淨雙修)의 관점에서 고인들의 기연과 어록을 기록한 〈선관책진〉, 염불과 참선, 보살행 등의 일상 수행법을 안내한 〈죽창수필〉 등 20여 종이 유명하다. 평생 분수에 넘친 생활을 하지 않아서 일찍이 '자신을 경책하는 32가지 조항(三十二自警)'을 지어, 늙을 때까지 스스로 빨래하고 요강을 치우며 시자를 힘들게 하지 않았던 스님은 늘 평등한 대비심으로 대중을 교화했으며, 부처님 말씀이 아니면 말하지 않았고, 부처님의 일과 행이 아니면 하지 않았다.

성품 깨닫고 염불로 보림하면 윤회 벗어나

그렇게 대사의 세수가 80에 이르자, 세상 인연이 다 되어 임종의 때가 되었다. 하루는 제자들을 모아 놓고 간절히 당부하셨다. "너희들은 앞으로 모든 생각을 다 버리고서 오직 정토수행에만 전념하거라. 아미타불 일념에 무량공덕을 성취하게 되는 것이며, 한번 왕생하게 되면 일체의 모든 원을 다 성취하게 되는 것이니 오직 왕생극락만을 위하여 살아가야만 한다. 왕생을 위해서는 오직 간절한 마음으로 지성껏 염불을 해야만 하느니라."

대사께서는 이렇게 유훈을 내리신 후 서쪽을 향해 단정히 앉아 염불하시고는 고요히 세상을 떠나셨다.

연지 대사의 구도기를 살펴보면 견성하고도 보림(保任)을 잘해서 남은 습기(習氣)를 제하지 못한다면 윤회를 벗어나기

이 목숨 마치올 제,
갈 시간 미리 알아 여러 가지 병고액난病苦厄難
이 몸에 없어지고, 탐진치貪瞋癡 온갖 번뇌, 마음에 씻은 듯이
육근六根이 화락和樂하고, 한 생각 분명하여 이 몸을 버리옵기 정정定正에
들 듯 하옵거든, 그때에 아미타불께서 관음·세지 두 보살과 모든
성중聖衆 데리시고 광명 놓아 맞으시며 손들어 이끄시사, 높고 넓은
누각들과 아름다운 깃발들과 맑은 향기 고운 풍류 거룩하온 극락세계
눈앞에 분명커든, 보는 이 듣는 이들 기쁘고 감격하여 위없는
보리마음 다 같이 발하올 제, 이내 몸 고이고이 금강대에 올라 앉아
부처님 뒤를 따라 극락정토 나아가서 칠보로 된 연꽃 속에 상품상생
하온 뒤에, 불보살 뵈옵거든 미묘한 법문 듣고 무생법인無生法忍
깨치오며 제불諸佛을 섬기옵고 수기를 친히 받아 삼신사지三身四智와
오안육통五眼六通과 백천 다라니와 온갖 공덕 원만하게 이루어지이다.
-연지대사蓮池大師 발원문

어려운 반면, 성품을 깨닫고 나서 염불로 보림하면 생사해탈이 훨씬 수월함을 알 수 있다.

끝으로 연지 대사의 '권염불문勸念佛文'을 통해 염불법의 수승함을 믿고 '발보리심 일향전념 아미타불'하시길 간절히 발원한다.

"우리 모두에게 두루 염불을 권하오니, 발등에 불 떨어진 것처럼 시급히 염불하여 아홉 품계의 연화에 왕생합시다. 연화가 피어나면 부처님을 뵈올 수 있고, 부처님을 뵈면 법문을 들을 수 있으며, 마침내는 궁극의 불도(佛道)를 이루어 자기 마음이 본래 부처임을 비로소 알게 될 것입니다."

나무아미타불!

'누가 염불하는가?' 스스로 물어야 한다
_ 명 나라의 등신불 감산 대사

"많은 선(禪)수행자들이 생사 해탈에 실패하는 반면, 정토법
을 따르는 사람들은 쉽게 생사를 해탈한다. 그 이유가 무엇
일까? 선에서는 생각을 끊어야 하지만, 염불에서는 생각에
집중하기 때문이다."〈감산대사몽유록(憨山大師夢遊錄)〉

참선보다 염불이 더 쉬운 생사해탈법

명나라 최고의 고승이자 등신불(육신보살)인 감산덕청(憨山
德淸, 1546~1623) 대사는 생사윤회를 벗어나는 방편으로
염불이 참선보다 수승하다며, 그 이유를 〈감산대사몽유록〉에
서 이렇게 풀이했다.

"중생은 무량한 세월에 걸쳐 허망한 생각에 골몰해 왔으므
로, 이들 생각에서 벗어나기가 매우 어렵다. 염불은 청정하
지 않은 생각을 청정한 생각으로 바꾸고, 독을 독으로 다스
려 여러분의 생각을 청정하게 한다. 진실로 생사를 해탈하
기 위해 염불에 전력을 다한다면, 더 이상 걱정할 필요가
없다."

감산 대사는 윤회를 벗어나는 가장 쉽고 빠른 지름길인 정
토법문을 권하면서도 참선 수행자를 위해서는 이른바 '참구
(參究)염불'을 제시하기도 했다. 그는 "염불과 선을 같이 수
행하는 사람은 아미타불의 명호를 화두로 삼아야 한다."며

구체적인 수행법까지 가르쳤다.

"부처님 명호를 외울 때, '누가 염불하는가?(念佛者是誰)' 하고 스스로 물어야 한다. 만일 여러분이 묻고 또 묻고를 지속해 나가면, 모든 망상이 갑자기 끊어지는 때가 온다. 망상들이 생기지도 않고, 또 생겨도 곧 없어진다. 마음속에 과거 현재 미래에 관한 단 하나의 생각도 일어나지

중국 남화사 조전(祖殿) 내부에 모셔진 감산 대사 진신상

않을 때까지 마음의 부침(浮沈)을 놓아 버리면, 갑자기 칠흑 같은 어둠이 깨어지면서, 여러분의 본래면목(本來面目)을 보게 된다. 몸과 마음과 온 세상이 즉시 평화로워진다. 이때 허공의 꽃들(환영의 이 세상)이 사라지고, 거대한 광명이 도처에 빛나 시방의 모든 것들이 밝아진다."

선종 중흥조로서 정토법문 선양

임제종 문하에서 선종을 중흥시킨 조사인 동시에 유식(唯識)과 화엄(華嚴)의 대가로서 유불선의 고전에 대한 역사상 가장 방대하고 깊이 있는 저작을 남긴 감산 대사는 정토종 제8조 연지(蓮池) 대사의 11세 연하의 도반이자, 제9조 우익(藕益) 대사의 정신적 스승이었을 정도로 정토종과 인연이 깊은 선지식이다. 이 세 분의 고승은 자백진가(紫栢眞可) 선사와 함께 명나라 4대 고승에 속하기도 한다. 〈감산노인몽

유집〉에 들어있는 '감산대사전'에 기록된 대사의 삶을 따라가 보면 선과 교, 정토가 하나로 조화된 원융불교의 진면목을 보게 될 것이다.

명나라 가정(嘉靖) 25년(1546) 10월 12일 탄생한 감산 대사의 속성은 채씨(蔡氏), 자는 징인(澄人), 호는 감산(憨山), 시호는 홍각선사(弘覺禪師)이다. 안휘성(安徽省) 전초(全椒) 사람으로, 부친의 성함은 언고(彦高)였고, 평생 '관세음보살' 염불을 한 모친의 성은 홍(洪)씨였다.

대사는 12세에 남경 보은사(報恩寺) 서림영녕(西林永寧) 스님의 문하로 들어가 주요 불경을 모두 암송하고, 유교와 도교의 경전까지 함께 배웠다.

염불할 때마다 서방삼성 나타나

19세가 되자 서하산(棲霞山)의 운곡법회(雲谷法會) 선사를 알현하고 〈중봉광록(中峰廣錄)〉을 배운 뒤, 참선에 뜻을 두었다. 그러나 이때는 아직 수행의 요령을 잘 몰라 오로지 '아미타불' 염불만 하였다. 밤낮으로 쉬지 않고 염불한 지 며칠 되지 않은 어느 날 밤, 꿈속에서 아미타부처님이 서쪽 하늘의 공중에 서 계신 모습으로 나타났다. 눈부시게 빛나는 그 얼굴을 바라본 뒤 부처님의 발을 손으로 만지고 절을 했는데, 한없는 자비심이 마음속에 가득 찼다. 다시 관음·세지 두 보살님을 뵙기를 원했더니, 두 분이 즉시 상반신을 드러냈다. 이때부터 대사가 염불할 때마다 수시로 세 분의 불보살님이 눈앞에 눈부시게 나타났다. 이로써 대사는 염불수행이 성공하고 있음을 자신할 수 있었다.

같은 해, 감산 대사는 보은사로 돌아와 무극명신(無極明信)

대사에게서 화엄현담(華嚴玄談) 강의를 듣고 구족계를 받았다.

〈화엄현담〉 가운데 십현문(十玄門)의 '해인삼라상주처(海印森羅常住處)'라는 구절에 이르러, 홀연히 마음이 열리면서 법계가 원융하여 다함이 없는 도리를 깨달았다. 대사는 당나라 청량징관(淸涼澄觀) 스님의 경지를 실감했고, 그를 본받고자 호를 징인(澄人)으로 지었다.

염불공안 참구로 공삼매에 들어

이듬해(20세) 10월, 천계사에서 안거를 날 때 운곡(雲谷) 선사로부터 "염불하는 것은 누구인가?" 하는 염불공안 참구법을 배웠다. 그때부터 대사는 일체 딴 생각을 하지 않고 여기에 집중했는데, 석 달이 되지 않아서 마치 꿈속에 있는 것같이 되었다. 대중 가운데 있어도 대중이 보이지 않았고, 일상의 행위를 하고 있을 때도 그것을 의식하지 못했다. 대중은 그가 멍하다고 여겼지만 실은 깨어있었다.

28세에 오대산에 갔을 때, 북대(北臺)에 위치한 감산(憨山)의 풍치가 마음에 들어 호를 삼았다. 같은 해 반산(盤山)의 한 석실에서 홀로 수행하는 은자를 만나 함께 수행하다가 공정(空定; 공삼매)을 체험했다. 산하대지와 몸과 마음, 온 세계가 텅 비어버린 체험을 했지만, 은자의 가르침대로 그런 경계에도 집착하지 않고 더욱 향상일로를 걸었다.

이근원통 증득하고 여환삼매에 들다

30세에 대사는 오대산 용문사에서 관음보살의 이근원통(耳根圓通)을 증득했다. 어느 날 물소리가 시끄러운 계곡 위 외나무다리에 앉아 있었는데, 생각이 움직이면 물소리가 들리고 움직이지 않으면 들리지 않았다. 그러다가 홀연히 몸을 잊어버리고 고요한 상태로 들어갔다. 이때부터는 어떤 소리를 들어도 모두 고요하기만 했다.

31세에 연지 대사가 오대산에 오자 감산 대사는 며칠 동안 밤을 세우며 대화를 나눠 그의 선과 정토의 겸수(兼修)사상을 들었다. 같은 해, 5일 동안 삼매에 들었다가 깨어난 후 감산 대사는 여환삼매(如幻三昧)를 체험했다. 보고 듣는 모든 것이 꿈속의 일같이 보였다. 이때의 경계는 마치 비가 그치고 구름이 밀려간 뒤의 광활한 창공처럼 깨끗했다.

혈서사경 시 몽중에 미륵보살 친견

33세에 대사는 부모님의 은혜를 기리며 피와 금물(泥金)로 〈화엄경〉 한 부를 쓰는 데 집중했다. 일 점 일 획을 쓸 때 한 번 붓이 갈 때마다 한 번씩 염불을 했다. 손님과 대화를 하면서도 사경에 방해가 되지 않았고, 획 하나 틀리지 않게 쓸 수 있을 정도로 사경삼매에 들어 있었다. 혈서 사경 중에는 몽중에 청량 대사와 미륵보살, 문수보살을 친견하고 가르침을 받는 등 상서로운 꿈을 많이 꾸었다.

38세에 대사는 동해 뢰산(牢山, 산동 勞山)에 가서 움막을 짓고 안거했는데, 정토종 초조 혜원(慧遠) 대사 계통의 염불 수행에 전념하면서 대중을 교화하였다. 대대로 도교가 융성했던 이 지역 주민들은 처음으로 불교를 알게 되었고, 12년 후에는 세 살 먹은 아이들까지 염불할 줄 알게 되었다.

공삼매에 들어 무량광을 체험하다

41세에는 신종이 대장경 15부를 명산의 사찰로 보냈는데, 태후가 그 중 한 부를 뇌산에 있는 감산 대사에게 보냈고, 조정에서는 뇌산에 해인사(海印寺)를 건립하고 대사께 주지를 맡아주기를 청했다. 같은 해 11월, 하루 저녁에 선실에 앉아 있다가 밖에 나와 바다를 바라보니, 바다는 고요하고 허공은 깨끗한데, 눈의 흰색과 달빛이 한데 어우러지고 있었다. 이때 홀연히 몸과 마음, 그리고 세계가 그 자리에서 고요히 가라앉더니, 마치 허공 꽃의 그림자처럼 떨어져 내렸다. 바로 이 순간 큰 광명의 바다가 펼쳐졌고, 일체가 사라져 아무것도 없었다.

50세에는 조정의 정쟁에 연루되어 광동의 뇌주(雷州)로 유배 당하기도 했는데, 그곳에서 불법을 널리 퍼뜨리면서 선종과 화엄종의 융합 및 유불도 삼교의 합일을 주장하였다. 가르침을 따르는 사람이 많아 그가 옛 오나라 땅에 머문 5년 동안 강남과 강북의 불교가 흥성해졌다.

육조대사 선종본찰 남화사 중창

56세에는 100여 년 동안 엉망이 된 선종의 본찰 보림산 남화사(南華寺)를 1년 만에 회복했다. 사람 다니는 길과 물길을 새로 내고 스님을 선별하여 계를 주고 사미들을 길러냈다. 청규를 새로 제정하고 사중의 땅을 회복했다.

61세(1606)에 이르러서야 황제는 황손 탄생을 축하하는 뜻에서 대사를 사면시켜 주었으며, 1614년 태후가 죽자 비로소 승복을 다시 입도록 허락하였다. 대사는 그 뒤 많은 저서를 쓰고 각지를 돌아다니며 대중을 교화하였다.

74세가 되자 정월에 오유봉에서 목석암을 짓고 〈화엄경〉 〈법화경〉 〈능엄경〉 〈금강경〉 〈기신론〉 〈유식〉 등의 경론을 가르쳤다. 8월 보름에는 폐관(閉關)하고 혜원 대사의 법을 본받아 마음을 오로지하여 정업(淨業: 염불수행)을 닦았다.

4년간 폐관 염불수행 후 육신보살로

1622년 소양 태수 장공의 청에 응해서 감산 대사가 조계(남화사)에 들어간 이듬해인 천계(天啓) 3년(1623) 10월 병에 걸렸다. 11일 목욕재계하고 불전에 분향한 후 대중에게 유훈을 남겼다.

"생사의 문제가 크고, 죽음이 금방 닥쳐온다는 것을 생각해야 한다. 간절하고 실답게 염불을 해라." 신시(申時; 오후 3~5시)에 단정히 앉아 입적하니, 세랍이 78세였다. 21년이 지난 뒤에도 살아계신 듯 손·발톱과 모발이 길게 자라 있었고, 살색은 선홍색일 정도로 육신이 그대로인지라, 남화사 조전(祖殿)에 육조 대사의 육신상 옆에 나란히 안치하였다.

'오묘하게 밝은 참마음(妙明眞心)'을 깨달아 명말의 선종을 중흥시키고 정토법문을 선양한 감산 대사는 사후에까지 육신보살로서 말 없는 법문을 설하고 있으니, 중국 남화사를

'누가 염불하는가?(念佛者是誰)' 하고 스스로 물어야 한다.
만일 여러분이 묻고 또 묻기를 지속해 나가면,
모든 망상이 갑자기 끊어지는 때가 온다.
망상들이 생기지도 않고, 또 생겨도 곧 없어진다.
마음속에 과거 현재 미래에 관한 단 하나의 생각도
일어나지 않을 때까지 마음의 부침浮沈을 놓아 버리면,
갑자기 칠흑 같은 어둠이 깨어지면서,
여러분의 본래면목本來面目을 보게 된다.
몸과 마음과 온 세상이 즉시 평화로워진다.
이때 허공의 꽃들(환영의 이 세상)이 사라지고,
거대한 광명이 도처에 빛나 시방의 모든 것들이 밝아진다.
_등신불 감산대사의 몽유록夢遊錄

방문하는 분들은 꼭 조전에서 대사를 친견하고 가르침을 받
으시길 바란다.

나무아미타불!

견성 후 중병에 걸려 염불로 생사해탈 할 법력 갖추다
_ 정토종 제9조 우익 대사

"선종과 교종 양쪽에 두루 통달하시고
깨달으신 바는 부처님과 다름없이 같으시네.
미혹된 업 끊지 못하면 부서진 그릇과 같으니
법비(法雨)를 만나신 후 이전에 쌓은 공명 버리셨네.
이 힘으로 염불수행 하여
결정코 현생에서 새장(윤회)을 벗어나고자 하셨네.
도 닦는 이들에게 고구정녕 간절히 권하신 말씀 있으니
서방에 왕생함이 참으로 부처님을 계승하는 것이니라!"

선정쌍수(禪淨雙修)의 기반 다진 대 선지식

이 게송은 중국 근대의 고승인 인광대사께서 정토종 제9조 지욱(智旭) 우익 대사(蕅益大師)를 찬탄한 게송이다. 지난 회에 소개한 연지 대사와 마찬가지로 우익 대사는 선종과 교종, 정토종까지 통달한 대 선지식이었다. 우익 대사가 연지 대사의 〈죽창수필(竹窓隨筆)〉을 보고 발심하여 본격적인 구도의 길을 걷게 된 것도 비슷한 수행법을 닦게 된 원인이 되었을 것이다.

정토종 제6조 영명연수선사로부터 본격화된 선정쌍수(禪淨雙修: 선과 염불을 함께 닦음)의 전통이 제8조 연지 대사에 이르러 빛을 발했다면, 제9조 우익 대사에 이르러 확고한 기

淸蓮宗九祖北天目靈峰智旭大師

반을 다진 것으로 볼 수 있다. 이는 당시 구두선(口頭禪)의 병폐를 낳던 선(禪)에 활력소가 됨은 물론, 아녀자들이나 하던 염불수행이 당대 최고의 고승들이 닦는 최상승의 수행법으로 평가받는 계기가 되었다고 할 수 있겠다.

실제로 우익 대사는 그의 문집인 〈영봉종론(靈峰宗論)〉에서 선과 염불이 상호 모순되는 수행법이 아니라, 둘 다 생사윤회를 벗어날 수 있는 탁월한 행법임을 역설하고 있다.

"참선자가 서방에 왕생하고 싶다면 참선을 염불로 바꿀 필요는 없다. 다만 '믿음'과 '발원'을 갖춘다면 참선이 바로 정토수행이다. 또한 염불이 일심불란(一心不亂)의 경지에 이르면 주관과 객관을 모두 잊고 곧바로 무생법인(無生法忍)을 증득한다. 이 어찌 도를 깨침이 아니겠는가. 그러므로 참선과 염불은 둘 다 도를 깨칠 수 있으며 둘 다 서방에 왕생할 수 있다. 다만 의심(疑情)이 있으면 곧 참선이고, 의심이 없으면 곧 염불이다. 사람들이 수행을 시작할 때 스스로 살필지어다."

명대(明代) 4대 고승의 한 분으로서 모든 종파의 존경을 받았던 우익 대사(1599~1655)의 행장을 따라가 보면 참선으로 견성(見性)까지 한 선사가 왜 염불을 하게 되었는지 알게 될 것이다.

대비주 지송으로 극락왕생 발원

팔부도인(八不道人)이란 별호(別號)로도 잘 알려진 대사의 휘(諱)는 지욱(智旭), 호(號)는 서유(西有)이다. 대사의 속성은 종(鍾), 이름은 제명(際明) 또는 성명(名聲)이라 하고, 자(字)는 진지(振之)이다. 강소 오현 목독진(江蘇 吳縣 木瀆鎭: 현 강소성 소주蘇州)에서 태어났으며, 모친은 김(金)씨(이름은 대련大蓮)이고 부친은 기중 공(岐仲公)이다. 부친이 백의관음보살의 대비주(大悲咒)를 10년간 지송(持誦)하여 꿈에 관음보살께서 아들을 보내주는 것을 보고 나서 대사를 낳았다고 한다. 때는 명나라 만력(萬曆: 神宗) 27년(서기 1599년) 5월 3일이었다.

대사께서는 7세에 채식을 하고, 12세에 유교 경서를 읽었는데, 성리학을 존중하고, 불교와 도교를 멸할 것을 결심하였다. 그 후에 냄새나는 오신채와 술을 다시 먹고 불교를 배척하는 〈벽불론(辟佛論)〉 수십 편을 지었다. 그러다가 17세에 우연히 연지 대사의 〈자지록 서문(自知錄序)〉과 〈죽창수필〉을 열람하게 되었는데, 문장의 내용과 이치가 매우 깊음을 느꼈다. 비로소 자기의 잘못된 견해를 알아차리고, 이전에 지은 불교에 대한 비판적 저술들을 불사르며 깊이 참회하였다.

1618년 겨울에는 부친상을 당했는데, 〈지장보살본원경〉을 보고 마침내 출가를 발원하였다. 대사께서는 봄부터 겨울까지 대비주 지송을 마친 후, 계(戒)의 뿌리가 영원히 청정해지고 끝내는 극락의 구품연화대에 앉아 모두가 아미타불의 백호광명을 뵈옵고 원만하게 법계장신(法界藏身: 法身)과 같게 될 것을 발원하여 또다시 대비주 십만 팔천 번을 염송하였다.

능엄경 공부하다 의정 생겨 출가 결심

22세(1620) 때부터 본격적으로 염불에 전념하여 직접 지은 세속의 시문(詩文) 2,000여 편을 다 불살라버리고는 불법의 이치를 닦는데 더욱 매진하였다.

이듬해 7월 30일에는 뛰어난 방편인 염불수행을 통해 부모님과 조상님을 비롯한 일체중생을 제도하고자 하는 48원(願)을 발하고, 스스로 '대랑 우바새(大朗優婆塞)'라 이름하였다.

그 해에 고덕 법사(古德法師)가 〈대불정수능엄경〉을 강설하였는데, 우익 대사께서 앉아서 듣다가 "세계는 공(空)에 의해 있게 되고, 공은 대각(大覺)에서 생겨난다[世界在空 空生大覺]"는 대목에 이르러 마음속에 갑자기 의정이 생겨 스스로 묻기를 "무엇으로 인하여 공이 이 대각에서 생길 수 있는가? 세계와 허공은 다시 어떻게 생기는가?[因何空能生此大覺 世界與虛空又從何而生]."라고 하였다. 이렇게 저절로 화두가 드러나자 답답하고 괴로워 도무지 불법을 제대로 공부할 수 없었다. 출가수행을 통해 인생과 우주의 큰 문제(大事)를 참구해서 체득하고자 하는 결심이 든 것이다.

대사께서 24세(1622)에는 꿈에 수차례 감산 대사(憨山大師: 1546~1623)를 뵈었다. 이때 감산 대사께서는 조계(曹溪)에 거주했기 때문에, 길이 멀어 갈 수 없었기에, 대신 감산 대사의 문인인 설령(雪嶺) 법사에게서 머리를 깎고 승려가 되

화엄경의 심오한 법장法藏, 법화경의 비밀스런 골수骨髓,
일체 부처님의 심요心要, 보살만행의 지침指針 모두 다
아미타경에서 말하는 지명염불持名念佛을 벗어나지 않는다
－우익대사의 '아미타경 요해'

어 '지욱(智旭)'이라는 법명을 받았다. 그리고 자(字)를 우익(藕益)이라 하였다.

성유식론 공부하다 생사가 공한 도리 체득

그 해 여름과 가을에 운서사(雲棲寺)에 가서 〈성유식론(成唯識論)〉을 청강했는데, 강의를 듣는 중에 성종(性宗: 화엄종, 천태종)과 상종(相宗: 유식 법상종)의 두 종이 회통되지 않아 의문이 들었다. 이로 인해 경산(徑山)에 가서 좌선하면서 그 이치를 참구하셨다.

이듬해(1623) 여름에 이르러 비로소 성상이종(性相二宗)의 뜻과 이치에 대해 깊이 깨닫게 되셨다. 대사의 자서전인 〈팔부도인전(八不道人傳)〉에는 당시의 상황을 이렇게 묘사하고 있다.

"여름에 공(功)이 극에 다다랐을 때 몸과 마음과 세계가 홀연히 모두 사라져 없어지고, 이로 인해 이 몸이 무시이래로 지금 바로 여기서(當處) 생을 벗어났으며, 가는 곳마다 다 멸하며, 단지 견고한 망상에 의해 나타나는 그림자일 뿐이며, 매 찰나 생각 생각에 머무름이 없으며, 부모로부터 생겨남이 아님을 분명하게 알았다."

바로 이때 일체의 경론과 일체 공안이 눈앞에 현전하지 않음이 없었으며, 오래지 않아 큰 깨달음을 얻었다. 그러나 깨달은 바를 한 사람에게도 말하지 않았으며, 조금 지나니 곧 마음이 점차 공하고 공해져 다시 한 글자에도 머물지 않으셨다.

이 해 납월 팔일에는 연지 대사의 탑 앞에서 사분계(四分戒)를 받았으며, 26세(1624)에는 보살계를 받으셨다.

중병에 들자 왕생주 염송으로 가피 입어

대사께서 28세 되시던 해에는 모친이 돌아가셨다. 극진히 효자의 예를 다하시고는, 세상의 인연을 끊고 송릉(松陵: 현 江蘇省 吳江市)으로 가서 폐관(掩關)하고 무문관수행을 서원하셨는데, 폐관 중에 뜻밖의 큰 병을 얻었다. 대사께서는 참선공부로써 서방정토에 왕생할 것을 발원하셨지만, 매우 위독한 지경에 처하고 말았다. 대사께서 가만히 생각해 보니 생사를 감당할 힘이 전혀 없었다. 자신의 수행력이 아직 많이 부족함을 깨닫게 된 것이며 보통의 법력 가지고는 생사에 자재(自在)할 수 없음을 더욱 절실히 느낀 계기가 되셨다. 부처님의 본원력(本願力)에 의지하여 염불할 것을 다짐한 대사께서는 우선 병부터 나아야겠다는 생각에 왕생주(往

生呪)를 7일간 지성껏 염했는데, 극적으로 병이 완쾌되는 가피를 체험하게 되었다.

대사께서는 31세에 박산무이(博山無異) 선사를 따라 금릉(현 강소성 남경)에 가서 대중과 어울려 배웠는데, 수개월 동안 지내면서 암담한 선문(禪門)의 폐단과 병통이 심각한 것을 보시고, 더욱 굳건히 계율을 널리 펼칠 것을 결심하셨다.

32세(1630) 이후로는 정토법문을 중심으로 천태 교리의 연구에 전념하셨다.

35세에 대중을 통솔하여 서호사(西湖寺)를 창건하고, 이후로 20여 년간 강서, 안휘, 절강, 복건 등지를 유력하면서 대장경 열람, 경전과 교리 강술, 저작 그리고 염불법을 널리 전하는 일에 전력을 다하셨다.

손을 든 체 입적 후에도 두발 자라

청(清) 세조(世祖) 순치(順治) 12년(1655) 정월에 병이 나자, 대사께서는 신체를 다비(茶毗)한 후 뼈 부스러기를 가루로 만들어 날짐승과 물고기들에게 보시함으로써 서방왕생의 인연을 맺어줄 것을 유언하셨다. 결가부좌하시고 서방을 향하여 손을 들고서 입적하셨는데, 이때의 세수 57세였다. 제자들이 대사를 시봉하여 감실[龕]에 봉안한 후 3년 뒤 여법하게 화장하고자 감실을 열었을 때, 결가부좌한 대사의 근엄한 모습이 보였으며 머리카락이 자라 귀를 덮고 있는 것이 생시와 같은 용모였다. 문인들은 대사의 유촉을 차마 따르지 못하고 대사의 영골(靈骨)을 영봉사 대웅전 오른편에 탑을 세워 봉안하였다.

만일 우익 대사께서 선지(禪旨)를 깨친 후 자족하면서 염불수행을 하지 않았다면 반드시 생사에 윤회하는 과보를 면치 못했으리라. 다행이도 중병을 앓아 생사에 대적할 힘이 없음을 미리 깨닫고 아미타불의 원력에 의지한 염불수행으로 임종 시에 자재하게 왕생하여 윤회를 벗어난 극락정토에 화생하셨으니, 자력(自力)과 타력(他力)이 둘이 아닌 불력(佛力)수행의 공덕이 얼마나 큰 지를 알 수 있을 것이다.

수십 년 간 참선해도 진보가 없거나, 평생을 간경(看經)하고 다라니를 외워도 생사해탈에 대한 확신이 없다면 반드시 정토법문에 대해 참구해 보라. 가장 빠르고 간편하고 확실하게 삼계윤회를 초월하는 속초성불(速超成佛)의 지름길을 발견하게 될 것이다.

나무아미타불!

"일념을 지혜광명으로 돌리면 본래의 깨달음과 같다."
_ 정토종 제10조 행책 대사

"아직 깨닫지 못했다고 해서 자신을 얕보지 말라. 일념을 지혜광명으로 돌리면 곧 본래의 깨달음과 같다(莫輕未悟 一念回光 便同本得)." 〈행책대사 정토경어〉

깨달음의 비결은 '일념회광'에 있다

행책 대사

예로부터 도를 찾고 깨달음과 열반, 부처를 찾는 구도자들은 진정한 대장부가 아니라면 스스로의 근기와 수행력에 좌절감을 느끼기 마련이다. 하지만 대승의 가르침은 '본래 부처'를 가린 분별·망상·집착만 제거하면 본래의 성품, 깨달음(覺·붓다)을 회복해 진짜 부처가 될 수 있다는 자신감을 주고 있다. 이런 확신을 가진 구도자들은 오랜 역경과 슬럼프를 극복하고 자성불을 회복하여 스스로도 해탈하고 중생을 제도하는 깨달음의 행을 원만하게 구족할 확률이 훨씬 높다. 그래서 조사스님들은 구도자들에게 자신을 과소평가하지 말고 무한한 불성의 힘을 꺼내 쓰라고 조언을 하신 것이다.

행책(行策) 대사께서 〈정토경어(淨土警語)〉를 통해 밝힌 것처럼, 예로부터 조사·대덕께서 개오(開悟)한 비결은 바로 '일념회광(一念回光)'에 있다. 여기서 '회(回)'는 고개를 돌린다는 뜻이고, '광(光)'은 자성이 본래부터 가지고 있는 지혜광명을 말한다.

'일심불란' 돼야 자성의 지혜·공덕 현전

그렇다면 자성의 지혜광명을 어떻게 돌리라는 것일까? 그 답은 '이념(二念)'이면 돌릴 수 없기에 오로지 '일념(一念)'을 활용하라는 것이다. 일념은 곧 일심불란(一心不亂)이다. 이 일념을 닦으려면 다른 생각과 뒤섞지 않으면 된다. 한편으로 염불하면서 한편으로 망념과 뒤섞으면 공부가 진보할 수 없다. 수행자가 망상에 휘둘리지 않고 순일하게 염불하게 되면, 이 일념이 곧 '아미타불'이고 '나무아미타불'이다. 자나 깨나 일념으로 '나무아미타불'을 염한다면 진정으로 자성이 본래 갖추고 있는 지혜와 공덕이 현전할 수 있다. 바깥에서 오는 것이 아니기 때문이다.

그렇다면, 우리 염불인들이 오랫동안 공부해도 한 덩어리를 이루지 못하는 이유는 무엇일까? 열심히 염불을 하면서도 일어나는 온갖 잡다한 망념에 관여하고, 그 망념에 대해 걱정하며, 그 망념을 상기하고, 그 망념을 두려워하기 때문이다. 따라서 망념에 상관하지 않는 것이 바로 공부의 비결이다. 망념이 흘러가도록 내버려두면 된다. '나무아미타불' 이 한마디 부처님 명호를 단지 한 글자 한 글자 또렷하게 염하고 또렷하게 들으면 된다. 이것이 바로 일념회광(一念回光)이다. 근대 중국 정토종의 대덕인 하련거 거사는 〈정어(淨語)〉

행책 대사 진영

에서 "망념에 상관하지 않는 것을 제1념(第一念)이라" 하고, "이런 생각 저런 생각으로 제2념, 제3념에 떨어지지 말고 제1념을 사용하여 일념회광을 닦으라"고 하였다. 염불인이 생활하는 가운데 사람을 상대하고 일을 처리하며 사물을 접하는데 제1념을 사용한다면, 지혜로운 삶을 영위하는 동시에 제대로 염불하는 방법을 터득하게 되리라.

5년 장좌불와로 선(禪)의 종지 깨쳐

이와 같이 염불행자들에게 실질적인 수행지침이 되는 〈정토경어〉를 남긴 행책 대사는 훗날 정토종 제10대 조사로 추존되었으며, '윤회의 흐름을 끊다'란 뜻을 지닌 절류 대사(截流大師, 1626-1682)로도 불린다. 명나라 희종(熹宗) 천계(天啓) 6년(1626)에 태어나 청나라 초에 활동한 대사는 중국 강소성(江蘇省) 선흥(宜興) 사람으로 속성은 장(蔣)씨이며 휘(諱)가 행책(行策)이며, 그의 부친은 전창(全昌)이라는 분이다. 부친은 유교의 선비로서 일찍부터 유불선에 달통한 감산(憨山, 1546-1623) 대사와 교류해 왔다. 그런데 감산 대사께서 세상을 떠나 등신불이 되셨는데(남화선사에 육조대사와 나란히 모셔져 있음), 3년 후 꿈에 대사께서 주장자를 짚고 방에 들어와 은연히 앉으심을 보고 임신이 되어 낳은 분이 행책 스님이라는 것이다. 그래서 어렸을 때 이름이 몽감(夢憨)이었다.

행책 스님이 성년이 될 즈음 부모님들이 잇따라 세상을 떠나자, 세간을 떠나 도를 닦겠다는 발심을 하게 된다. 드디어 23세에 무림(武林, 지금의 절강浙江 항주杭州) 이안사(理安寺)에 출가하여 약암문공(箬庵問公) 선사 문하에서 공부하는 법을 배웠다. 거기서 무려 5년간 옆구리를 바닥에 닿지 않으며 눕지 않고 애써 정진하여 마침내 깊은 진리의 근원(法源)을 깨달으셨다.

법화삼매 닦아 천태종 정수 통달

청나라 순치(順治) 8년에 문공 선사께서 입적하신 후, 행책 스님은 주로 보은사(報恩寺)에 머물다가 우연히 식암 영(息庵瑛) 선사를 만나 정토법문을 듣고 염불을 열심히 하게 된다. 그리고는 또 다시 전당(錢塘)에 있는 초석(樵石) 법사를 뵙고 천태(天台) 교리를 열람해 보시고는, 함께 정실(淨室)에 들어가서 법화삼매(法華三昧)를 닦으셨다. 행책 스님은 이 법화삼매를 수행하면서 숙세의 지혜가 갑자기 돈발되어 천태교의의 정수를 철저히 통달하게 된다.

강희(康熙) 2년(1663)에 이르러 행책 스님은 항주 법화산 서쪽 시냇가에 연부암(蓮栿庵)이라는 암자를 하나 지어 그곳에서 전적으로 염불수행에 매진하셔서 득력하셨다. 그곳에서 7년 간 주석하신 스님은 그 후 강소성 오산(虞山, 지금의 상숙常熟 땅) 보인원(普仁院)에 가서서 염불을 창도하고 정토결사(蓮社)를 만들자 수행자들이 구름처럼 몰려왔다. 아울러 7일

동안 잠을 자지 않고 염불정진 하는 불칠(佛七, 7일 참선정진은 '선칠禪七'이라 한다)법회를 열면서 대중이 함께 모여 정진하는 큰 염불도량이 형성되었다. 이러한 불칠법회의 전통은 지금까지 이어져 정토종의 시원인 여산(盧山) 동림사(東林寺)의 경우 한 번에 무려 2천여 불자들이 모여 7일간의 '나무아미타불' 염불정진에 매진하는 모습을 볼 수 있다.

'불칠'법회로 7일 용맹정진도량 세워

행책 스님은 정업(淨業)을 닦는 수행자가 오랫동안 염불해도 윤회를 벗어난 청정한 세계인 정토에 왕생하는 자가 드문 이유를 통찰하고, 제자들의 근기와 성향에 맞는 방편을 선택하여 간절한 노파심으로 약방문을 제시하듯 지도하였다. 대사께서 파악한 바로는, 사람들이 왕생하지 못하는 원인은 모두 탐욕과 애정의 뿌리를 뽑지 못하고 그 굴레에 매여 있기 때문이었다. 왕생극락이 비록 아미타부처님의 '본원의 힘 (本願力)'에서 가능한 일이지만, 염불행자가 현생에 대한 집착이 강할 경우는 왕생이 쉽지 않은 것이 현실이다. 따라서 행책 스님은 염불행자들이 왕생극락에 대한 진실한 서원을 발하는 동시에 사바세계의 삶을 싫어하는 염리심(厭離心)을 갖고 삼계를 벗어나려는 출리심(出離心)을 가져야 한다고 간절히 당부했던 것이다.

대사의 광명 보고 2인이 지옥에서 환생

그토록 활발하게 정토법문을 열어보였던 행책 스님은 당신의 정토업(淨土業)을 성취하시자 조용히 세상을 떠나시게 되었다. 보인원에 주석한 지 30년 되는 강희(康熙) 21년

행책 대사 진영

(1682) 7월 19일 세수 57, 승랍 35세를 일기로 생사윤회의 수레바퀴에서 벗어나신 것이다.

〈정토성현록(淨土聖賢錄)〉에는 스님의 왕생과 관련한 기이한 일화 두 건이 간략하게 기록되어 있다.

그 당시 손한(孫翰)이란 사람이 병으로 앓다가 죽었는데, 하루를 지나 다시 깨어나서 하는 말이 "명부(冥府)에 가서 심판을 받던 중 갑자기 밝은 광명이 천지를 밝게 비추니 염라왕이 엎드려 절을 하더라"는 것이다. 그리고는 하는 말이

"방금 이 광명은 청나라 행책 대사께서 왕생극락 하시면서 비추신 광명인데, 너희들이 다행히 그 빛을 받은 인연으로 많은 죄업이 소멸되어 다시 환생시켜 주니 나가서 많은 공덕을 짓도록 하라"고 했다는 것이다. 그리고 같은 날, 남관 밖에 살고 있는 오씨(吳氏)의 아들도 역시 깨어나서 손씨와 똑같은 말을 하더라는 것이다. 그 후 두 사람은 크게 발심하여 염불수행을 철저히 행한 것은 물론이다.

대신심 있어야 염불삼매 · 왕생 가능

당시에는 큰 화제가 된 이러한 기록을 요즘 사람들이 보면 진위여부를 따지며 황당하다는 반응을 보일 지도 모르겠다. 하지만 선종에서 화두를 타파하기 위해 스승과 공안(公案)에 대한 대신심(大信心)을 강조하듯이, 정토종에서도 '믿음'이 왕생을 결정하는 가장 중요한 요인임을 알아야 한다. 〈대혜선사어록〉에 '신득급(信得及)'을 강조했듯이, 어떤 수행방편이든 절대적인 믿음과 확신(信)이 있어야만 체험하여 증득(得)할 수 있고, 수행의 과지(果地)에 도달(及)할 수 있음을 기억하자.

임종 시 윤회 벗어나는 생사해탈법

오늘날 대다수의 어르신들은 만년에 질병이 몸에 달라붙고, 임종 시에 매우 큰 고통이 따를 것이며, 어떤 분들은 치매로 몇 년 끌다가 운명하는 때에 혼미하고 정신이 맑지 못한 경우가 대부분이다. 그러니 우리는 인생의 큰일(大事)로 정토에 왕생함을 가장 우선순위로 삼아야 한다. 진실한 믿음, 간절한 염불로 시시각각 마음에 아미타부처님이 계시다면,

눈빛이 땅에 떨어지는(眼光落地) 크나큰 고통의 순간에도 여여하게 '나무아미타불'을 염하여 육도윤회의 고통스런 수레바퀴에서 벗어나는 기연을 맞이하게 될 것이다.

만약 염불이 아닌 참선과 위빠사나를 통해 견성성불하거나 아라한이 된다면 그 또한 생사해탈의 큰 길이겠지만, 그 확률은 과연 60억 분의 몇이나 될까? 냉철한 판단으로 생사해탈의 가장 빠르고 효과적인 지름길이 담긴 제불보살과 조사스님들의 특별법문(정토법문)에 귀 기울여 보시길 간절히 발원한다.

나무아미타불!

'염불하는 자 누구인가?' 깨닫고 홀연히 꿈을 깨다
_ 정토종 제11조 성암 대사

"부처님께서 염불법문을 열어 보여주심은 중생들로 하여금 육근을 거두고 깨끗한 생각으로 계속하여 아미타불 명호를 불러 생각의 경계가 고요하고 마음이 텅 빈 데 이르면 불성이 저절로 드러나서 곧 부처님 지견(佛知見)에 깨쳐 들어가 자성이 저절로 드러나서 각자 자기에게 갖추어 있는 자성미타(自性彌陀)를 친견하여 한 가지 출세의 큰 인연을 이루게 하신 것이다."〈권수염불문(勸修念佛文)〉

믿음(信)과 원력(願)과 염불행(行)은 윤회계를 벗어나 정토에 나는 양식이 되는데, 양식만 준비하면 정토에 나기가 어렵지 않고, 정토에 나면 삼계윤회를 벗어나므로, 석가여래께서는 여쭙는 제자 없이 『아미타경』을 스스로 말씀하시어(無問自說) 염불 발기의 인연이 된 것이다.

중국 청나라 때 태어나신 성암 대사(省庵大師, 1686-1734)는 부처님께서 염불법문을 열어 중생들로 하여금 발심 염불하여 누구나 본래 갖추고 있는 불지견에 깨쳐들게 한 이러한 도리를 몸과 입과 뜻으로 여실하게 보여준 선지식이다. 청나라 강희25년(1686) 8월 초파일 태어나 훗날 정토종 제11대 조사로 추존된 대사의 본명은 실현(實賢), 자(字)는 사제(思齊), 강소성 상숙(常熟)사람이다. 속성은 시(時)씨로서 대대로 유교의 선비 집안에서 자랐다.

7세에 동진출가··· 15세에 불교·유교 통달

蓮社九祖淸梵天省庵法師

대사께서는 태어나면서부터 육식을 입에 대지 않았고, 어린 시절부터 총명한 지혜와 온화하고 부드러운 본성을 드러내셨다. 마치 여러 생을 통해 오염된 세간을 벗어나고자 하는 탈속의 뜻을 가진 것처럼 보였다. 부친이 일찍 사망하자 모친 장(張)씨는 아들이 불연이 깊음을 알고 출가 수도의 길을 열어주었다. 대사께서 일곱 살이 되자, 모친은 어린 아들을 데리고 청량암

(淸涼庵) 용선(容選) 화상을 배알하고 스승으로 모셨다. 나이가 어려서인지 스승으로부터 불전의 가르침과 규율을 배우는 동시에 유교 등 세상의 학문도 함께 익혔다.

대사께서 15세(1700)가 되자, 정식으로 비구계를 수지하게 되었는데, 이때 이미 불교와 유교에 두루 달통하여 시문에 능할 뿐만 아니라 서예에도 정밀한 기예를 갖추게 되었다. 그러나 대사께서는 절대 다른 업에는 탐닉하지 않았으며 나고 죽는 큰일(生死大事)을 한시도 잊은 적이 없었다. 세간의 문장과 이치에 달통한 대사께서는 충과 효를 돈독히 여겨

모친께서 서거하시자, 불전에서 무릎을 꿇고 49일간 〈불설 부모은중난보경(佛說父母恩重難報經)〉을 독송하기도 하셨다. 더불어 매년 모친의 기일(忌日)이 되면 공양을 베풀고 경을 독송하며 어머님의 왕생극락을 발원하셨다.

'염불하는 자가 누구인가' 화두 타파

어느 날, 성암 대사께서 우연히 선인사(善仁寺)에 들리셨는 데, 홀연히 한 스님이 땅에 머리를 박고 입적하는 장면을 목격하고는 문득, 생명의 무상함을 깨닫고 자신을 경책하며 부지런히 수행 정진할 것을 다짐했다. 이로부터 대사께서는 계율을 철저히 지키면서 의발(衣鉢)을 놓지 않고 하루 한 끼 만을 드시면서 옆구리를 자리에 대지 않고 정진하셨다. 이 후 사방으로 선지식으로 참방하러 운수행각을 다녀온 후, 25세(1710)가 되자 대사께서는 거성(渠成) 스님과 소담(紹曇) 스님으로부터 불교교리를 배우고, 대승의 성종(性宗)과 상종(相宗)을 연구하는 한편, 소승 방등경전을 공부하였다. 이렇게 3년의 세월이 흐르자 천태종 삼관(三觀)·십승관법 (十乘觀法)의 종지와 성상(性相) 2종의 교학을 두루 막힘 없 이 관통하게 되었다. 이렇게 성암 대사의 경학이 경지에 오 르자 소담 스님은 그에게 천태정종(天臺正宗) 영봉(靈峰) 선 사의 제4세 법맥을 전하였다.

강희53년(1714), 29세에 대사께서는 숭복사(崇福寺)의 영취 (靈鷲) 화상 문하에서 "염불하는 자가 누구인가(念佛是誰)?" 라는 화두를 치열하게 참구하다가, 120일이 지나자 홀연히 크게 깨닫고 "나는 꿈에서 깨어났다(我夢醒矣)"고 말씀하셨 다. 이때부터 대기대용이 자재했으며, 변재가 막힘 없이 터

져 나왔다. 영취 화상이 성암 대사가 불문의 법기임을 아시고 법맥을 전하려고 하자, 대사께서는 완곡히 사양하며 예를 갖추고 떠났다.

3년 무문관수행으로 염불삼매 증득

이듬해, 대사께서는 진적사에서 폐관(閉關: 무문관)수행에 돌입했는데, 낮에는 대장경을 열람하고, 날이 저물면 '아미타불' 명호를 지송하셨다. 밤을 지새우며 정진한지 3년이 지나자 대사께서는 마침내 염불삼매를 증득하셨다. 이러한 삼매 증득이 정토법문에 대한 확고한 신심과 불가사의한 지혜를 낳게 되자, 대사께서는 틈틈이 시간을 내어 연지 대사의 '서방발원문(西方發願文)'에 주해를 달게 된다. 3년간의 폐관정진을 성공적으로 회향하자, 진적사의 대중들은 성암 대사께 〈법화경〉을 강의해 줄 것을 공손히 청했으며, 대사께서는 법좌에 올라 막힘 없는 변재와 혜안을 갖춘 설법으로 승속

대중의 진실한 찬탄을 크게 받게 된다. 이 일이 있은 후 소담 스님의 하명에 따라 항주 융흥사(隆興寺)에서 경과 율을 대신 강의하도록 했는데, 강의를 들은 대중들이 찬탄하지 않는 자가 없었다. 이로부터 대사의 명성은 더욱 커지게 된다.

연지공양하며 48대원 발하자 방광

강희58년(1719), 절강성 영파시 도옥에 소재한 아육왕탑(阿育王塔)의 부처님 진신사리 앞에서 손가락을 불살라(燃指) 공양하며 48대원을 세우시자, 그에 대한 감응으로 부처님 사리가 찬란한 광명을 내셨다. 이로부터 매년 부처님 열반일에 대사께서는 승속의 대중을 모아놓고 경전을 독송하며 불공을 올렸다. 이때 대사께서는 〈유교경(遺敎經)〉과 〈불설아미타경〉을 강의하셨는데, 선종의 종지인 "시심시불(是心是佛: 이 마음이 바로 부처이다)"의 깊은 뜻을 결합시켜 예리하고 둔한 상중하의 모든 근기가 두루 이익을 얻도록 대중법문을 설하였다.

청나라 세종 옹정2년(1724), 불혹(40세)의 나이에 이른 대사께서는 항주 범천사(梵天寺)에 가서 주석하시면서 유명한 작품인 〈권발보리심문(勸發菩提心文)〉을 짓게 된다. 이후 대사께서는 항주 선림사(仙林寺)에 은거하여 마음을 고요히 하며 염불에 전념하면서 절 밖을 나가지 않고 모든 인연을 단절한 채 전수염불(專修淨業)에만 매진하였다. 아울러 사중의 대중을 격려하고 지도하면서 오로지 깊은 신심, 견고한 발원, 전수염불을 통해 서방정토에 왕생할 것을 당부하였다. 이때 함께 정토수행을 한 대중들은 한결같이 성암 대사를

> 이 사바세계에서는 수행하면서 도道에 정진하기가 정말로 어렵거니와,
> 저 극락정토에 왕생하면 부처님 되기가 참으로 쉽습니다. 거기서는
> 부처님 되기가 쉽기 때문에 단 한 번의 생애에 뜻을 이룰 수 있지만,
> 여기 사바세계에서는 정진하기도 어려운 까닭에 오랜 겁을 지나도
> 도道를 이루지 못합니다. 이런 까닭에 우리보다 앞서 오신 성현들께서
> 누구나 한결같이 극락정토를 향해 가셨으며, 천 가지 경전과
> 만 가지 논설이 모두 도처에서 극락왕생을 지시하고 계십니다.
> 말세의 수행으로는 이보다 나은 법문이 결코 없기 때문입니다.
> - 성암省庵대사

"(아미타불의 화신인) 영명연수 선사께서 원(願)을 타고 사바세계에 다시 오신 분(永明延壽禪師 乘願再來)"이라는 칭송을 아끼지 않았다.

칭명염불 위주의 염불결사 창립

만년의 대사께서는 다시 대중의 간청을 받아들여 항주 봉산(鳳山)의 범천사로 돌아와 주석하시면서 더욱 광범위하게 정토법문을 전하면서 중생을 구제하여 이롭고 편안하게 하였다. 이와 함께 대사께서는 옹정7년(1729)에 전수염불 단체인 연사(蓮社)를 창립하셨다. 정토왕생에 뜻을 두고 신원염

불(信願念佛)을 하는 이들이 명을 마칠 때까지 염불결사에 동참할 것을 문서로 기록해 서원을 하도록 하였다. 매일의 수행일과를 20이라 할 때 10은 칭명염불, 9는 관상(觀想)염불, 1은 예배와 참회로 나눠 밤낮으로 쉼 없이 정진하도록 했다. 대사의 영향 아래 결사 대중이 함께 염불수행을 하니 그 이익이 결코 적지 않았으며, 재가 염불행자가 출가득도 한 자도 수백 명에 달할 정도였다.

매일 10만 편 염불… 서방삼성 친견

옹정11년(1733) 음력 1월 8일 성도일, 대사께서는 대중을 모아 말씀하시길 "나는 내년 4월 14일이면 이 세상을 떠나 왕생극락을 하게 될 것이다." 하였다. 이로부터 대사께서는 향을 피우고 방의 문을 걸어 잠그시고 매일 십만 편(遍) 씩을 염불 하셨다.

이듬해 4월 2일, 대사께서 출관(出關)하신 후 10일이 되자 대중에게 "내가 10일 전에 서방삼성(아미타불, 관세음보살, 대세지보살)께서 허공에 강림하신 모습을 친견하였고 지금 다시 보노라. 나는 정토에 왕생할 것이다."라고 하셨다. 곧 이어 사원의 사무를 부촉하시고는 다시 성 안의 여러 호법거사 등에게 작별인사를 하셨다. 시자가 유훈을 내려주실 것을 청하자, 대사께서 글로써 대중에게 설하시길, "내가 14일로 왕생을 결정하였으니, 너희들은 나를 위해 모여서 염불을 해다오."

"극락에서 중생구제 위해 다시 오겠다."

13일에는 음식을 들지 않으시고 눈을 감은 채 고요히 좌선하셨고, 14일 새벽 3시 경이 되자 목욕을 하시고 옷을 갈아 입으신 후 서쪽을 향해 가부좌를 하고 염불하셨다. 오전 10시가 되자 멀고 가까운 곳에 사는 신도들이 모여들어 눈물을 흘리며 예를 갖춰 대사께서 세상에 머물러 중생을 제도해 줄 것을 간절히 청하였다. 이때 대사께서 다시 눈을 뜨고 대중을 둘러보시고는 "내가 왕생극락하여 부처님의 수기(授記)를 받고 나서 곧 다시 이 세계로 돌아올 것이다. 생사가 큰일이니, 각자 마음을 맑혀 염불하는 것이 가하리라."는 말을 마치시고는 합장한 채 부처님 명호를 부르시며 편안하게 왕생하셨다.

이때가 청나라 옹정12년(1734) 4월 14일이었다. 세수 49년, 승랍 25세로 대사의 삶은 길지 않았으나, 정토종에 끼친 공헌은 비교할 수 없을 정도로 깊고도 넓었다. 대사께서 입적하신 12월 8일 제자들이 대사의 영골(靈骨)을 상숙 금천의 불수암(拂水岩) 서쪽에 모셨다. 청나라 건륭7년 2월 15일, 항주 일대의 제자 등이 다시 대사의 유골을 아육왕사(阿育王寺)의 오른 편 탑에 봉안했다. 대사의 저작으로는 〈권발보리심문(勸發菩提心文)〉 〈정토시집〉 〈성암대사어록〉 〈성암법사유서(省庵法師遺書)〉 등이 있다.

발보리심 일향전념 아미타불… 나무아미타불!

'나무아미타불' 염불로 깨달음과 닦음의 요체 드러내다
_ 정토종 제12조 철오 선사

"생각 생각 부처님과 상응하면 생각 생각이 부처님"

"한 생각이 부처님과 상응하면 한 생각이 부처님이고(一念相應一念佛), 생각 생각이 부처님과 상응하면 생각 생각이 부처님이다(念念相應念念佛). 맑은 구슬을 흐린 물속에 넣으면, 흐린 물이 맑아지지 않을 수 없듯이 부처님 명호를 어지러운 마음속에 던지면, 어지러운 마음이 부처님처럼 안 될 수가 없다. 이러하다면, 염불이 마음을 맑히는 요체가 아니겠는가." 〈철오선사어록〉

임제종 36대 조사로서 정토수행 선양

수여순(粹如純) 선사로부터 인가를 받아 임제 선사의 36대 법손이자 정토종 제12조로 추대된 철오(徹悟, 1741~1810) 선사. 그는 청나라를 대표하는 대선사이면서도 연지·우익 대사와 마찬가지로 선종과 교종, 정토종까지 통달한 대선지식으로서, 영명연수 대사의 선(禪)과 정토를 함께 닦는 선정쌍수(禪淨雙修) 전통의 충실한 계승자였다. 인가를 받은 후에도 항상 영명연수 대사를 생각하면서 선지(禪旨)만 가지고는 '생사의 큰일(生死大事)'을 감당하기가 지극히 어렵고, 구경(究竟) 성불을 위해서는 반드시 염불로 일단 윤회를 벗어난 후 극락정토에 화생하여 불퇴전지(不退轉地) 보살로서 무생법

철오 선사 진영

인(無生法忍: 나고 죽음이 없는 도리)을 증득해야 함을 절감했기 때문이다.

선(禪)의 종지를 깨닫고 여러 종파의 교법을 통달하고 보니 팔만대장경이 한 구절 '나무아미타불'에 있더라는 철오 선사의 법어는 당신의 수행관을 여실히 보여주는 대목이다. 그는 한마디 부처님 명호에는 깨달음(悟)과 닦음(修)이라는 두 법문의 핵심 요체가 모두 포함되어 있다고 보았다. 깨달음을 들자면 믿음(信)도 그 안에 담겨 있고, 닦음을 들자면 증득(證)도 그 가운데 담겨 있다. 따라서 '나무아미타불' 염불에는 믿음(信)과 깨달음(解; 解悟)과 닦음(行; 修行)과 증득(證)의 네 법문이 모두 함께 포섭되어 있고, 대승과 소승을 비롯한 일체 경전의 요체가 빠짐없이 망라되어 있다는 것이다. 그러니, 난해한 교리와 화두를 참구하는 것도 훌륭한 일이지만 가장 쉽고 간단하며 효과적인 칭명염불(稱名念佛)을 적극 권장할 수밖에 없었으리라.

선(禪)과 유식(唯識) 깨닫고 대승경전 통달

선사의 휘(諱: 본명)는 제성(際醒)이고, 자는 철오(徹悟)이며,

南無阿彌陀佛

염불법문은 처음 시작함에 있어서는 다른 수행법처럼 깨닫고 난 후에 닦아야 하는 과정이 필요하지 않고, 마지막에는 지혜가 따로 열리길 기다릴 필요도 없으며, 반드시 업장을 깨끗이 참회해야 하는 것도 아니며, 번뇌를 말끔히 끊을 필요도 없습니다. 그래서 염불법문은 지극히 간단하고 명료하면서도 지극히 곧고 빠른 길입니다. 그런데 하기가 이렇게 쉬운 것과는 반대로 한번 증득해 들어가면, 그 결과는 지극히 넓고 크면서도 지극히 원만한 구경(至極廣大 至極究竟)의 경지가 펼쳐집니다. 그러므로 공부하는 수행자들은 마땅히 세심히 살피고 음미하여 신중히 선택해야 합니다.
-철오선사

별호(別號)는 몽동(夢東)이다. 북경 동쪽 하북성의 풍윤현(豊潤縣) 사람으로, 성은 마(馬)씨였다. 어려서 제반 학문을 두루 섭렵하여 천재성을 발휘했지만, 22세에 중병을 앓고 허깨비 같은 육신이 덧없음을 자각하고 출가를 발심하였다. 병이 낫자 방산현(房山縣: 현 북경시) 삼성암(三聖庵)의 영지(榮池) 노스님께 삭발 출가하였고, 이듬해 수운사로 가서 항실(恒實) 율사로부터 구족계를 받았다.

이듬해인 24세 때는 향계사에서 융일(隆一) 법사가 원각경을 강설한다는 소식을 듣고 참석하였다. 아침저녁으로 법문을 듣고 질문하며 오묘한 뜻을 탐구하여, 마침내 원각경 전체의 요지를 깨달았다. 곧 이어 증수사의 혜안(慧岸) 법사에게 법상종(法相宗) 법문을 듣고 미묘한 종지를 요달했다. 그 뒤 심화사의 편공(偏空) 법사 아래서 법화경·능엄경·금강경 등을 원만히 이해하고 깨달아, 법성(法性)·법상(法相)의 2종(宗)과 3관(三觀: 천태종의 공관空觀·가관假觀·중관中觀)과 10승(乘)의 요지에 막힘 없이 두루 통달하였다.

수연순 선사 인가 받고 선정쌍수 가풍 일으켜

청나라 건륭(乾隆) 33년(1768) 겨울, 운남성 광통현(廣通縣)의 수여순(粹如純) 노스님을 참방하여 향상(向上: 돈오의 지극한 경지)의 일을 밝히니, 수(粹) 선사가 마침내 인가하였다. 바로 임제 선사의 36세(世)이자, 경산(磬山) 선사의 7세 법손이 되었다.

건륭 38년(1773) 수 선사께서 만수사로 옮겨 가자. 철오 선사가 그 뒤를 이어 광통에 주석하게 되었다. 대중을 거느리고 참선하며 후학들을 가르쳤는데, 14년을 하루처럼 조금도 피곤하거나 싫은 기색 없이 지도하자, 그 명성이 남북으로 널리 퍼지고 선풍(禪風)이 크게 일어났다.

철오 선사께서 늘 제자들에게 가르친 수행법은 영명연수 선사께서 선종의 조사이면서도 정토에 귀의하여 매일 '나무아미타불' 명호를 10만 번씩 염송함으로써 극락정토에 왕생하길 발원하셨던 염불법이었다. 당신 스스로도 매일 향 하나 탈 동안만 사람들을 제접하고는 나머지 시간은 부처님께 예배드리고 오직 염불에 전력하셨다.

건륭 57년(1792) 각생사(覺生寺)로 옮겨 8년간 주지를 맡으면서는, 폐허가 된 절을 복원했다. 정업당(淨業堂) 외에 따로 세 당(堂)을 세웠으니, 열반당(涅槃堂)·안양당(安養堂)·학사당(學士堂)이 그것이다. 이로 인해 노인이나 병자가 의탁할 곳이 생겼고, 초학자들이 염불이나 독경하기가 편리해졌다. 염불행과 더불어 자비행을 실천함에 있어 스스로에게는 엄격하였고, 남들을 대함은 몹시 간절하였으며, 법을 설하여 대중을 일깨움에는 마치 입에 감로수를 부어주듯 자상하였다. 사방 원근에서 선사의 교화를 존경하여 따르고, 승가나 속가 모두 일심으로 귀의하였다. 철오 선사는 당시에 '설법 제일'의 인기 법사였지만, 모든 것을 놓고 홍라산 자복사(資福寺)에 은거하여 조용히 한평생을 마치려 했다(1800). 그러나 대중 가운데 그를 흠모하여 뒤따라 나서는 이들이 몹시도 많았다. 선사가 자비심에 찾아오는 수행자를 외면할 수 없어 함께 머물 수 있도록 허락하자 순식간에 총림이 형성되었다. 대중이 많아져 중창불사에 임할 때는 땔감을 장만하고 물을 길어 나르며, 진흙을 이겨 집의 벽을 바르기까지 모두 대중과 똑같이 생활하였다.

극락은 불퇴전지 보살들의 성불학교

이렇게 하여 10년의 세월이 흐른 1810년 2월, 선사는 만수사에 찾아가 은사이신 수 조사의 부도탑을 참배하고, 여러 산사를 외호하는 신도들에게 감사 인사를 드리며, 이렇게 당부하였다.

"허깨비 같은 짧은 인생 허송세월 하면 안타깝기 그지없소. 모두 염불 공부에 매진해 극락정토에서 반갑게 만납시다."

3월에는 다시 자복사로 되돌아와 당신의 다비에 필요한 물

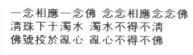

一念相應一念佛 念念相應念念佛
清珠下于濁水 濁水不得不清
佛號投於亂心 亂心不得不佛

한 생각이 부처님과 맞으면 한 생각이 부처님이고
생각생각마다 부처님과 맞으면 생각생각이 부처님이다
맑은 구슬을 흐린 물속에 넣으면
흐린 물이 맑아지지 않을 수 없듯이
부처님 명호를 어지러운 마음속에 던지면
어지러운 마음이 부처님처럼 안 될 수가 없다
-철오선사

품을 미리 준비해 두었다. 10월 17일, 선사는 대중을 불러 모아 사내의 업무를 일일이 맡긴 뒤, 제자인 송천(松泉) 스님에게 주지를 물려주고 후사를 부탁하였다.

입적하기 보름 전, 몸에 가벼운 병세가 느껴지자 선사는 "허공 중에 수없이 많은 깃발들이 서쪽으로부터 오는 모습이 보인다."면서, 대중에게 '나무아미타불' 명호를 다 함께 염송해 달라고 당부하였다.

이에 대중이 세상에 조금 더 머무시도록 권청을 드리자, 선사는 이렇게 경책했다.

"내가 성인의 경지(극락의 불퇴전지 보살)에 나아갈 수 있게 되었으니, 그대들은 마땅히 스승을 위해 다행으로 여기고 환송해야 할 터인데, 어찌하여 붙잡으려 하는가?"

서방삼성 · 문수보살 친견하고 자재 왕생

선사는 12월 16일, 감원의 책임자인 관일(貫一) 스님에게 열반재(涅槃齋)를 올리도록 분부하더니, 17일 신(申: 오후 3~5시)시에 대중에게 작별 인사를 하였다.

"나는 어제 이미 문수 · 관음 · 대세지 세 보살님(大士)을 친견하였네. 오늘은 다시 아미타부처님께서 친히 나투시어 나를 맞이하여 데려가시려고 오셨네. 나 이제 가네."

대중이 '나무아미타불'을 더욱 큰소리로 염송하는 가운데, 선사는 서쪽을 향해 단정히 앉아 합장한 뒤, 이렇게 말했다.

"위대하고 거룩한 명호(洪名: 아미타불)를 한 번 염송하면, 한 번 염불한 만큼의 부처님 상호(相好)를 친견한다네."

그리고는 마침내 손을 미타인(彌陀印)으로 바꾸어 짓더니, 평안하고 상서롭게 왕생하였다. 그때 대중은 공중에 가득한 특이한 향기를 냄새 맡았다. 입적하신 유해를 이레 동안 받들어 공양하는데도 얼굴 모습이 마치 살아계신 듯 자애롭고 온화하며 생기가 넘쳤다. 머리카락이 흰색에서 검은 색으로 바뀌고, 빛과 윤기가 흘러 넘쳤다. 14일 만에 감실에 모시고, 21일에 다비를 봉행하자, 사리 백여 과가 나왔다. 이에 문하 제자들이 선사의 유촉을 받들어 영골(靈骨)을 보동탑(普同塔) 안에 안장하였다. 이때 세수는 70, 법랍은 43세였다.

생사고해 헤엄쳐 건널까, 배 타고 건널까

일반적으로 정토행자들은 임종 시에 아미타부처님과 관음 · 대세지보살의 서방삼성(西方三聖)을 친견하기 마련인데, 철오

선사는 문수보살까지 친견한 점이 특이하다. 아마도 선사께서 선(禪)과 교(敎)의 종지를 깊이 깨달아 지혜가 남달랐기에 문수보살께서 친히 선사를 격려하기 위해 나투신 것이 아닌가 사료된다. 실제로 문수보살은 보현보살과 함께 〈화엄경〉에서 왕생극락을 발원하였으며, 대승불교의 아버지이자 8종의 조사인 마명·용수보살까지 서방정토 왕생을 발원한 것이 어찌 우연이겠는가.

부처님의 마음을 전한 선종이 가장 수승한 행법임에는 틀림없지만, 오늘날과 같은 오탁악세에 진실로 확철대오하여 생사를 해탈한 선지식이 과연 몇 분이나 있는가. 지구촌 불교국가에서 윤회를 벗어난 아라한이 과연 몇 분이나 있는가. 이 점을 자문해보면 성불은 고사하고 윤회를 벗어나는 일조차 거의 불가능에 가까운 확률임이 자명할 것이다. 하지만, 자력과 타력을 겸비한 불력(佛力) 수행자는 '나무아미타불'만 염하면 수월하게 아미타부처님의 본원력(本願力)에 힘입어 일단 윤회를 벗어난 극락정토에서 보살로서 공부를 하게 되니, 다시는 퇴전하거나 악도에 떨어지는 일 없이 안심하고 성불을 기약할 수 있는 것이다.

당신이 생사의 고통스런 바다를 건너 피안(淨土)으로 가고자 할 때 직접 헤엄쳐 갈 것인가(自力), 배나 비행기를 타고 갈 것인가(佛力), 깊이 판단해 보라. 석가세존께서 정토삼부경(아미타경, 무량수경, 관무량수경) 등에 간절히 설한 '속초(速超: 빠르게 윤회계를 초월하는) 성불의 길'을 자세히 탐구해 보시길 간절히 발원한다.

나무아미타불!

정토수행 대중화 기반 다진 중국 근대의 선지식
_ 정토종 제13조 인광 대사

"염불은 현생에 생사윤회 벗어나는 특별법문"

"현생에 틀림없이 생사고를 벗어날 수 있고, 아승지겁의 수행을 거치지 않고도 친히 법신(法身)을 증득할 수 있으니, 이 정토법문은 여래의 일대시교(一代時敎) 중에서도 매우 특별한 법문이며, 실로 일체중생이 닦아 지니는 모든 행법 가운데 생사고해를 벗어나는 긴요한 도문(道門)이다. 왜냐하면 정토법문은 부처님의 자비 가피력을 의지하기 때문이다."
_ 〈인광대사법어휘록〉

견성해도 업습 제거해야 윤회 벗어나

부처님의 자비 가피력에 의지하는 정토법문의 이익과 수행자가 전적으로 자력에만 의지하는 일반적인 법문의 이익을 비교하면 하늘과 땅 차이라 할 수 있다. 무간아비지옥에 떨어질 중죄를 지은 중생이라도 십념(十念)의 지극한 염불로 윤회를 벗어난 깨달음의 세계인 서방정토에 왕생할 수 있고, 이미 등각(等覺)보살의 경지에 오른 성인도 10가지 큰 행원(보현보살의 10대 行願)을 극락정토로 회향했을 정도이니 말이다.

참선과 정토는 근본 이치상으로는 둘이 아니지만 윤회를 벗어날 확률은 참선이 염불을 따를 수가 없다. 그 이유는 참

印光大師像贊
法身本剛立道實嘉祥
佛方光方忠誠而義
夫佛行者現別現州常香
立名延壽沖宗別尊法
學大作苹千佛市政倫
現馬西隣誠底
微妙大師之波第一八
回收教有垂集畢且
深馬於塚沖主交喻
道心覚慶沖馬仍感
史師相光寶 句慈笑
出皇開眼觀凡國明妙
佛市福沖教仍儀業
責溪志園詩敬跋

ㅣ인광대사
그것을 아미타불이라고 하느니라 是彌陀
간절한 마음에서 나는 빛 懇心放光
그 경계가 묘하고 묘하고 묘하니라 妙妙妙
정성을 다하고 공경을 다하면 竭誠盡敬

선은 확철대오 하고 보림(保任)을 잘 하여 완전히 증득하지 않으면 생사윤회를 벗어나기 어렵기 때문이다.

선종과 교종의 이론과 실참에 두루 통달하고 염불삼매를 증득해 대세지보살의 화신으로까지 존중 받은 인광(印光 : 1861~1940) 대사는 견성(見性)한 도인들조차 윤회를 벗어나기 어려운 수행 현실을 지적하며, 자력(自力)과 더불어 불력(佛力)이 하나 된 정토수행을 널리 권장하였다.

염불인은 신·원·행만 갖춰도 윤회 벗어나

인광 대사는 참선인이 인연에 따라 어느 순간 자성(自性)을 단박 깨달을 수 있지만, 시작도 없는 오랜 옛날부터 쌓여온 업습(業習)의 기운은 단박에 모두 사라질 수 없으며, 그 업습이 의식에 나타나는 것을 말끔히 제거하여야만 비로소 생사를 벗어날 수 있다고 강조하였다.

"그래서 오조(五祖) 계(戒) 선사는 소동파(蘇東坡)로 태어나고, 초당(草堂) 청(淸) 선사는 노공(魯公)으로 다시 태어났으며, 예로부터 확철대오 하고서도 완전히 증득하지 못한 대종사들이 수없이 많았다."(인광대사법어힐록)

인광 대사는 이는 오직 자력에만 의지하고 부처님의 자비가피를 구하지 않은 탓으로 보았다. 반면, 정토수행은 '아미타불과 정토에 대한 믿음(信)과 왕생 발원(願), 염불행(行)'의 3요소만 갖추면 업장을 짊어진 채 극락정토에 왕생할 수 있으며, 한번 왕생하면 생사윤회를 영원히 벗어날 수 있다. 이미 깨달아 증득한 사람은 곧장 부처의 후보 자리인 보처(補處)보살에 오르게 되고, 아직 깨닫지 못한 중생이라 할지라도 불퇴전(不退轉)의 경지를 증득하여 다시는 육도윤회에 떨어지지 않게 되는 것이다.(단, 중생구제를 위한 원력소생은 제외)

정토수행 체계화·대중화에 기여한 '문자삼매'

청말 민국 초기에 중국이 극도로 혼란하고 불법이 극심하게 쇠퇴한 상황에서, 인광 대사는 얕고 낮은 가르침이라고 깔보던 염불법문을 이처럼 선(禪)과 쌍벽을 이루는 심오하면서도 가장 효과적이고 대중적인 수행법으로 자리매김하게 하였다. 이러한 공덕으로 훗날 정토종(蓮宗)의 제13대 조사로

인광印光대사의 십념十念 염불법

염불할 때에는 '나무아미타불' 여섯 글자를
입안에서 또렷또렷하게 염송하면서,
마음속으로도 또렷또렷 염송하고,
그 염송 소리를 귓속에서도 또렷또렷 들어야 하오,
그리고 '나무아미타불'하고 염불하면서
첫 번째부터 열 번째까지 횟수를 세시오.
열 번째까지 횟수를 속으로 기억하여 센 다음에는,
다시 첫 번째부터 열 번째까지 세는 일을 되풀이 하시오.
이리 하면 일심불란一心不亂의 경지를 저절로 얻을 것이오.
염불의 횟수를 기억하면서 하는 염불법이
가장 미묘한 방편임을 비로소 알 수 있소.
- 인광대사, 〈염불수행대전〉

추존된 대사는 평생 출가 제자는 한 명도 받지 않고, 재가 신도들에게 주로 서신으로 설법하였는데, 한결같이 믿음과 발원으로 염불하여 일단 윤회를 벗어나 극락왕생을 구하라고 권했다.

대사의 법문은 양계초(梁啓超)가 '문자삼매(文字三昧)'로 칭송할 정도로 말마다 진리를 드러내고 글자마다 종지(宗旨)로 귀결되었다. 선종과 정토의 오묘한 법문을 떨치면서 그 사이의 쉽고 어려움을 잘 가려내어, 실로 이전 사람들이 미처 보지 못한 곳을 훤히 파헤쳤다는 평을 받고 있다.

용서거사 '정토문' 보고 염불에 귀의

중화민국 29년(1862년)에 태어난 스님은 중국 섬서성 합양 (郃陽) 사람이며, 속성은 조씨(趙氏), 이름은 성량(聖量), 자 는 인광(印光), 별호는 상참괴승(常慚愧僧: 항상 부끄러운 중)이 다.

젊은 시절, 유학을 공부하면서 정주학(程朱學)을 좋아하여 불교를 배척하다가 눈이 실명되자, 곧 철저히 반성하며 불 전을 공부하게 되었으며, 참회하고 기도하는 지극 정성으로 눈병이 치유되는 가피를 입었다.

21세에 종남산에 들어가 연화동사(蓮華洞寺)의 도순(道純) 장 로에게 출가하여 사미계를 받고, 1882년 호북성의 죽계 연 화사(竹溪 蓮華寺)에 머물다가 오래지 않아 섬서성 흥안 쌍 계사(興安 雙溪寺)에서 구족계를 받았다.

그 후 용서 거사(龍舒居士)가 지은 정토문(淨土文)을 보고는 생사를 해탈하여 속히 불도를 성취하려면 염불법 보다 나은 것이 없음을 알고부터 항상 염불을 하셨다. 26세에 정토도 량인 홍라산 자복사(資福寺)에 들어가 정토수행을 하면서 경 전을 보시고는 심오한 진리를 깨닫게 되셨다.

6년간의 용맹정진으로 염불삼매 증득

그 후 다시 법우사라는 절에 가 6년간 문을 닫고 불철주야 염불을 하여 마침내 염불삼매(念佛三昧)를 크게 증득하셨다. 염불을 한결같이 지속하여 공부가 순수해지고 힘이 지극히 붙으면 결국 마음과 부처님의 명호가 서로 합치되어 일심불 란(一心不亂)의 경지를 얻게 되는데, 이것이 바로 염불삼매이

명심견성을 한 사람이 염불로 정토왕생을 구하면,
임종 때 구품연화 가운데
최상품(最上品)으로 화생한다오.
눈 깜빡할 사이에 연꽃이 피면서
아미타불을 친견하고
금방 무생법인(無生法忍)을 증득하거나,
최소한 원교(圓敎)의 초주(初住) 지위에 올라,
일백 부처 세계에 부처의 분신(分身)을 나투어,
인연과 근기에 따라 중생을 교화 제도하게 되나니,
이것이 바로 장래에 부처나 조사가 된다는 뜻이오.
- 인광 대사

다.

인광 대사는 그의 문집에서 염불삼매를 얻는 방법에 대해 이렇게 일러주고 있다.

"진실한 믿음과 간절한 발원만 갖추었으면, 반드시 뜻과 마음을 다해 '나무아미타불' 여섯 글자의 성호를 붙잡아 지켜야 하오. 길을 다니거나 머무르거나 앉거나 옷 입거나 똥오줌을 싸거나, 어느 때건 이 성호에서 벗어나지 않아야 하오. 그래서 반드시 온 마음이 부처이고 모든 부처가 곧 마음이 되어, 마음과 부처가 둘이 아니고, 마음과 부처가 하나가 되도록 해야(全心是佛 全佛是心 心佛不二 心佛一如) 하오. 만약 염불이 지극해지고 감정이 잊혀지면 마음이 텅 비면서 부처가 나타날 것이오. 그러면 현생에 염불삼매를 몸소 증득하고, 임종에 가서는 극락정토의 상상품(上上品)의 연화에 왕생하게 될 것이오. 이것이 염불수행의 지극한 경지라오."(인광대사가언록)

이렇게 하여 생전에 염불삼매를 증득하면, 이 업보의 몸뚱이가 다할 때 곧바로 극락의 상품연화에 오르기를 발원해야 한다. 선종에서는 깨달음을 대사(大事)로 삼지만 정토종에서는 일단 윤회를 벗어나 서방정토에 왕생(往生)하는 것을 일대사로 삼는다. 깨달음을 얻고도 왕생하지 못하는 사람은 100명 가운데 90명이나 되지만, 왕생하고도 깨닫지 못하는 사람은 만 명 중에 한 사람도 없기 때문이다.

문서포교로 '상참괴승(常慚愧僧)' 별호 알려져

인광 대사는 염불삼매를 증득한 뒤 중생을 교화하리란 원(願)을 세우고는 많은 사람들에게 정토법문을 설해, 스님의 인연으로 염불하는 자가 무려 이십만 명도 넘었다고 한다. 하지만, 대사의 명성이 천하에 알려지기 시작한 것은 1912년 〈불학총보(佛學叢報)〉에 기고하면서부터다. 이때 '상참괴승(常慚愧僧)'이라고 서명하였는데, 그 이름이 중국 전역에 널리 퍼졌다. 대사께서는 평생 정토를 널리 선양하면서 주지직을 맡지 않고 권속을 두지 않고 대좌(大座)에 오르지 않는 3대 원칙을 굳게 지켰다. 그러면서 명리에 담박하고 철저한 근검으로 항상 사람들에게 진실한 수행만을 가르쳤다.

세수 70에도 오현 보은사(吳縣 報恩寺)에서 문을 닫고 정진하시다가 그 후에 비로소 대중법문을 펼쳤다. 아울러 보타·청량·아미·구화산 4대 명산지(名山誌)를 편찬하고, 오현에 영암산사(靈岩山寺)를 건립하여 진달(眞達)화상으로 하여금 그 직무를 맡게 하니, 그로부터 정토종의 제1 도량이 되었다.

왕생 후 사리 1천여 과 나와 신심 일으켜

대사께서는 1940년 11월 4일, 세수 80에 묘진(妙眞) 스님에게 영암산사 주지직을 맡기며 정토법문의 선양을 당부하신 후, 물을 가져오라 하여 세수를 하시고는 앉아서 염불하셨다. 그리고는 어느 순간 문득 일어나시며, "아미타부처님께서 왕림하셨다."며 대중에게 염불하라 이르고, 서쪽을 향해 단정히 앉아 합장·염불하며 왕생극락 하셨다. 다비한 후에는 무려 1천여 과(顆)에 달하는 오색 사리의 꽃과 구슬이 나와 염불에 대한 신심을 더욱 크게 자아냈다.

대사께서는 일생 동안 청정한 계행과 염불과 선(禪)을 아우르는 고준한 법문으로 감화를 받은 이가 많아서, 민국 이래로 정토종의 제1 존숙(尊宿)으로 추앙되었다. 인광 대사의 문초(文鈔)와 전집(全集)이 세상에 널리 전해져 중화권은 물론 우리나라에도 여러 번역서가 출간되어 있으니, 염불행자는 물론 참선 수행자들의 일독을 권한다. 수십 년 이상 선방에서 화두를 들었건만, 한 발짝도 진보가 없는 분들은 필히 인광 대사님의 법문을 읽어보는 것이 좋다. 오탁악세의 시대 흐름에 법등은 날로 희미해지고 선지식을 찾아보기 힘든 오늘날, 수행자가 왜 성도문(聖道門: 자력수행)이 아닌 이행문(易行門: 불력수행)을 선택해야 하는지, 인광 대사는 수많은 편지설법을 통해 오늘도 후학들을 일깨우고 있다.

나무아미타불!

무량수경 보급으로 염불 중흥 토대 일군 선지식
_ 극락에서 다시 온 원력보살, 하련거 거사

"참선을 닦는 사람도 무량수경을 독송해야 합니다. 이 법문은 곧 '위없이 깊고 미묘한 선'(無上深妙禪)이기 때문입니다. 아미타불이 곧 자성이고, 정토가 유심(惟心)이기 때문입니다."
_ 〈무량수경 합찬(合讚)〉

1억 명이 수지하는 '무량수경 선본' 회집

역사상, 염불행자들이 가장 많이 수지독송하는 경은 단연 『아미타경』이다. 하지만, 요즘 세계적으로 가장 인기 있는 정토 경전은 〈무량수경〉이다. 『아미타경』을 소경(小經)이라 하고, 〈무량수경〉을 대경(大經)이라 하여 함께 독송하는 이들도 많지만, 〈무량수경〉의 축소판이 『아미타경』이기에 〈무량수경〉을 집중적으로 수지독송하고 사경하는 염불행자들이 늘고 있다. 전 세계에서 약 1억 명이 수지독송하는 것으로 알려진 〈무량수경〉이 최근 50여 년 만에 폭발적으로 독자 수가 늘어난 것은 단연, 하련거(夏蓮居, 1884-1965) 거사의 공덕 때문일 것이다. 그는 원문이 너무나 상이해 수지하기 어려웠던 〈무량수경〉의 5종 역본을 빠짐없이 회집(會集)한 '〈무량수경〉 선본(善本 또는 회집본)' 즉, 〈불설대승무량수장엄청정평등각경(佛說大乘無量壽莊嚴淸淨平等覺經)〉을 제창하여 〈무량수경〉 수지독송의 중요성을 처음으로 널리 알린 대덕(大德)이었다.

문득 맑은 연못에 달그림자 원만하여라.
미혹의 구름, 자욱한 안개 겹겹이 지나가고,
나는 불념佛念한다 말하겠네.
남들은 내가 염불念佛한다 말하지만,
굴러서 천년의 암흑을 깨뜨리네.
나무아미타불 여섯 글자, 한 권의 경전

하련거夏蓮居 거사
(1886~1965)

전 세계 200여 지회로 성장한 정종학회 창립

하련거 거사는 정토오경일론(무량수경, 아미타경, 관무량수경, 화엄
경 보현행원품, 능엄경 염불원통장, 왕생론)을 소의경전으로 하면서
도 이 가운데 〈무량수경〉을 중심으로 한 염불수행단체를
1939년 창립했는데, 그 단체가 바로 '정종학회(淨宗學會)'이
다. 중국, 대만, 홍콩, 싱가포르, 말레이시아를 중심으로 지구
촌 5대륙에 2백여 지회가 자발적으로 설립되어 활동 중인 정
종학회는 〈무량수경〉을 수지독송하는 한편, '나무아미타불'
칭명염불로 세계적인 염불수행 붐을 이끌고 있다.

선종과 밀교 통달한 후 정토 귀의

하련거 거사의 본명은 하계천(夏繼泉)이며, 자는 부재(溥齋), 호는 거원(渠園)이다. 거사는 중년 이후 전수염불을 닦으며, 이름을 연거(蓮居)로 바꾸고 호를 일옹(一翁)이라 하였다. 거사는 1884년 3월 20일 산동성 운성에서 청나라 운남제독 하신유(夏辛酉)의 장자로 태어났다. 청나라에서 과거에 급제하여 직예지주, 정해지현, 강소지부 등을 역임하고, 신해혁명 후 산동성 각계연합회 회장에 추대되어 산동 독립을 선포하기도 하였다.

하련거 거사는 젊어서 학문에 뜻을 두어 다양한 서적에 정통하였고, 성상性相(본성과 현상)의 이치에 대해 깊이 연구했으며, 시·서화 등 예술분야에도 뛰어났다. 중년의 나이에 은밀히 불경을 공부하기 시작해 선종에서부터 교학까지, 그리고 현교에서 밀교까지 모두 원용하여 걸림이 없었으며, 마지막에는 팔만대장경이 '나무아미타불' 6자로 귀결된다는 확신을 얻어 정토로 귀의하였다.

폐관 정진으로 아미타불·무량광 친견

1925년, 청나라 말기 비적 출신의 장군으로 품행이 악랄한 군벌(軍閥) 장종창(張宗昌)이 산동성의 도독(督魯)이던 시절, 거사에게 근거 없는 죄를 뒤집어 씌워 재산을 몰수하고 지명수배 명령을 내리자 그 화를 피해 일본으로 건너갔다.

44세인 1927년 귀국한 뒤, 거사는 이름을 연거(蓮居)로 바꾸고 오로지 정토 수행에 매진하였다. 사람과 왕래하는 관문 나루(關津)의 문을 닫아걸고, 거처하는 방에서 아미타불 불상을 모시고 일심으로 거룩한 명호(나무아미타불)를 경건히 염불하였다. 10여 년의 간절한 염불정진 동안 감응도교(感應道交; 염불행자의 정성이 아미타불의 가피로 나타남)를 이루어 상서로운 현상이 여러 번 나타났다고 제자들은 전한다.

하련거 거사는 아미타부처님을 친견하고 무량한 광명을 보았지만, 그 경계를 공개적으로 내보이지는 않았다. 청말 민국 초의 혼란한 시대상황에서는 불가사의한 가피와 감응을 말할 분위기가 아니었으리라.

'극락에서 온 보살의 화신'으로 불려

하련거 거사는 〈정어(淨語)〉에서 당시의 염불수행에서 얻은 깨달음을 이렇게 노래하고 있다.

"나무아미타불 여섯 글자, 한 권의 경전(一卷六字經)
굴려서 천년의 암흑을 깨뜨리네(轉破千年暗).
남들은 내가 염불한다 말하지만(人云我念佛)
나는 불념(佛念)한다 말하겠네(我說是佛念).
미혹의 구름, 자욱한 안개 겹겹이 지나가고(迷雲陳霧重重過)
문득 맑은 연못에 달그림자 원만하여라(瞥見澄潭月影圓)."

이 게송에서 '불념(佛念)'은 자기와 부처님 명호가 혼융일체가 되어 자성미타(自性彌陀)가 스스로 염불하는 이(理)일심불란의 경지이다. 선종과 밀교수행에 두루 달통한 거사의 수행경지는 그가 남긴 어록을 보고서도 짐작할 수 있는데, 후인들은 그를 '극락에서 다시 온 보살의 화신'이란 의미의 재래인(在來人)으로 존중할 정도였다.

명호와 하나 된 일심불란 이루면 '견불'

1931년, 9·18 만주사변이 터져 국난이 매우 심각해지자, 하련거 거사는 제자들에게 세상사에 관심을 두지 말고 조용한 도량을 정해서 염불에 전념하라고 당부하였다. 거사 역시 더욱 마음을 다잡고 은밀히 수행하였고, 널리 대승을 찬탄하며 정토종을 선양하였다. 거사는 이후 수십 년을 하루같이, 사람들을 교화하는 일을 가장 중요한 불사라 여기고 게을리 하지 않았다.

하련거 거사는 제자들에게 전수염불을 통해 일심불란(一心不亂)에 이르는 요령을 '극락암 염불도량에서'란 시로 제시하기도 했다.

"아미타불 부처님 명호는 구슬 같고, 올라오는 생각은 실과 같아라. 나누어지면 각자 여의고, 합한 즉 꼬치를 이루네. 마음이 부처님과 염을 여의지 않아 실로 구슬을 꿰듯 서로 이어져 끊어지지 않게 하라. 아직 일심불란이 불가능하면 먼저 염불이 한 덩어리를 이루도록 공부하라. 진실로 부지런하고 전일하면 공부가 효과 있어 저절로 견불(見佛)하리라."

'무량수경' 대중화한 정종학회 창립

하련거 거사는 쉼 없는 염불정진 틈틈이 정토경전과 서적의 집필과 간행에도 심혈을 기울였다. 1932년부터는 불자들이 윤회를 벗어난 정토에 왕생하기 위한 믿음, 발원, 염불행의 3자량(資糧)을 갖출 수 있도록 하기 위해 5종 〈무량수경〉의 회집(會集)을 시작하였다.

정토에 대한 관심이 높아지자, 하련거 거사는 1939년 〈무량수경〉 수지독송과 '아미타불' 전수염불을 중심으로 한 신행 결사인 정종학회를 창립해 본격적인 염불 홍포에 나섰다. 그동안 개별적으로만 이뤄지던 중국의 염불신행이 체계적인 경전 교육과 단체 수행으로 자리 잡게 된 시발점이라 할 수 있다. 오늘날, 지구촌에 2백여 지회를 가진 글로벌 단체로 성장한 정종학회는 하련거 거사의 직제자인 황념조(黃念祖) 거사의 가르침을 이은 92세의 선지식 정공(淨空) 법사의 영도 아래, 세계에서 가장 영향력 있는 염불결사로 자리 잡았다.

찬탄 · 관찰 · 발원 · 회향의 염불법 보급

1940년 2월, 하련거 거사는 병고 중에도 간단한 일일 염불 수행법을 담은 〈정수첩요(淨修捷要)〉를 만들어 초발심자들에게 전수하였다. 몸으로 예배하고, 입으로 염송하며, 뜻으로 경문을 염하면서 삼업(三業)을 짓는 사이에 한 번 예배할 때마다 자기(自)와 부처님(他)이 감응할 수 있도록 찬탄 · 관찰 · 발원 · 회향을 포괄하여, 망상이 쉽게 틈을 타지 못하게 하고 정념(正念)이 현전하도록 하였다. 이 수행법은 적은 노력으로 큰 효과를 거둘 수 있어, 오늘날도 정종학회의 중요한 수행법으로 이어지고 있다.

이러한 정종학회 회원들의 수행과 외호 아래 하련거 거사는 1946년, 회집본 〈무량수경〉의 원고를 7년 만에 완성하였다. 당시 체한(諦閑), 혜명(慧明) 스님 등 고승들의 인증 하에 거사의 자비와 지혜가 응축되어 마침내 〈무량수경〉 회집본을 발행하게 된 것이다.

하련거 거사의 제자인 황념조 거사(우)와 정공 큰스님

20세기의 걸출한 거사이자 정토수행자로 평가 받은 하련거 거사는 〈무량수경〉(선본) 외에도 중요한 저술들을 많이 남겼다. 〈대경합찬(大經合讚)〉〈정수첩요〉〈보왕삼매참(寶王三昧懺)〉〈정어(淨語)〉〈연종밀초(蓮宗密鈔)〉〈관음보전삼종합참(觀音寶典三種合參)〉 등 10여 종의 저서가 명저로 손꼽힌다.

정토불서 법보시 당부하며 왕생극락

때는 을사년(1965) 12월 4일, 거사의 연세 83세 되던 해였다. 거사는 이렇게 고향으로 돌아갈 것을 암시했다.

"나는 대작불사(무량수경 선본)를 끝마쳤으니 이 탁한 세상을 버리기로 결심했다!"

이때 거사는 또렷한 정념(正念)을 유지하며 법요(法要)를 열어 보이고, 정토법문의 홍포와 법보시 등의 보시행을 당부하였다.

거사는 열흘 후인 12월 14일에 가벼운 병을 보이더니, 밤중에도 계속 염불을 하였다. 문득 한 차례 큰 소리로 외치는 염불소리를 듣고 모시던 집안 사람이 놀라서 살펴보니, 곧 이 한마디(나무아미타불) 만덕홍명(萬德洪名) 가운데 편안히 왕생하였다.

염불신행 확산으로 중국불교 살아나

하련거 거사의 왕생 이후 직제자인 황념조 거사는 스승의 〈무량수경〉(대경)에 방대한 주해(註解)를 단 〈정토대경과주(淨土大經科註)〉를 편찬하는 등 유업을 이었으며, 정공 법사는 정종학회를 전 세계로 확산시켜 〈무량수경〉(선본) 보급에 큰 기여를 하였다. 중국불교가 문화대혁명(1966-1976년)의 암흑기를 지나 새로운 꽃을 피우기 시작한 가운데, 중국과 대만을 넘어 중화권에서 정토종이 중흥의 시대를 맞이한 것은 하련거 거사의 〈무량수경〉 회집불사가 결정적인 역할을 했음을 알 수 있다.

중국불교가 염불로 되살아나고 있는 현상을 남의 나라의 일로만 볼 것이 아니다. 염불이 살아나야 불심이 살아나고 불교 중흥도 가능하다는 사실을 한국불교 지도자들도 심각하게 살펴봐야 한다. 우리나라에서도 노는 입에 염불하며 틈틈이 정토경전을 수지독송하는 신행이 요원(燎原; 불타는 벌판)의 불길처럼 일어나길 발원한다.

나무아미타불!

112세의 해현 노화상, 정토종 마지막 조사로 추대되다
_ '정토종의 육조대사' 해현 노화상

"비록 글자를 모르셨을지라도 한마디 '나무아미타불'을 지극
히 염(念)하여 마음을 밝혀 견성하셨으니, 나(정공 법사)는
해현 노화상을 정종(淨宗)의 제14대 조사로 삼가 추천한다."
_ 〈무량수경 심요〉

중화권에서 가장 존경 받은 염불 선지식

2013년 1월 17일 새벽, 중국 하남(河南)성 남양(南陽)에 위
치한 시골의 작은 절 래불사(來佛寺)에 112세의 고승 해현
(海賢) 노화상(老和尙)이 임종을 준비하고 있었다. 떠날 시간
을 미리 알고 마지막까지 가르침을 펼치는 사명을 완수하였
다. 전혀 고통 없이 홀연하고 편안하게 육신을 벗어버리고
아미타부처님의 인도 하에 연화좌대에 앉으셔서 극락왕생한
것이다. 세수 112세, 승랍 92년이 되었으니, 이를 듣고 본
많은 불자들이 경탄을 금치 못했다.

이미 중국 본토는 물론 중화권에서 널리 알려진 정토의 선지
식인 해현 노화상의 왕생 소식을 전해 들은 염불행자들은 노
화상을 정토종의 조사로 추대해야 한다고 입을 모았다. 이에
전 세계 200여 지회에 3억여 명에 달하는 회원을 가진 정종
학회(淨宗學會)의 정신적 지도자인 정공 법사(淨空法師, 92세)
는 2014년, 해현 노화상을 정토종의 제14대 조사로 추대했

다. 국내에서는 〈화두 놓고 염불하세〉란 책으로 염불의 수승
함을 널리 알린 제13대 조사 인광 대사(1861~1940년)에 이

은 마지막 정토종 조사로 추대된 것이다. 정공 법사는 〈무량수경 심요〉에서 추대 이유를 이렇게 적고 있다.

"노화상께서는 한평생 〈무량수경〉의 가르침을 진실로 닦고 원만히 증득하여 '진성(眞誠) 청정(淸淨) 평등(平等) 정각(正覺) 자비(慈悲) 간파(看破: 알아차림) 방하(放下: 내려놓음) 자재(自在) 수연(隨緣: 인연을 따름) 염불(念佛)'의 21자를 실현하셨다. 그 성취의 관건은 전일하게 정성을 다해 염불함에 있었다."

어려서부터 채식·염불한 효자

중화권 최고의 선지식인 정공 법사가 극구 찬탄한 해현 노화상의 말 없는 가르침은 그의 삶을 따라가 보면 저절로 이해가 될 것이다.

〈내불삼성 영사집(來佛三聖 永思集)〉에 따르면, 해현 노화상의 속성은 문(文)씨이고, 이름은 천현(川賢)이며, 자는 청선(淸選)이다. 선조는 예남(豫南) 당하현(唐河縣) 소배사진(少拜寺鎭)에 살았다.

노화상은 청나라 말 광서 26년(1900년) 8월 19일 태어났다. 부모와 조부모는 독실한 불제자였다. 12살 때, 그의 부친은 호북성 수주에서 도적떼들에게 참혹한 죽음을 당했다. 노화상은 형제가 다섯 분이며, 어머니는 어려운 환경 속에서 자식들을 힘들게 키웠다. 어려서부터 어머니를 따라 채식과 염불을 한 그는 천성이 순박하고 숙세의 선근이 깊어서, 어린 나이에 이미 '효행'으로 마을에 이름이 났다.

악성 종양 관음기도로 고치고 발보리심

18세 때에 노화상은 허벅지에 옹창(癰瘡)이 나서 살이 썩어 문드러졌다. 어머니는 자식을 위해 유명하다는 의사는 다 찾았지만, 손을 쓸 방법이 없었다. 인과를 깊이 믿은 그는 "아무리 좋은 묘약도 업으로 인해 얻은 병은 고치기가 어렵다."고 탄식했다. 그래서 그는 아침부터 저녁까지 일심으로 오로지 '관세음보살'의 성스러운 명호를 칭념했다. 몇 개월이 지난 후, 고치기 어려운 그 옹창이 거짓말처럼 저절로 싹 다 나았다. 노화상은 이 일로 인해 부처님 말씀은 지극히 진실하며, 관세음보살의 "모든 고통과 액난을 제도하신다."는 말씀이 과연 사람을 속이지 않는다는 사실을 더욱 믿게 되었다. 또한 이 일은 그로 하여금 윤회의 길은 험하고 생사문제가 가장 중대함을 깨닫게 해주어, 마침내 생사윤회에서 벗어나고자 하는 보리심을 일으켰다.

전계 화상에게 '아미타불' 전수염불 배워

민국 9년(1920년), 노화상은 20세에 굳은 마음으로 어머니에게 작별인사를 하고서 동백산(桐柏山) 운대사(雲臺寺)의 전계(傳戒) 화상에게 귀의하였다. 전계 화상은 친히 머리를 깎아주고, 법명은 '해현(海賢)', 자(字)는 '성성(性誠)'이라 지어주었다. 전계 화상은 본래 임제종 백운(白雲) 선사 계파의 선사였지만, 해현 화상에게 참선을 가르친 적이 없으며, 경전 강설과 설법도 가르치지 않았다. 오로지 '나무아미타불' 육자홍명(六字洪名)만을 전하며 늘 끊임없이 염불할 것을 부촉했을 뿐이다. 해현 화상은 3년 뒤인 23세에 호북성 영보사(榮寶寺)에 가서 구족계를 받았다.

체광 법사 등과 3년간 토굴 수행

해현 화상은 일찍이 동백산의 도화동(桃花洞), 운대사(雲臺寺), 탑원사(塔院寺)에 상주하면서 14곳의 황폐한 산을 개간하거나, 사람들을 도와 11곳의 도량을 세웠다. 1940년부터 1942년까지는 당대의 고승인 해묵(海墨) 법사(1968년 앉은 채로 염불 왕생), 해원(海圓) 법사(선종과 정토종을 겸수, 2000년 입적후 2천 여 사리 수습), 체광(體光) 법사(허운虛雲 대사의 심인心印을 전수받고, 2005년 좌탈 입적)와 탑원사에서 초막집을 짓고 함께 수행하기도 했다.

문화대혁명 때도 묵언 염불하며 채식

1966년, 문화대혁명이 시작되자, 홍위병은 절에 난입해 경서를 불사르고 불상을 훼손시키고 스님들을 강압적으로 환속하도록 핍박하였다. 이때 화상은 산 아래 마을에서 생산대 대장으로 배치를 받았다. 화상은 마음속으로 묵묵히 염불하였고, 저녁에 몰래 절을 하였다. 큰솥에 오신채나 고기가 들어있을 때는 솥 가장자리에 붙어있는 푸성귀를 먹었다. 1976년, 문화대혁명이 끝나자, 래불사의 많은 호법거사들은 당시 화상이 머물던 탑원사에 가서 래불사로 돌아와 정법(正法)을 선양하고 도량을 회복할 것을 청했다. 노화상은 "단지 몸 둘 곳을 튼실하게 하기만을 꾀할 뿐, 어찌 구태여 문과 뜰을 보기 좋게 꾸밀 필요가 있으랴!"하면서, 단지 대전(大殿) 세 칸과 서쪽 곁채의 나한전 세 칸을 세웠으며, 불상을 진흙으로 빚어 모셨다.

제11대 판첸라마의 존중을 받다

1991년, 화상의 사제인 해경(海慶) 법사가 평생 염불수행을 하다 원적하자 금강불괴(金剛不壞: 육신사리)의 몸을 성취하였다. 해경 법사를 항아리에 모신 지 6년 9개월 만에 다비를 하여 탑에 봉안하려 했는데, 마치 살아있는 듯 꼿꼿이 앉아있었던 것이다. 2005년, 이미 105세의 고령이 된 노화상은 해경 법사의 법체를 금신(金身)으로 장엄해주기 위해 멀리 광주에 갔다가 우연히 티베트의 제11대 판첸 라마를 만났다. 이 젊은 법왕자(法王子)는 노화상을 마치 살아 있는 부처님처럼 받들었으며, 지극한 정성으로 함께 점심 공양을 하고 기념사진도 찍었다.

임종 직전 112세까지 승복 기워 입고 일해

2012년 3월, 원명사(圓明寺) 주지 인영(印榮) 법사가 노화상을 모시고 원명사에 가서 승복 한 벌을 공양했다. 노화상은 승복을 입어보고는 길이가 좀 길다는 느낌이 들자, 그 자리에서 바로 손수 바늘귀에 실을 꿰어서 순식간에 승복의 가장자리를 감쳐서 올렸다. 우리나라에서는 상상도 할 수 없는 그야말로 출가승다운 아름다운 장면이었다.

극락에서 온 자비 보살의 화신

노화상의 성품은 온화하여 화를 낸 것을 본 사람이 없었다. 진실로 모든 일을 웃어넘기고 사람들에 대해 포용하지 않음이 없던 분이었다. 그는 항상 제자들에게 "차라리 오신채를 먹은 입으로 염불할지언정, 채식을 한 입으로 사람을 욕해서는 안 된다."고 당부했다. 오랜 도반인 '무쇠 다리 승려(鐵脚僧)' 연강(演強) 법사는 "해현 화상은 틀림없이 불보살이 응화(應化)하여 이 세상에 오신 분이다. 그분이 평생 동안 어떤 사람과 무엇을 얻기 위해 말다툼을 일으킨 적이 없다."고 평했다. 정공 법사 역시 해현 화상을 "연지해회(蓮池海會: 극락세계)의 성현"이라 하였으니, 고승들의 이러한 평가가 어찌 빈말이겠는가.

염불 만났으면 이번 생에 왕생해야

2008년 가을, 해현 노화상은 래불사 주지를 인지 법사에게 부촉하면서 "절이 없는 것은 두렵지 않고, 단지 도(道)가 없을까 두려울 뿐이다. 귀와 눈이 멀지 않으면(남의 허물을 못 본 체 하지 않으면) 절의 주지가 될 자격이 없다."고 당부했다. 노화상은 늘 사람들에게 이르길, "염불할 수 있는 사람은 모두 큰 복덕과 선근이 있는 사람이니, 반드시 이러한 대단히 좋은 인연을 꽉 붙잡아 성실하게 염불하여 이번 생에 왕생을 성취해야 한다."고 말했다.

세속 미련 버리면 극락이 마음에 있다

해현 노화상은 왕생하기 하루 전인 2013년 1월 16일 오후에도 평소와 다름없이 제자들과 함께 사원 앞에 있는 채소밭에서 날이 어두워질 때까지 일했다. 제자들이 노화상에게 이제 그만 쉬실 것을 권하자, 그는 "이 일을 다 마치고 나면, 이후로는 다시는 하지 않을 것이네"라고 했다. 노화상은 또 "마음속에 보리(菩提)가 있는데, 어찌 발등에 불이 떨어졌을 때 부처님 다리를 붙들려 하느냐? 스스로 속세에 대한 미련이 없으면 자연히 극락이 마음에 있다."고도 했다. 제자들은 노화상이 왕생하신 뒤에야 비로소 미리 작별인사를 한 것임을 알았다.

승단 화합해야 불교 중흥 가능

해현 노화상은 왕생하기 3일 전, 책 한 권을 두 손으로 받쳐 들고서 한 거사에게 기념사진을 찍으라고 했다. 그것은 바로 우리 시대의 여러 고승·대덕들이 정토법문을 예찬하고, 불법을 홍양(弘揚)하는 정공 법사를 찬탄한 내용을 모은 책으로, 제목은 〈약요불법흥 유유승찬승(若要佛法興 唯有僧讚僧)〉이다.

"만약 불법을 흥성하게 하려면, 오직 승가가 승가를 찬탄해야 한다!"

이 책의 제목처럼, 모든 종파와 사부대중이 화합하여 염불법문을 되살리고 불교 중흥의 큰 불사를 지어 나가기를 발원한다.

나무아미타불!

"가장 큰 불사는 염불로 정토에 왕생해 성불하는 것"
_ '한국의 상참괴승' 자운 율사

"서쪽을 향하여 합장하고 단정히 앉아 아미타불 명호를 칭명
하면서 조용히 입적하시니, 향기가 진동하고 묘한 소리가 청
아하였으며, 염불소리와 함께 입으로부터 오색 광명이 서쪽
하늘을 가득 메웠다." 〈자운율사 탑비〉

10만 명에게 수계한 조계종 계단의 확립자

한국 근현대불교사에서 가
장 많은 스님과 불자들에게
계첩을 수여한 스님은 단
연, 자운(慈雲, 1911-1992)
율사일 것이다. 조계종의
전계대화상으로서 40여 년
간 10여만 명에 달하는 수
계제자를 배출한 분이다.
동시에 그는 28세에 용성
(龍城) 선사께 인가를 받고,
1947년에는 도반이었던 성
철(性徹), 향곡(香谷), 청담
(淸潭) 스님과 함께 봉암사
결사를 주도한 선(禪) 수행자이기도 하다.

하지만, 한국불교를 대표하는 율사이자 선사인 자운 스님이 40세 이후로는 염불수행에 매진해 일생 동안 수많은 염불행자들을 지도한 정토의 선지식임을 아는 불자들은 그리 많지 않을 것이다. 임종 시에 아미타불의 접인을 받고 희유한 서상(瑞祥)을 나타내며 윤회를 벗어난 깨달음의 세계인 정토에 왕생한 자운 스님은, 조계종의 계단(戒壇)을 확립하고, 정토수행의 완성을 보여준 우리 시대의 사표(師表)가 아닐 수 없다.

율사이자 선사로 왕생한 정토의 조사

열반하시는 날까지 하루도 거르지 않고 '아미타불' 염불 10만 번, 『아미타경』 48편 독송, 아미타불 예경 1080배 등을 행한 원력보살! 자운 스님은 아미타불과 극락세계에 대한 믿음(信), 육도윤회를 벗어난 정토에 화생하겠다는 발원(願), 염불행(行)이란 성불의 3가지 양식(資糧)을 갖춘 정토수행이 가장 큰 불사라며 〈정토삼부경〉(법정 스님 역) 서문에서 이렇게 밝힌 바 있다.

"(아미타) 부처님을 뵙고 서방의 정토에 왕생하여 성불하는 것, 이 이외에 더 크고 긴요한 불사는 없는 것입니다. 우리는 다 같이 여기 옮겨 싣는 정토삼부경의 가르침과 그 인연 공덕으로 이고득락(離苦得樂)하고 왕생정토(往生淨土)하여 이윽고는 대각을 성취하길 바라마지 않습니다."

16세에 순치황제 출가시 듣고 발심

자운당(慈雲堂) 성우(盛祐) 스님은 1911년 강원도 평창군 진부면 노동리에서 태어났으며, 7세부터 진부면 서당에서 〈동몽선습〉, 사서삼경 등 유서를 공부하였다. 1926년, 16세에 정초기도를 위해 절에 가는 어머니를 따라 오대산 상원사에 가서 혜운경윤 스님으로부터 "세속의 100년 3만 6천 일보다, 출가의 반나절이 더 낫다."는 순치황제 출가시를 듣고 발심하여 1927년, 17세의 나이로 출가를 결심했다. 그는 곧바로 해인사로 달려가 팔만대장경 판전에서 1만 배를 올리고 혜운 스님을 은사로, 남천한규 화상을 계사로 사미계를 수지하고 서원계를 읊었으며, 같은 해 범어사 금강계단에서 보살계를 받았다. 1929년 해인사 강원에서 사교과를, 1932년 범어사 강원에서 대교과를 졸업하고 1934년 범어사에서 경념 율사로부터 비구계를 수지한 스님은 이때부터 본격적으로 율장 연구를 시작하여 5부 대율을 날마다 서사(書寫)하고 지송하였다.

3년 장좌불와하고 용성 선사 인가 받아

1935년 범어사 선원에서 하안거를 마치고, 3년 동안 울진 불영사에서 눕지 않고 꼿꼿이 앉은 채(長坐不臥)로 결사(結社)하였으며, 1937년 문경 김룡사와 양산 통도사 선원에서 하안거와 동안거를, 1938년 울산 학성선원에서 하안거를 지내며 선리(禪理)를 깊이 참구하여, 드디어 용성 선사로부터 인가를 받기에 이른다.

자운 스님은 같은 해, 도봉산 망월사에서 용성 선사로부터 '달마가 서쪽에서 온 깊은 뜻(西來密旨)'에 대해 선문답을 한 다음, "청산은 항상 걷는데 백운은 영원히 움직이지 않네, 사람이 물속을 걸어가는데 물이 옷에 붙지 않도다(靑山常運

거대하고 오래된 성불학교成佛學校

서방정토는 거대한 학교이니 아미타불께서 시방중생을 접인하여
그곳에 가서 배우게 하시고 음식이나 의식을 공급하신다.
학비를 낼 필요도 없고 햇수도 한정이 없다.
그곳은 가없이 넓고 크며 아득한 옛날에 건립된 곳이다.
그 학교에 들어간 자는 어떤 근기를 막론하고
무생법인無生法忍을 증득할 때 제1차 졸업을 하게 된다.
어떤 자는 그곳에서 수업을 받게 되고, 어떤 경우에는 다른
곳으로 가서 교화를 받게 되지만 그의 원은 달라지지 않는다.
이로부터 십주十住, 십행十行, 십회향十回向 등 삼현三賢의
지위를 원만히 한 후에 초지初地에 들어갔을 때 제2차 졸업을
하게 된다. 다시 초지로부터 등각等覺에 이르러 묘각妙覺의
과해果海에 들어갔을 때 제3차 졸업을 하게 된다.
-방륜方倫의 '정법개술淨法槪述'

步 白雲永不動 人踏水底過 水不着衣裳)"라는 오도송을 지어
올렸다. 용성 스님은 이를 인가하고 입실건당토록 하고 전
법게와 함께 의발을 전해주었다.

오대산 백일기도로 문수보살 계시 받아

1939년에는 일제의 식민수탈로부터 조국을 해방하고 불교

를 중흥시키려는 대원을 세우고 오대산 중대 적멸보궁에서 날마다 20시간씩 백일 용맹정근으로 문수기도를 봉행하였다. 그러던 중, 99일째 되는 날 황홀한 가운데 푸른 빛의 사자를 타고 나타난 문수보살로부터 "너는 불교의 중흥을 위해 계율정신을 진작하라"는 계시를 받고 심지계법문(心地戒法門)을 통달하여, 계율로 무너진 수행가풍을 진작하는 힘을 갖추게 되었다.

스님은 1940년 이후 10여 년간 제방선원에서 정진한 후, 본격적으로 율장 연구에도 심혈을 쏟았다. 당시 서울 대각사에 주석하면서 희귀한 율장을 구할 수 없어 2년여에 걸쳐 삼복염천에도 두터운 장삼을 입고 날마다 국립중앙도서관에서 일본의 만속장경(卍續藏經)에 실려있는 오부 율장(五部律藏)과 그 주소(註疏)를 모두 필사하여 연구할 정도였다.

1948년 37세 때, 처음으로 문경 봉암사에서 결사하면서 보살계 수계법회를 봉행했으며, 1951년에는 6.25 한국전쟁으로 인해 엄청난 재난에 처한 재가불자의 수행과 교화를 위해 부산 감로사를 창건했다. 1955년 교단정화이후 초대 해인사 주지에 추대되어, 이듬해 해인사 금강계단 전계화상에 추대된 이후 1981년 종단 단일계단이 형성될 때까지 30여 년 동안 수계증을 받은 수계 제자가 무려 십만여 명에 달했다.

매일 10만 번 '아미타불' 고성염불

1956년 재단법인 해인학원 이사장, 1958년 조계종 감찰원
장, 1967년 범어사 주지를 지내고, 1957년 이후로는 계율
과 정토수행을 하나로 보는 계정일치(戒淨一致) 수행을 제창
하고 경전과 율전의 한글 번역에 매진하였다. 〈무량수경〉
〈자비도량참법〉 등 21종에 이르는 한글본을 출간 유포했으
며, 〈미타예찬〉〈정토의범(淨土儀範)〉 등 중요 정토서적 9만
여 부를 거의 자비로 간행, 유포했다.

자운 스님은 감로사에 주석하면서 주야로 여섯 차례에 걸쳐
예불과 염불을 봉행하였다. 매일 새벽 2시에 일어나 '아미타
불' 고성염불을 십만 번씩 하면서 미타예경 1080배로 참회
(禮懺)와 절을 겸하였다. 특이한 것은 스님의 염불수행은 염
불진언을 함께 닦았다는 점이다. 즉, 하루 30만 독씩 '아미
타불 종자(種子)진언'(흘리 · 紇哩)을 염하였고, '아미타불 본
심미묘진언'(다냐타 옴 아리다라 사바하)과 '무량수여래 근본
다라니' 등을 하루에 108번씩 외우면서 정진하였다. 또한
오후 4시 아귀들의 고통을 덜어주는 헌식 외에는 하루 한
끼니만의 일중식(日中食)을 공양하면서도 삼천배의 정진을
늦추지 않았다.

조계종 총무원장 · 역경원장으로 헌신

자운 스님은 철저한 지계행과 정토수행 가운데서도 한국불
교의 중흥을 위해 사심 없이 종무행정에 헌신하기도 했다.
스님은 1976년 조계종 원로에 추대된 데 이어 총무원장에
취임하였으며, 1977년 재단법인 대각회 이사장에 취임하였
고, 이듬해 조계종 대종사 법계를 품수하였다. 1981년 종단

단일계단 전계화상에 추대된 스님은 1987년 동국역경원장에 이어 재단법인 동국역경사업진흥회 이사장에 취임, 역경불사의 반석을 다지기도 했다.

세수 81세가 되던 1991년 10월 30일, 자운 스님은 범어사 금강계단에서 종단 단일계단 제12회 수계법회를 마친 후 계단에 앉아 "나는 금년 말이나 내년 초에 금생의 보년(報年)이 끝날 것이므로 종단 단일계단의 단주(壇主)를 고별한다."며 입적을 예고하였다.

기이한 향·광명의 서상 보이며 왕생

과연 이듬해 초인 1992년 2월 7일(음력 1월 4일), 스님은 해인사 홍제암에서 "참다운 성품은 둥글고 밝으며 본래 공하여 광명이 시방을 극히 청정하게 비추나니(眞性圓明本自空光照十方極淸淨), 올 때는 청풍이 소요하듯 오고, 갈 때는 밝은 달을 따라 자재하게 가네(來與淸風逍遙來 去隨明月自在去)."라는 임종게를 쓴 다음 서쪽을 향해 합장하고 단정히 앉아 아미타불의 명호를 칭명하면서 조용히 입적했다. 이때 향기가 진동하고 묘한 음악이 청아하게 들려왔으며 염불소리와 함께 입으로부터 오색 광명이 서쪽 하늘을 가득 메웠다고 한다. 세수 82세, 법랍 66년이었다. 스님의 장례는 7일째인 2월 13일 해인사 연화대에서 조계종 원로장으로 거행되었는데, 다비 후 은행 크기의 사리 19과와 녹두 크기의 사리 5천여 수가 출현하였으나, 생전에 사리를 찾지 말라는 유언에 따라 큰 것만 수습하여 이를 해인사, 감로사, 경국사에 나누어 봉안하였다.

정토 선양한 한국의 '상참괴승(常慚愧僧)'

스님은 평소 계율을 근간으로 한 염불수행과 참회를 겸수한 예참의 염불, 정토진언행을 함께 닦으며 스스로는 '상참괴승(常慚愧僧; 항상 참회하는 부끄러운 중)'이라 하심하며 산 참다운 선지식이었다. 근대 중국 정토종의 제13대 조사인 인광(印光, 1861-1940) 대사 역시 법호를 '상참괴승'이라 하여 염불을 크게 선양하였는데, 자운 스님은 한국에서 대사와 같은 정토 선지식으로서의 역할을 충분히 했다고 볼 수 있다.

"아미타불 법문 듣고 무생법인 증득한 뒤에 극락세계를 떠나지 않고 사바에 와서 방편을 잘 알아 중생 건지고 걸림 없는 지혜로 불사 지으리. 부처님 저의 마음 아시오리니 오는 세상 이 소원 이루어지이다."

직접 편찬하신 〈정토예경(淨土禮敬)〉 회향게의 내용 그대로 자운 스님은 해인사에서 염불만일회를 결사하여 관음전에서 정토왕생업을 닦았고, 〈정토심요〉〈연종보감〉 등 많은 저서를 내어 정토법문을 널리 선양했으며, 서울 보국사와 대동염불회, 부산 감로사, 해인사 홍제암, 대구 만선염불원 등에서 염불결사를 조직해 정토수행을 널리 보급하였다.

자운 스님의 계율사상을 충실히 계승한 상좌인 지관 스님(1932-2012, 총무원장 역임)에 이어 손상좌들인 감로사 주지 혜총 스님, 원로회의 부의장 세민 스님, 홍제암 암주 종성 스님, 보국사 주지 태원 스님 등이 활발히 지계를 바탕으로 한 염불수행을 홍포하고 있다. 조만간 전국 총림에 염불원이 개설된다면, 자운 스님이 발원한 불교중흥의 서광이 다시금 찬란히 비칠 것이다.

나무아미타불!

인터넷·위성TV로 말법중생 구제하는 92세 선지식
_ 지구촌 정토종의 정신적 지도자 정공 큰스님

"공경심으로 〈무량수경〉을 한번 읽으면 아미타부처님이 우리에게 한번 관정(灌頂: 지혜를 전수함)할 뿐만 아니라, 일체 제불역시 우리에게 관정 한다. 만약 항상 독송한다면 자신도 모르는 사이에 모든 부처님의 가피를 받게 되며, 이것이 바로감응이다." 〈무량수경 심요〉

천만 명이 인터넷·위성TV강의 들은 선지식

'염불각자열전' 제22호에 〈무량수경〉 선본(善本, 회집본)을 발행하고 정종학회(淨宗學會)를 창립해 〈무량수경〉 수지독송의중요성을 널리 알린 하련거(夏蓮居, 1886-1965) 거사에 대해소개한 바 있다. 그의 직제자인 황념조(黃念祖, 1913-1992)거사가 〈무량수경〉을 정토와 선, 화엄과 밀교 법문으로 종횡무진 해설한 〈정토대경과주(淨土大經科註)〉를 통해 그 심오한뜻을 드러냈다면, 정공(淨空, 92) 스님은 두 거사의 유훈을이어 전 세계 200여 정종학회 지회와 인터넷 및 위성TV 강의를 통해 정토법문을 글로벌화시킨 선지식이다. 직·간접적으로 그의 법문을 들은 불자만도 천만 명이 넘을 정도다. 최근, 세계 최대의 동영상 사이트인 유튜브와 여러 정종학회 사이트를 통해 공개된 각종 법문을 통해 〈무량수경〉을 독송하고 염불하는 정토행자는 전 세계에 약 3억 여 명에 달하는

평상시 염불을 훈련처럼 하다가, 망념이 일어나면
전쟁하듯이 염불로 그것을 억눌러야 합니다.
평상시 훈련병이 매우 열심히 훈련하다가
전쟁해야 하는 때에 이르러 용병을 할 줄 모르고,
적으로 하여금 진격하게 하면 이것은 큰 잘못입니다.
망념이 일어날 때 부처님 명호로 그것을 억누르고
망념을 부처님 명호로 바꾸는 것을 '열심히 공부함'이라 하고,
'경계를 바꿈'(轉境界)이라 하고 진실한 염불이라 합니다.
- 정공법사 〈관세음보살보문품 심요〉 중에서

것으로 추산되고 있다.

'불타교육'으로 중화권 불교중흥 이끌다

중국 본토는 물론 대만, 홍콩, 싱가포르, 말레이시아 등 중
화권 불교 중흥의 중심으로 떠오른 정종학회의 정신적 지도
자인 정공 스님의 일생은 '불교'를 풀이한 '불타교육(佛陀敎
育)'이란 말로 대변될 수 있을 것이다. 스님은 "불교는 석가

모니부처님께서 일체중생에게 가르치신 다원적이고 지극히 선하며 원만한 사회교육"임을 처음으로 주창하며, 불타교육 기금회(基金會)를 창설, 지구촌 불자들에게 팔만대장경의 핵심인 정토법문을 전하고 있다.

2차 대전 겪고 방동미 교수 만나 불교입문

정공 스님은 1927년 3월 18일, 중국 안휘성(安徽省) 려강현(廬江縣) 탕지진(湯池鎮)에서 태어났다. 그는 민국 초 전란시기에 태어나 2차 세계대전을 겪으면서, 인간이 무지하여 상호대립하고 가정 및 사회불안을 초래하며 정쟁(政爭)과 전쟁이 종식되지 않는다는 사실을 절감하고, 도처에 스승을 찾아다니면서 도를 묻고 그 해결방안을 찾았다.

이런 구도의 과정에서 처음으로 만난 선지식이 바로 대 철학자 방동미(方東美) 교수였다. 1953년, 방 교수 문하에서 그는 "학불(學佛)은 인생 최고의 즐거움"이라는 가르침을 통해 우주와 인생의 진상(眞相)을 탐구하는 여행을 시작할 수 있었다.

〈화엄경〉의 선재동자와 같은 구도심으로 정공 스님은 곧이어 밀교와 정토종의 선지식을 잇달아 친견하게 된다. 장가(章嘉) 대사를 3년, 이병남(李炳南) 거사를 10년 동안 스승으로 모시고 밀교와 정토법문을 깊이 있게 공부하게 된 것이다.

장가 대사의 알아차림 · 내려놓음 · 보시 공부

티베트 고승인 장가 대사로부터는 "간파(看破: 알아차림) · 방하(放下: 내려놓음)·보시(布施)”의 방법을 통해 수행의 기초를 다졌다. 정공 스님은 훗날 〈관세음보살보문품 강기(講記)〉에서 “이 여섯 글자를 대사님은 6년만 실천하면 저절로 감응이 있을 것이라 하셨는데, 저는 그 말씀을 잘 듣고 6년을 실천했더니, 참으로 감응이 있었다.”고 회상했다.

이어 스님은 이병남 거사로부터는 “일문에 깊이 들어가 오랫동안 몸에 배이도록 닦는(一門深入 長時薰修)” 법을 통해 일체 경전에 깊이 들어가는 열쇠를 얻을 수 있었다.

이병남 거사에게 경전과 ‘지족’의 삶 배워

정토종 제13대 조사인 인광 대사의 제자인 이병남 스승은 오로지 정토만을 닦은 분이었다. 하지만, 정공 스님의 당시 목적은 경을 공부하고 강의하는 법을 배우는 데 있었기에, 정토법문을 아직 받아들이지는 못 했다. 이병남 거사는 정오에 한 끼 식사만 했는데, 스님도 스승의 생활방식을 배웠다. “평생 일종 식을 해나가고, 남의 도움을 빌지 말라”는 당부를 실천해 지족(知足)하는 삶의 지혜를 터득한 것이다.

이병남 스승 문하에서 보리심을 발한 정공 스님은 1959년, 32세의 늦은 나이로 타이베이(台北) 임제사(臨濟寺)에서 출가해 각정(覺淨)이란 법명을 받았다. 스님은 출가 후 성인의 도덕교육을 회복하고 대승 불법의 자비정신을 홍양하는 것을 소임으로 삼고, 중단 없이 경전을 강설하고 불학(佛學)을 가르치겠다고 서원했다.

화엄경 강의 17년 만에 정토 진수 깨달아

이렇게 '불타교육'의 대중화를 발원한 정공 스님은 1971년 (민국 60년) 타이베이 화장(華藏)불교도서관에서 한영(韓鍈) 보살의 호지(護持)를 받아 〈화엄경〉 강의를 시작했다. 경전 강의를 자신에게 맞는 가장 중요한 수행으로 여긴 스님은 각고의 노력으로 〈화엄경〉을 깊이 연구하였다. 무려 17년 동안이나 강의한 끝에 스님은 마침내 문수보살과 보현보살이 화엄세계의 후보불(後補佛)이라는 사실을 알게 되었다. 그들은 모두 서방 극락세계에 태어나기를 발원했으며, 그들이 가르친 선재동자가 닦은 수행법 역시 염불법문임을 깨닫게 된 것이다. 확신에 찬 스님은 비로소 고개를 돌려 다시 정토삼경(무량수경, 아미타경, 관무량수경)을 더욱 깊이 공부하게 되었다. 나중에 수나라와 당나라 때의 대덕들이 설한 "〈화엄경〉과 〈법화경〉은 〈무량수경〉의 안내서에 지나지 않는다."는 법문이 진실임을 확인한 것이다.

한영 보살 외호로 정종학회 세계화

10년 간의 경전 강의는 화장華藏불교도서관에서 한영 관장의 외호가 있었기에 가능한 일이었다. 그녀는 30여 년간 정종학회의 세계화를 이끌고 1997년 3월, 아미타부처님의 접인을 받아 자재하게 왕생하였다. 정공 스님은 〈아미타불 현세가피〉에서 한영 보살을 이렇게 찬탄하였다. "30년간 삼보를 호지한 그분이 막 돌아 가시려 할 때 아미타부처님을 두 차례 친견하셨습니다. 아미타부처님께서는 우리에게 서둘러 수의(壽衣)를 지으라고 하셨습니다. 그녀가 아미타부처님께서 파견하여 오신 분이 아니라면, 누가 파견해서 오신 분이

"아미타부처님과 원願이 모두 같다면 아미타불의 화신입니다"
왕생하는 사람은 서방에 가면 아미타부처님의 공덕을 섭수하여 자신의 공덕으로 바꿉니다.
아미타부처님 또한 마찬가지로 대중이 수학한 공덕을 섭수하여 자신의 공덕으로 바꾸는데,
이는 서방극락세계는 나와 남이 둘이 아니기 때문입니다.
이 사실을 분명하게 알면 왕생을 기다리지 말고, 오늘 바로 무량수경의 공덕을 섭수하여
자신의 공덕으로 바꾸어야 합니다. 그렇다면 어떻게 섭수해야 할까요? 부처님의 원을
자신의 원으로 변하게 하고, 부처님의 행지行持를 자신의 행위로 바꾸어야 합니다.
-정공법사 '무량수경 친문기'

겠습니까? 이 인연은 희유할 따름입니다!"

1982년부터 미주 포교 성공

정공 스님은 1982년, 처음으로 미국을 방문해서 정토법문을
전하려 했지만, 그때 많은 수행자들이 스님에게 "미국에서는
사람들에게 비웃음을 당하게 되니 절대로 염불법문을 강의
하지 말라"고 부탁했다. 미국에서는 모두들 선(禪)과 밀(密:
티벳밀교)을 말하기 때문에, 스님은 처음에는 구두선(口頭禪)

염불하는 이를 시방세계의 제불이 보호하고 기억하는데,
그 호법신들이 어떻게 옹호하지 않을 수 있겠는가.
어떤 사람이 염불을 하는데 여전히 마장을 만난다면,
이는 마음이 청정하지 않아 머뭇거리면서 결정하지
못하는 것으로, 염불하면서 여전히 다른 것을 생각하기
때문에 불보살과 감응이 없다. 그래서 마구니가
이 광경을 보고서 그에게 장난을 치는 것이다.
-정공법사 〈무량수경(선본) 친문기〉 중에서

을 설해 이미 선을 배운 사람들을 항복시켰고, 그 후에 다
시 밀교를 가르쳐 조복시킨 다음 정토법문을 가르치기 시작
했다. 1986년, 드디어 스님은 미국 워싱턴 콜롬비아 특구에
서 화부(華府)불교회를 설립, 〈무량수경〉 선본을 강설했다.
본격적인 미주지역 포교가 시작된 것이다.

英 황실 환대 받으며 서구에 염불법 전해

1995년, 정공 스님은 이목원(李木源) 거사의 호지를 받아
싱가포르거사림과 정종학회와 함께 인재를 육성하는 한편,

2001년 호주에서 정종학원(淨宗學院)을 설립, 〈무량수경〉 선본을 강설하였다. 2015년에는 영국에 정종학회를 설립하였다. 스님은 여러 정종학회 불자들과 영국에서 법회를 열어, 영국 황실의 환대를 받기도 했다. 최근에도 스님은 호주 정종학원에서 머물면서 수차례에 걸쳐 서구인들에게 〈무량수경〉 선본을 강설하며 정토법문 홍포에 진력하고 있다.

아울러 정공 스님은 불타교육을 실천하기 위해 엄청난 부수의 정토경전을 인쇄해 대중에게 무상으로 나눠주어 법연을 맺게 했다. 특히 〈건륭대장경(乾隆大藏經)〉·〈사고전서(四庫全書)〉등을 인쇄하여 전 세계 고등학부, 국가도서관 및 각종 종교단체에 기증해서 이를 소중히 보관하게 하고 학술연구용으로 쓰게 하였다.

실시간 사이버 강의로 정토종 세계화

정공 스님은 인터넷 시대에 맞는 포교방법도 적극 활용하였다. 스님은 21세기의 도량은 사원이 아니라며, 영상설비·인터넷·위성TV 등을 활용해 부처님 법문을 개인의 TV나 컴퓨터로 보내는 방식으로 모든 사람이 어질고 자비롭고 넓게 세상을 사랑하는(仁慈博愛) 불타교육을 실현했다. 스님은 인터넷과 위성TV를 통해 정토 5경은 물론 〈화엄경〉〈능엄경〉〈지장경〉 등 수십 경론을 강설하는 한편 〈제자규(弟子規)〉〈요범사훈(了凡四訓)〉 보급을 통해 인과응보 및 인성교육을 강화하기도 하였다.

믿음과 발원을 갖춘 염불수행의 수승한 이익은
결코 장래의 왕생(육도윤회를 벗어나 정토에 화생함)에만
국한 되는 것이 아니라, 현재에도 불가사의한 이익을
얻을 수 있다. 일심으로 염불하면 시방의 모든 부처님이
당신을 보호하고 기억하는데, 일체 보살과 용천호법이
어떻게 당신을 대하겠는가? 모든 부처님이 분명하게
본다면, 당신의 몸을 '최후의 몸'이라 부른다.
-정공법사 〈무량수경(선본) 친문기〉 중에서

고향에서 인성·도덕교육 시범사업 성공

정공 스님은 "조화로운 세계(和諧世界)는 마음으로부터 시작
된다."는 평소 가르침을 실현하기 위해 여러 차례 종교 간의
화합을 위한 국제평화회의에 참가하는 한편, 중국에 '화해
시범구(區)'를 건립하기도 했다. 스님은 고향인 안휘성 려강
현 탕지진(湯池鎭)에 '문화교육센터'를 건립하고 윤리도덕 교
육 교사를 길러내어 작은 읍 전체 주민에게 오륜(五倫)교육
을 실시, 사람들로 하여금 '화해사회(和諧社會)'가 구호가 아
님을 보여주었다.

92세 노구로 강의하며 말법중생 구제

"마음 거울 밝아서 비침에 걸림 없고
심량(心量)은 평등한 사랑 하나로 항하사 세계에 두루 하시네
인간의 스승 되시어 세상의 모범 행하시고
자신은 온갖 고통에 빠질지라도 서원에서 물러나지 않으시네."

정종학회의 스승에 대한 헌사(獻詞)처럼, 60여 년 간 하루도

불교 강의를 쉬지 않은 정공 스님의 현재 진행형인 일생은 "불학으로 인간의 스승 되시고, 행으로 세상의 모범이 되시다."라는 찬탄으로 요약된다. "진성(眞誠)·청정·평등·정각(正覺)·자비·간파(看破)·방하(放下)·자재(自在)·수연(隨緣)·염불"은 스님이 세상을 살아온 원칙이었다. "인자박애(仁慈博愛)"와 "수신을 근본으로 삼고 교학을 우선함(修身爲本敎學爲先)"은 경전을 강설하고 가르치는 순일한 요지였다. 오늘도 92세의 노스님은 인터넷 동영상 강의를 위한 장비와 간이 병풍을 휴대한 채 지구촌 어느 곳에서 법을 설하고 있을 것이다. 염불수행에 대한 관심이 일어나고 있는 한국에서도 스님의 정토법문을 직접 보고 들을 수 있는 기연이 조성되길 발원한다.

나무아미타불!

'선'과 '유식' 통달하고 염불로 윤회를 벗어나다
_염불좌탈한 동현 송찬우 거사

"금생에 부처님 가르침을 의지해서 흩어진 마음 없이 간절하게 한 구절 '아미타불'을 염불하면 임종할 때 서방극락세계로 왕생하여 아미타부처님을 직접 뵙고 무생법인(無生法忍)을 깨닫게 된다."〈지관수행〉

아미타부처님 접인 받으며 염불좌탈 왕생

"저 위하여 아미타불… 저 위하여 아미타불… (아미타부처님께서 오셨군요)"

2015년 1월 27일 새벽, 가족들이 지켜보는 가운데 "나무아미타불"을 염하며 좌탈입적(坐脫入寂)한 동현(東玄) 송찬우(宋燦禹, 1951~2015) 거사의 최후법문이다. 동현 거사는 직장암 투병 중 기력이 소진한 상태에서도 지성으로 '아미타불'을 염하였다. 왕생하기 직전, 몸을 일으켜 달라고 손짓을 하여 앉혀드리자 천장 한곳을 응시하면서 "저 위하여 아미타불…"을 혼신의 힘을 다해 끊어질 듯 끊어질 듯 이어가며 반복했다. 호흡이 멈춘 이후 거사는 앉은

상태에서 순간 저절로 눈꺼풀이 사르르 감기며 편안한 모습
으로 입적했다고 한다.

정토법문 강의 발원하고 왕생

이는 임종 직전에 윤회를 벗어난 깨달음의 세계인 정토(淨
土)를 감득(感得)하고 아미타부처님과 관세음·대세지보살 등
여러 성중(聖衆)의 인도를 눈앞에서 마주한 광경(阿彌陀佛 與
諸聖衆 現在其前)의 전형이라 할 수 있다. 동현 거사는 투병
중에도 세친(바수반두)보살의 〈왕생정토론〉을 마지막으로 강
의했는데, 남은 생애는 정토법문을 강의하겠다는 의지를 불
태웠다고 한다. 세친보살이 염불삼매에 들었을 때 극락세계
를 친견하고 저술한 것으로 전해지는 〈왕생정토론〉은 극락
정토에 화생(化生)하기 위한 염불수행법과 왕생의 공덕을 논
리적으로 밝힌 정토문 최초의 논서이다. 동현 거사가 이 논
서를 강의하겠다는 뜻을 피력한 것은 투병 중임에도 얼마나
치열하게 염불에 매진하며 왕생극락을 발원했는지를 알 수
있는 증언이기도 하다.

생사자재의 수행력 보인 재가 선지식

평생 선(禪)과 유식(唯識)을 비롯한 가장 난해한 경전과 어록
들을 번역하고 강의하면서 청빈과 탈속의 무애자재한 삶을
살다가, 말년에 염불수행에 매진한 거사는 오탁악세에서 보
기 드물게 아미타부처님의 접인(接引)을 받는 놀라운 회향을
보이니, 후학들에게 큰 감명과 함께 재발심의 기회를 선사
했다. 수행풍토가 해이해진 오늘의 현실에서 그가 보여준
생사자재(生死自在)의 걸출한 수행력은 사부대중에게 신선한

충격과 자극을 주었다. 특히, 염불왕생의 성취는 많은 정토
행자들에게 자신감을 고취하기에 충분했다. 불교계에 모처럼
신심을 불러일으킨 서상(瑞祥)을 보여주고 고향으로 돌아간
그의 구도역정(求道歷程)이 어찌 우연히 이뤄진 것이겠는가.
치열했던 일생을 살펴보면 동시대를 산 한 거인의 족적(足
跡)에 절로 고개가 끄덕여질 것이다.

성수 · 탄허 스님께 선(禪)과 교(敎) 배워

1951년 전남 고흥에서 태어난 동현 거사는 16세에 불문에
입문할 때 이미 4서와 〈시경〉을 보았을 정도로 한학 실력이
출중했다. 동국대 불교대학을 졸업, 민족문화추진위원회 국
역연수원을 수료하고 고려대 한문학과와 한국정신문화연구
원 한국학대학원에서 강의하며 원전 독해와 강의 실력을 철
저히 연마했다. 동국역경원 역경위원과 중앙승가대학교 교수
를 역임하면서 부터는 본격적인 역경 불사와 경전 강의의
외길을 걸었다.

조계종 원로의원을 지낸 성수 스님을 은사로 모시고, 20세
에 당대 최고의 대강백이자 선사인 탄허 스님 문하로 들어
가 〈서경〉〈주역〉〈좌전〉〈노자〉〈장자〉 등 최고의 동양고전을
섭렵한 것은 천재일우(千載一遇)의 기회였다. 13년 동안이나
유불선에 달통한 탄허 스님 곁에서 선(禪)과 교(敎)를 함께
닦았으니, 장년의 나이에 이미 법사의 반열에 우뚝 서게 된
것이다.

승조 · 감산 대사 논서 읽고 심안 열려

1982년, 32세에 그는 16년간 머물렀던 절 생활을 청산하고 승복을 속복으로 갈아입었다. 불교에 절망했다기보다는 특정한 형식에 구애되는 것이 체질에 맞지 않았기 때문이다. "옷만 바꿔 입은 스님"이라는 평을 들으며 장자(莊子)와 같은 자유인으로 살았던 그는 간경(看經)수행과정에서 세 차례, 문자반야를 통해 마음의 이치를 터득하는 계기를 얻는다. 30대 중반에는 승조(僧肇) 법사의 〈조론(肇論)〉과 감산(憨山) 대사의 여러 저서를 통해, 40대 초반에는 〈기신론〉과 〈유식론〉을 통해 공부의 큰 전기를 마련한다. 마치 감산 대사가 〈조론〉의 '물불천론(物不遷論)'과 〈금강경〉을 간행하여 강의하다가 심안이 열려 활연대오한 것처럼, 그 역시 경전을 보다가 공부의 깊이가 확연히 달라진 것이다. 그에게 있어 경전 번역의 의지를 심화시켜 준 인연은 승조 법사의 〈조론〉에 있었고, 거기에 주석을 단 감산 대사와의 만남은 단연코 그의 안목을 깊고 넓게 해준 큰 계기가 되었다.

'선림고경총서'등 40여 경전 역경(譯經)

탁월한 한문 실력에 불법에 대한 깊어진 안목을 바탕으로 그는 감산 대사가 해설한 〈조론〉을 비롯해 〈대승기신론〉〈금강경〉〈장자〉〈노자〉의 주해서와 지욱 대사의 〈금강경 파공론〉〈종경록 촬요〉 등을 잇달아 번역해 불교 내외의 지식인층에 큰 반향을 불러일으켰다. 특히, 감산 대사의 주해서들은 그간의 여러 주석서의 잘못을 시정하고 정법을 되살리기 위한 각고의 노력이 담긴 결과물이었다. 〈뜻으로 읽는 금강경〉〈법상유식학으로 풀이한 반야심경〉 등의 저서를 통해서

은사이신 성수 대종사와 함께 한 故 송찬우 거사

는 유식(唯識)을 바탕으로 한 독창적인 안목으로 경전 해석을 시도하기도 했다.

그가 문사철(文史哲)에 대한 해박한 지식과 선지(禪旨)를 갖춰야만 강의할 수 있는 〈벽암록〉을 비롯해 〈종경록〉〈능가경〉〈육조단경〉〈달마대사 혈맥론〉〈이입사행론〉〈전심법요〉 등을 원문으로 강의한 것은 결코 범상한 일이 아니었다. 아울러 〈전심법요〉〈백장록〉〈동산양개화상 어록〉 등 23권의 선어록을 완역, 성철 스님의 '선림고경총서' 가운데 3분의 2 정도를 번역한 것은 선리(禪理)에 달통하지 않고는 불가능한 일이었다. 그야말로 선교(禪敎)를 함께 닦은 수행의 결과물인 것이다.

역경사(譯經師) 양성 꿈 못 이뤄

그는 경전 강의를 할 때는 한자 원문과 토를 하나하나 새겨가면서 숨겨진 심오한 뜻을 드러내어 매 순간 공부인들이 자기를 되돌아보는 계기를 만들어 주었다. 경안(經眼)을 갖춘 뛰어난 인재를 길러내고 싶었던 그는 입적하기 전까지 동현학림에서 후학을 지도하는 등 열정적으로 활동했다. 강사급 정도의 역경사(譯經師)들을 양성하고 싶었던 그의 바램은 큰 아쉬움으로 남는다.

간경수행을 겸한 후학 양성에 전력을 다하던 동현 거사가 생의 마지막 염불수행에 전력을 기울인 까닭은 무엇일까? 천태 대사와 의상 대사가 〈법화경〉과 〈화엄경〉을 각각 공부하면서도 수행법은 아미타 염불을 택하고, 영명연수·철오 선사 등은 선사이면서도 염불로 왕생했듯이 그 역시 암 선고를 받고 마지막 수행법으로 염불을 택하지 않았을까 추측해 본다. 실제로, 그의 유작인 〈지관수행〉에는 대승의 사마타(止)·위빠사나(觀) 수행법을 '아미타불' 염불을 예로 들며 설명한 부분이 적지 않다. 염불수행으로 윤회를 벗어날 수 있다는 확신에 찬 다음 글에 그의 수행법이 엿보인다.

지관(止觀)으로 염불수행을 하다

"지금 말법시대에 법을 펴고 중생을 이롭게 하려면 늙을 때까지 염불을 진실하게 하여 한 구절 아미타 명호를 부를 경우, 그 자리에서 아상, 인상, 중생상, 수자상 등 사상(四相)이 없어져 안으로는 신심을, 밖으로는 세계에 대한 집착을 잊게 되는데 이것이 바로 '지(止)'공부이다. 또 소리소리 부처님 명호를 부를 때마다 부처님 상호가 더욱 분명해지는데 이것은 '관(觀)'수행이다. 염불을 부르는 자와 부르는 대상인 부처님, 이 둘을 쌍으로 잃는 경지에 이르러 자타가 둘이 아닐 땐 이 경지에서 마음을 되돌려 허깨비와 같은 염불공부로 허깨비와 같은 중생을 교화하게 된다. 집착이든 병이든 논할 것 없이 단지 '아미타'라는 약으로서 중생을 다스려 중생들이 각자 허깨비와 같은 그림자 모습을 소멸하고 임종시에 허깨비와 같은 극락에 왕생하게 해야 한다. 이와 같다면 이익이 절묘한데, 그 경지를 어떻게 언어로 설명할 수 있겠는가."

경학과 심법 통달하고 염불법 선택

〈지관수행〉에서 동현 거사는 "지관으로 염불수행을 하는 것이 바로 여래행을 행하는 것이고 여래의 집으로 들어가는 것"이라고 밝히고 있다. 그리고 "아미타불 한 구절의 명호를 가지고 한결같은 마음으로 지극히 염불한다면 삼계 내 범부의 견혹(見惑: 사상적 미혹)과 사혹(思惑: 감정적 번뇌)에 요동하지 않고, 출세간 소승의 진사무명(塵沙無明)에도 요동하지 않는다."면서 "위없는 반열반(般涅槃: 완전한 깨달음)은 최후까지 항상 고요한 삼매이며, 이것이 바로 한 구절 아미타불이다."라고 강조하였다. 그의 염불수행은 경학과 심법을 완전히 통달한 데서 나온 순선(純善)의 결정체임을 알 수 있다.

종교의 위기, 불교의 위기가 회자되는 이 시대에 그는 오로지 불조의 혜명(慧命)을 잇는 경전 번역과 강의로 일생을 헌신하고 거룩한 회향까지 나타냈으니, 절망적인 한국불교에 한 줄기 빛을 선사한 선지식임에 분명하다. 우리 후학들은 그의 치열한 구도정신을 본받아 어떻게 자기 혁신과 불교 중흥을 이룰 것인지, 진심 어린 반성과 각오를 다져야 하지 않을까.

한 구절 아미타불을 염불하는 것도 상적정이다.
염불하는 이치와 염불하는 일은 둘이지만 한결같은 마음으로
이理와 사事 사이에서 혼란하지 않기 때문이다.
중생은 종일토록 전도된 망상 속에 있다. 그러므로
생멸이 없는 열반 속에서 허망하게 생멸을 보는 것은
마치 눈을 손으로 누르면 본래 없던 허공 꽃이 보이듯 항상 적정하지 못하다.
그러나 아미타불 한 구절의 명호를 가지고 한결같은 마음으로 지극히 염불한다면
삼계 내 범부의 견혹과 사혹에 요동하지 않고,
출세간 소승의 진사무명塵沙無明에도 요동하지 않는다.
위없는 반열반은 최후까지 항상 고요한 삼매이며,
이것이 바로 한 구절 아미타불이다.
－지관수행

염불은 가장 쉽고 확실한 생사해탈의 길

그동안 '염불각자열전'이란 부족한 글을 읽어주신 독자 여러분께 깊이 감사드린다. 하근기들이나 하는 열등한 수행법으로 치부되던 '아미타불' 염불이 부처님과 역대 조사스님들이 심오한 법문으로 찬탄한 최상승 수행법임을 강조하여 공감을 얻어냈다는 점에서 안도하며, 보다 많은 불자들이 가장 쉽고 확실하게 윤회를 벗어나는 수행법인 염불에 착수하시기를 발원한다.

나무아미타불!

16관법으로 무생법인 증득한 위제히 부인

부처님께서 만년에 기사굴산에 계실 때 왕사성에서 큰 비극
이 일어났다. 마갈타국의 태자 아사세가 제바달다의 사주를
받아 왕위를 빼앗기 위해 부친인 빈바사라(頻婆娑羅) 왕을
가두고, 아버지를 옹호하는 어머니 위제희(韋提希) 왕비마저
가두어 버렸다. 이에 위제히 부인은 슬퍼하여 간절히 부처
님의 왕림을 기원하였다. 그러자 부처님께서는 즉시, 아난·
목련존자를 데리고 신통력으로 부인의 처소에 나투셨다. 그
리고 당신의 광명 속에서 시방세계의 수많은 정토를 나타내

시어 부인에게 보였는데, 그녀는 윤회의 괴로움이 없고 안락한 최고의 정토인 극락세계에 왕생할 것을 바라고 그곳에 태어날 방법을 가르쳐 주시기를 애원하였다[1].

윤회 벗어난 정토에 화생하는 16관(觀)의 수행법

이윽고 부처님께서는 부인을 위하여 16관(觀)의 수행법을 설하셨는데, 그것은 정선(定善) 13관과 산선(散善) 3관이다. '정선'이란 산란한 생각을 쉬고 마음을 고요히 하여 극락세계의 국토와 불·보살님들을 아래와 같이 점차로 관조함을 말한다.

① **일상관(日想觀)**: 해가 지는 모습을 보고 정토의 아름다움, 자기 죄업을 관함.

② **수상관(水想觀)**: 맑은 물을 보고 물을 변화시켜 유리와 같은 정토의 대지를 관함.

③ **보지관(寶地觀)**: 유리와 대지 위에 있는 황금의 길, 누각 등을 관함.

④ **보수관(寶樹觀)**: 칠보의 나무와 그 광명을 관함.

⑤ **보지관(寶池觀)**: 8가지 공덕수가 충만한 칠보의 연못을 관하고, 그 물이 흘러 개울이 되고, 연꽃이 피고, 흐르는 물소리는 무상·무아의 법을 설하고 있음을 관함.

⑥ **보루관(寶樓觀)**: 칠보 누각에서 천인이 연주하는 음악이 삼보를 염하도록 설하고 있음을 관함.

---

1) 위제히 부인 이하 여성 정토행자들의 왕생록은 필자가 현대불교신문에 연재한 '깨달은 여인들의 수행법'에 게재한 글들임을 밝힌다.

⑦ **화좌관(華座觀)**: 부처님이 앉아 계신 연화좌가 찬란하게 정토를 비추고 있음을 관함.

⑧ **상상관(像想觀)**: 큰 연화 위에 빛이 찬란한 아미타불이 앉아 계신 모습을 관함.

⑨ **진신관(眞身觀)**: 아미타불의 상호에서 광명이 비춰 중생을 섭수하고 계심을 관함.

⑩ **관음관(觀音觀)**: 관세음보살의 몸이 광명으로 빛나는 영락을 두르고 있음을 관함.

⑪ **세지관(勢至觀)**: 아미타불을 모시고 있는 대세지보살(大勢至菩薩)이 고통 받는 중생을 위해 설법하고 인도하심을 관함.

⑫ **보관(普觀)**: 불보살이 허공에 가득한 정토에 왕생한 것을 관함.

⑬ **잡상관(雜想觀)**: 여러 불신을 관하는 것으로, 정토의 보배 연못에 있는 불상이 시방세계에 몸을 변형시켜 여러 가지 몸으로 일체를 교화함을 관함.

화좌관(華座觀) 설하실 때 아미타불 나투시다

부처님께서 7번째인 화좌관(華座觀)을 설하실 때, 홀연히 아미타부처님께서 허공 중에 나투시니 부인은 환희에 넘쳐 아미타불께 예배하고 깊은 신심을 일으켰다.

부처님께서는 이어서 산선 3관을 설하셨는데, '산선'이란 산란한 마음이 끊어지지 않은 채, 악을 범하지 않고 선을 닦는 것을 말한다. 그 산선이란 이른바 3복(福)이라 하여 세간의 선(善)과 소승·대승의 선을 가리킨다. 부처님께서는 이

3복을 중생의 근기에 배당하여 9품(品)으로 구분하셨는데, 선행을 닦고 염불하여 극락왕생하는 수행과 그 과보를 설하고 있다.

마지막으로 부처님께서는 거듭 '아미타불' 염불을 찬탄하시면서, 이것이 가장 수승한 극락왕생의 길이니, 지성으로 믿고 간직하도록 간곡히 당부하셨다. 부처님의 설법이 끝나자, 부인은 진리의 실상을 깨닫는 무생법인(無生法忍)을 훤히 통달하고, 500명의 시녀들도 또한 깊은 신심을 일으켰다.

이 마음으로 부처를 이룬다

이것은 『불설관무량수불경』에 나오는 내용이다. 이 경은 "모든 부처님은 바로 온 세계인 법계(法界)를 몸으로 하시니, 일체 중생의 마음속에 들어 계신다."고 밝히고 있다. 그래서 "이 마음으로 부처님을 이루고(是心作佛) 또한 이 마음이 바로 부처님이니라(是心是佛). 모든 부처님의 위없는 바른 지혜는 마음에서 새기는 것이니, 마땅히 일심으로 생각을 골똘히 하여 저 아미타불과 그 지혜 공덕인 여래·응공·정변지(正遍智)를 깊이 관조해야 한다."고 강조한다.

천여유칙(天如惟則) 선사는 "아미타불 넉자를 화두 삼아 자나 깨나 분명히 들어 쉬지 않고 한 생각의 분별도 나지 않는데 이르면, 차서를 밟지 않고 바로 부처님의 경지에 뛰어오르리라" 하였다. 염불은 진여자성을 여의지 않는 '자성선(自性禪)'이기도 하기에 깨달아 들어가는 방편이 다를 뿐, 근원적으로는 선(禪)과 둘이 아니다. 정토행자가 선(禪) 공부를 배척하는 것도 문제이지만, 참선 수행자가 염불을 폄하하는 것은 더욱 문제이다. 원융한 안목을 갖추고 각자가 염불 또는 참선으로 득력한 후 여러 방편의 수행자들을 두루 섭수하여 마침내 깨달음의 세계인 정토로 인도하는 지혜가 필요한 말법시대이다.

나무아미타불!

'중국의 위제희 부인' 독고 황후

문헌황후 독고씨(文獻皇后 獨孤氏, 543년 ~ 602년)는 수(隋)나라 문제(文帝)의 황후(皇后)로서 '독고황후'로 잘 알려져 있다. 중국 수나라 최초의 황후인 그녀는 수 문제 양견의 정실부인으로서, 원래 이름은 독고가라(獨孤伽羅)이다.

독고황후는 중국 황실에서 정토염불을 닦은 신심 깊은 우바이로서, 인도의 위제히 부인에게 비견되는 인물이다. 마갈타국의 빈비사라왕의 황후이며 아사세왕의 어머니인 위제(희) 부인의 청(請)으로 부처님께서 〈불설관무량수경〉을 설하시게 되었듯이, 독고황후의 염불수행으로 중국 전역에서 정토종이 널리 퍼지는 데 큰 공헌을 하였다.

〈연종집요〉에 따르면, 독고황후는 궁중에 있으면서 대승(大乘)을 존경하고 사모하여 항상 아미타불을 염불하며 염불할 때는 반드시 먼저 깨끗한 옷으로 갈아입고 침수향(沈水香)을 씹어서 입을 깨끗이 했다고 전한다.

신비로운 향기 · 천악 울리는 가운데 왕생

황후는 인수(仁壽)2년 8월 갑자일에 영안궁(永安宮)에서 운명했는데, 지상에서는 맡을 수 없는 신비로운 향기가 방안에 가득하고 천악(天樂)이 하늘에서 떨쳐 울렸다.

문제가 사제사나(闍提斯那) 스님에게 "무슨 길한 조짐이냐?"고 물었더니, 스님 사제사나 스님은 "정토에 아미타불이 계시는데, 황후가 정토에 왕생하셨으므로 이런 길조가 있사옵니다."라고 대답했다.

독고황후는 황후의 신분으로 온갖 영화를 누리면서도 염불할 때는 몸과 마음을 청정히 하고 향을 사르며 정성을 다해 '나무아미타불'을 염한 것이다. 남모르게 염불정진한 공덕으로 하늘 음악이 들려오고 천상의 향내음이 진동했다는 기록을 남길 정도로 일념으로 정진했음을 알 수 있다.

〈연종집요〉의 편찬자는 '찬(贊)'을 통해 "궁중의 '부귀와 총애(貴寵)'를 버리고 정토를 바래 왕생한 이로서, 예전에는 위제(韋提)가 있었고, 지금은 이 분을 보겠다."고 찬탄하고 있다.

이와 같이 불교사에서 '중국의 위제히 부인'으로 알려진 독고황후는 중국 정사와 야사 속에서는 '질투의 화신'으로 묘사되기도 한다.

수나라 창업 일등공신이자 '질투의 화신'

서위의 선비족 대장군 독고신의 7녀로 태어난 독고라는 14세 때에 대사공 양충의 자제 양견과 가례를 올렸다. 그녀는 이때 양견에게 조건을 내걸었는데, '자신 이외의 어떠한 여인에게서도 자식을 보지 말라'는 약속을 내걸었다.

581년, 양견이 외손자 정제를 몰아내고 나라를 세우려 하자, 독고가라는 그에게 거사는 돌이킬 수 없으니 어서 결행하라 일렀다. 이에 양견이 결단을 내리고 나라를 세우니 이 나라가 바로 수나라이다. 수나라 창업의 숨은 일등공신이 독고가라였던 것이다.

독고가라는 황후가 되어 양견을 옆에서 보좌하였으며, 평소 금욕적인 성격과 가례 때 맺은 약속 때문에 양견과 후궁 문제로 다투기도 했다. 심지어는 독고황후가 양견이 총애하던 궁녀 위지녀의 목을 베고 그 목을 양견에게 바치자, 양견이 진노하여 궁궐을 나갔다고 한다. 602년 8월, 독고황후가 향년 60세로 영안궁에서 한질로 병사한 후에야 수문제가 비로소 아무 거리낌 없이 비빈(妃嬪)들을 품을 수 있었다고 하니, 당시 황실의 법도와는 맞지 않게 황제에게도 금욕을 강요한 결과를 낳았다.

이처럼 질투심이 대단한 그녀였지만, 정치적으로는 백성들에게 인자하고 존경받는 황후였다 한다. 또한 자신의 장남 양용이 행실에 문제가 있자, 양견에게 건의하여 폐출시키고, 그 자리에 차남인 양광을 세웠다.

질투심 · 악행 참회하고 전수염불

황후는 말년에 여인으로서의 질투심과 그로 인한 악행을 참회하고 오로지 염불에만 전념한 것으로 보인다. 참회와 계행이 없는 염불수행은 사상누각(砂上樓閣)이나 밑 빠진 항아리에 물 붓기와 다름없다. 부처님께서는 『관무량수경』에서 위제희 부인에게 '불국토에 가서 나고자 하는 사람은 세 가지 복을 닦지 않으면 안 된다'며 이렇게 설하셨다.

"첫째, 부모에게 효도하고 스승과 어른을 공손히 섬기며, 자비한 마음으로 산 것을 죽이지 않고 열 가지 착한 일을 행해야 한다. 둘째, 불법승 삼보에 귀의하고 여러 가지 도덕적인 규범을 지키며 위의를 범하지 말 것이니라. 셋째, 보리심을 내어 깊이 인과의 도리를 믿고 대승경전을 독송하며 남에게도 이 길을 권해야 한다. 이 세 가지를 청정한 업이라 하느니라."

우리의 청정자성은 선악을 초월한 자리이지만, 선악을 초월한 자리에서 육바라밀을 행하고 공덕을 지어 중생을 제도하는 것이 대승보살의 길임을 잊어서는 안 될 것이다.

나무아미타불!

願我決定生安養 願我速見阿彌陀

나는 결정코 극락세계에 태어나서
아미타부처님을 속히 뵙기 원합니다
-석가모니부처님

원아영리삼악도 원아속단탐진치
願我永離三惡道 願我速斷貪瞋癡
원아상문불법승 원아근수계정혜
願我常聞佛法僧 願我勤修戒定慧
원아항수제불학 원아불퇴보리심
願我恒隨諸佛學 願我不退菩提心
원아결정생안양 원아속견아미타
願我決定生安養 願我速見阿彌陀
원아분신변진찰 원아광도제중생
願我分身遍塵刹 願我廣度諸衆生

나는 영원히 삼악도를 여의기 원합니다.
나는 영원히 탐, 진, 치를 끊기 원합니다.
나는 항상 불법승의 이름 듣기를 원합니다.
나는 부지런히 계정혜 닦기를 원합니다.
나는 항상 불법을 모두 배워 닦기를 원합니다.
나는 보리심에서 물러나지 않기를 원합니다.
나는 결정코 극락세계에 나기를 원합니다.
나는 아미타부처님을 속히 뵙기를 원합니다.
나는 진찰세계에 나투어지길 원합니다.
나는 모든 중생을 널리 제도하기를 원합니다.
– 석가여래 십대발원문十大發願文

화엄경 · 관경 독경과 염불로 왕생한 풍씨 부인 법신

나의 정신이 정토에서 노닌다.
면전에서 아미타불께 예를 올리는데,
왼쪽에는 관음보살께서 계시고
오른쪽에는 대세지보살께서 계신다.
돌아보니, 백천만억의 청정한 불자들이
머리를 조아려 내가 이 극락정토에
와서 태어남을 경축해주고 있다.
궁전의 숲과 연못에서 나오는 광명이
신기하고 아름다워서 화엄경과 관무량수경에서
설한 것과 동일하다.
－풍씨馮氏 부인

중국 송나라 때 정토종의 선지식 가운데 풍씨부인(馮氏夫人)이 있었다. 『예념미타도량참법』과 『화엄경 영험록』에 기록된 그녀의 일화를 소개하면 다음과 같다.

풍씨부인의 이름은 법신(法信)이며 소사(少師)를 추증 받았는데, 휘(諱)는 순지(詢之)이다.

부인은 진선사(陳宣使)에게 시집을 갔는데, 진선사의 사랑과 공경을 받으며 결혼생활을 했다. 그러나 어려서부터 병이 많았던 법신은 결혼 후 병이 더욱 심해졌다. 의사가 치료할 수 없다고 진단하자, 그는 자수심(慈受深 또는 守心) 선사를 찾아뵙고 병을 치유하는 방법을 물었다.

불치병 치유 위해 화엄경 · 관경 독경

그러자 스님은 『화엄경』과 『16관경(觀無量壽經)』을 주며 말했다. "육식을 피하고 채식을 하며 이 경을 독송하시오."

이에 부인은 육식을 끊고 화려하게 장식된 옷을 모두 버리고 나서 탑을 청소하고 염불수행에 전념하였다. 그녀는 가고 앉고 말하고 침묵하고 움직이고 고요한 가운데 일념으로 '아미타불'을 염하였다.

한 찰나에 털끝만큼이라도 선(善)한 생각이 일어나면 청정수와 꽃을 바쳐 송경(誦經)과 행도(行道)를 한결같이 하였다. 이렇게 10년간 나태함을 용납하지 않자, 드디어 마음이 안정되고 몸이 건강해졌으며 청정한 기운이 왕성해져서 사람들이 모두 존경하였다. 『화엄경 영험록』은 "법신은 스님의 말씀과 같이 10년 동안 『화엄경』과 『관무량수경』을 독송하여 병도 낫고 홀연히 깨달음을 얻었다."고 기록하고 있다.

부인은 어느 날, 홀연히 다음과 같은 게송을 썼다.

> 연을 따라 업 지음이 그 몇 해인고
> 늙은 소가 헛되이 밭을 갈았네
> 신심(身心)을 거두어 일찍 돌아갔으면
> 사람들에게 콧구멍 뚫림은 면했을 것을.

10년간의 일향전념으로 완쾌하고 깨달음 얻어

친척들이 괴이하게 생각하자 부인이 말하길, "가면 서방정토로 가는데 무슨 괴이함이 있으랴" 하고는 이내 병들어 누웠는데, 미미한 천식(喘息)기운이 있었다. 그는 임종 하루 전날, 홀연히 눈을 크게 뜨고 단정히 앉아 이렇게 말했다.

"나의 정신이 정토에서 노닌다. 면전에서 아미타불께 예를 올리는데, 왼쪽에는 관음보살께서 계시고 오른쪽에는 대세지보살께서 계신다. 돌아보니, 백천만억의 청정한 불자들이 머리를 조아려 내가 이 국토(극락정토)에 와서 태어남을 경축해주고 있다. 궁전의 숲과 연못에서 나오는 광명이 신기하고 아름다워서 『화엄경』과 『관무량수경』에서 설한 것과 동일하다."

다음날, 부인은 편안하게 앉아서 숨졌고 집안 사람들이 미묘한 향내음을 맡았는데, 인간세계의 것과 같지 않았다. 3일이 지나서 다비를 하였는데 그 몸이 살아있는 것과 같았다고 전한다.

이상의 기록을 보면, 법신은 『화엄경』의 보현행과 염불수행, 『관무량수경』의 16관법을 통해 깨달음을 얻고 왕생극락했음을 알 수 있다. 염불수행의 소의경전인 『관무량수경』과 마찬가지로 자력수행을 강조하는 『화엄경』에도 정토경전에서 볼 수 있는 염불이나 본원(本願), 왕생, 정토, 극락세계 등의 용어들이 등장한다.

『화엄경』의 주불인 비로자나불도 구원겁(久遠劫) 전에 모든 부처님께 공양을 드리고 수많은 중생들을 교화한 공덕으로 정각을 이루었다고 한다. 이는 아미타불이 중생구제를 위한 48대원을 세우고 실천하여 성불하게 된 '상구보리(上求菩提) 하화중생(下化衆生)'의 보살행과 다르지 않고, 비로자나불의 연화장세계와 아미타불의 극락정토 역시 서로 다르지 않다는 것이 일반적인 견해이다.

이 『화엄경』은 『법화경』과 함께 선종의 '본래성불(本來成佛)' 사상의 근거이기도 하다.

"이상하고 이상하다. 중생들이 여래의 지혜를 구족하고 있으면서도 어째서 미혹하여 알지도 보지도 못하는가. 내가 마땅히 성인의 도를 가르쳐서 망상과 집착을 영원히 여의고 자기의 몸속에서 여래의 광대한 지혜가 부처와 같아서 다름이 없음을 보게 하리라."(『화엄경』 '여래출현품')

이 고귀한 법문에 따르면, 수행자가 이루려는 세계는 곧 중생이 본래 구족한 지혜 즉, 여래성(如來性)이 그대로 발현되는 여래 출현의 법계이기도 하다. 법신 보살이 염불왕생을 통해 『화엄경』의 세계관을 드러낸 것은 정토 성현록에서도 드문 일로 기록되어 있다.

나무아미타불!

염불로 안심 얻고 왕생극락한 십육랑

중국 원나라 때 서호 지방에 살았던 도씨 집안의 십육랑(十六娘)은 26세의 젊은 나이로 남편과 사별했다. 아이마저 없었던 그녀는 한동안 실의에 빠져 살다가 인근 사찰에 계신 스님의 권고로 『아미타경』을 독경하기 시작했다. 고독한 삶이 가져다주는 외로움과 슬픔 등을 아미타부처님께 모두 바치고 의지하고자 했던 것이다.

그녀는 아침, 저녁으로 『아미타경』을 한 번씩 읽었다. 그리고 틈나는 대로 '나무아미타불'을 염하기 시작했다. 그렇게 하기를 1년가량 된 어느 날, 흰 옷을 입은 노인이 흰 연꽃 한 송이를 들고 꿈에 나타나 말했다.

"너에게 주기 위해 이 꽃을 가지고 왔으니, 어서 먹어보거라."

아미타경 독경하며 "나무아미타불" 염불

십육랑은 공손히 꽃을 받아먹고 꿈에서 깨어났다. 그런데 이상하게도 몸이 가뿐하고 마음이 무척 즐거워졌다. 홀로 된 이후 언제나 자기를 짓누르고 있던 우울증도 말끔히 사라졌다. 이렇게 아미타불의 가피를 입은 십육랑은 방에 아미타불상을 모신 다음 더욱 열심히 『아미타경』을 읽고 '나무아미타불'을 염했다.

그런데 만 3년이 되는 날, 방안에 모셔놓은 아미타불상이 방광(放光)을 하더니 경상 위의 『아미타경』에 불덩어리 같은 것이 보였다. 그녀는 경전이 타는 줄 알고 황급히 불을 끄려 했지만 꺼지지 않았다. 자세히 보니 그것은 눈부신 사리(舍利)였던 것이다.

그날 이후부터 십육랑에게는 세상이 그렇게 평화롭고 아름답게 보일 수가 없었다. 마냥 기쁘고 즐겁고 감사하고 평안했다. 그녀는 항상 부드러운 미소와 따스한 말로 사람들에게 아미타불을 염할 것을 권하며 한평생을 행복하게 살았다.

그리고 죽을 때가 되었을 때 주위 사람들을 불러 말했다.

"저는 이제 극락세계의 아미타부처님께로 갑니다. 부디 염불을 잘 하여 극락세계의 연화대에서 다시 만나도록 합시다."

그리고는 단정히 앉은 채 숨을 거두었다.

자비광명 속에 평안하게 살다가 왕생하다

『미타영험록(彌陀靈驗錄)』에 기록된 십육랑의 경우처럼 한평생 아미타불의 자비광명 속에서 수행하며 평안하게 살다가 목숨을 다한 다음 극락왕생했다는 이야기는 너무나 많다. 하지만 극락왕생이 구도자의 궁극의 목적은 아니다. 윤회를 벗어난 깨달음의 세계이자 성불학교인 서방정토에 일단 왕생하여 다시는 퇴전하지 않는 극락의 보살로서 아미타부처님의 가르침을 받아 무생법인(無生法忍: 나고 죽음이 없는 도리)을 증득한 후 마침내 성불하는 것이다. 따라서 염불수행 역시 자력수행(聖道門)과 마찬가지로 궁극적으로는 무량한 빛, 무량한 수명 그 자체인 아미타불의 법신과 하나 되는 수행이다. 무한한 과거로부터 우리와 함께 한 영원한 빛, 불생불멸의 생명력을 수행자 스스로 회복하는 가장 빠르고 수승한 수행법이 정토수행인 것이다. 그래서 십육랑처럼 '한 마음으로 흐트러지지 않게(一心不亂)' 염불하면 고통의 사바세계 그대로가 극락정토로 바뀌기 시작하기에, 왕생하기에 앞서 이미 현실에서 아미타불의 무한한 자비광명이나 공(空)을 체험하기도 한다. 이런 수행자들은 현생에서 이미 왕생이 결정된 범부보살, 대심중생으로서 보살행을 갖춘 자타불이의 공부를 지어가는 것이다.

염불 이외의 행법을 닦는 수행자들은 『아미타경』의 서방 정토가 마음 밖에 따로 있다고 보고, '삼계가 오직 마음이고, 만법이 오직 의식이다(三界唯心 萬法唯識)'고 하는 불교 교리와 어긋나는 것이 아닌가 의심하는 경우가 많다. 그러나 극락이 서방에 있든, 내세에 있든, 지금 여기에 있든, 그 역시 마음(이 마음은 육체에 깃든 식심識心이나 육단심肉團心이 아닌 상주진심常住真心을 말한다) 안의 것일 뿐이다. 부처님께서 '꿈을 깨라고 설한 37가지 수행방편(37助道法)' 역시 유심(唯心)의 도리에서 벗어남이 없다. 분별심을 여의고 참선, 염불, 간경, 위빠사나라고 하는 방편들을 보면 모든 행법이 꿈을 깨는 '자명종'과 같은 역할을 함을 알 수 있다.

'일체의 법은 모두 꿈과 환상과 같다. 사바세계는 물론이요 극락세계 또한 꿈이다. 그렇다면 염불 수행을 해서 무슨 이익이 있겠는가?' 이런 의문이 들 것이다. 이에 대해 철오(1741~1810) 선사는 『철오선사어록』에서 이렇게 대답하고 있다.

"제7지 이하 보살은 꿈속에서 도를 닦으며, 무명(無明)이라는 큰 꿈은 비록 등각(等覺)보살 조차도 아직 벗어나지 못하고 있다. 그래서 오직 부처님만이 비로소 크게 깨어있다(大覺)고 하

는 것이다 … 극락세계의 꿈은 꿈에서 깨어남(깨달음)으로 나아
가면서, 깨어나고 또 깨어날수록 점점 부처님의 큰 깨어남에 이
르는 것이다. 꿈꾸는 것은 둘 다 같지만, 꿈꾸는 까닭(목적)은
일찍부터 서로 같지 않거늘, 어떻게 함께 나란히 논할 수 있겠
는가?"

염불삼매에 든 현씨 부인

영조 41년(1765) 목판본으로 간행된 『염불보권문(念佛普勸文)』은 정토수행의 중요성을 한문과 언해(諺解)로 병기하는 등 일반 대중에게 염불의 공덕을 알리는 데 큰 역할을 했다. 특히 해인사판 『염불보권문』은 밀양에 사는 현(玄)씨 부인의 뜻을 받들어 간행한 것으로, 18세기에 살았던 한 여인의 염불수행과 함께 당시의 언어를 엿볼 수 있는 귀중한 자료로 평가된다.

명연 스님이 『염불보권문』에 기록한 현씨 부인의 일화를 요약하면 이러하다.

경상좌도 밀양에 성은 현씨요, 불명은 본원(本願)이라는 사람이 있었다. 기사년 12월 어느 날, 마침 가사 화주를 하는 스님이 시주를 청하므로, 홀연히 신심을 내어 보시를 하게 되었다. 그날 밤 삼경(11시~1시)에 스스로 자기 입에서 염불이 나와 일상의 업으로 삼게 되었다. 추우나 더우나, 가고 오며, 낮과 밤이 길고 짧은지도 도무지 알지 못하고 큰 소리로 염불하였다.

하루 3만 번 염불 3년 만에 아미타불 친견

하루 밤낮으로 3만 번씩 하여 36개월이 되는 신미년 12월 24일 삼경에도 염불은 이어졌다. 이때 서쪽으로부터 오색의 상서로운 구름이 다가와 한가로이 날리면서 가까이 다가왔다. 악기소리가 들려오고 묘한 누각 가운데 세 송이의 꽃이 있었으며, 꽃 위에는 세 부처님이 앉아 계셨다.

현씨가 부처님을 바라보자, 부처님께서 설하셨다.

"네가 염불하기를 3년을 채우고 발원하여 부처님 보기를 간절히 원하므로 앞에 나타나 너를 위해 말하노라. 스승을 정하여 참회하고 출가하여 입산하라. 너의 자손과 밭과 땅과 재물이 태산 같지만 모두 허망한 것이다."

27년간 25번 아미타부처님 친견

현씨는 그 말씀을 듣고 믿고 받들어 행하여 계를 닦은 지 27년이 되었다. 그동안 무려 25번이나 부처님을 뵙고 법문을 들었다. 그는 하루 저녁에 서쪽을 향하여 예불하며 50배를 하고 항상 일념으로 염불했다.

현씨가 73세에, 목숨을 마칠 때 자손들을 모아 놓고 유언했다.

"나를 화장한 후에 『염불보권문』을 발행하여 일체 만인을 극락국토로 인도하여라. 나는 지금 부처님의 원력으로 마음이 즐거우니 돌아가련다."

그때 앞에 나타나신 아미타부처님이 말씀하셨다.

"너희들 대중은 여러 경전과 불·조사의 말씀을 믿고 들어라. 무수한 방편을 설하셨느니라. 이러한 까닭에 상근기와 중근기는 정법(正法: 혹은 戒法)과 상법(像法: 계법과 유사함)이 견고하여 득도하지만, 하근기의 말법시대에는 여러 문이 열려 있거나 혹은 닫혀 있는 것이니라. 말법시대에 일어나야 할 가장 적당한 수행은 정토문이니 왕생을 구하여 염불하는 사람은 누구든지 극락세계에 왕생할 것이니라."

이에 현씨가 특별히 막내아들인 각성에게 당부했다.

"너희들은 입산하여 불도를 위하여야 한다. 재물을 내어 판을 새겨 『염불보권문』을 발행하여 일체 노·소·남·녀에게 아미타불을 염할 것을 권하여라. 매일 이른 아침에 서쪽을 향하여 예불 삼배씩을 한 후 40번씩 염불하는 자는 나의 국토 연꽃 가운데 모두가 태어날 것이니라."

각성은 어머니 현씨의 말씀을 듣고 받들어 봉행하여 『염불보권문』을 새로이 새겨 해인사 장경각에 보관했다.

현씨 부인은 자나 깨나 일심불난(一心不亂)한 염불정진을 통해 시방불(十方佛)이 현전(現前)하는 염불삼매를 성취하고 극락왕생하였다. 이는 모든 염불행자들이 염원하는 수행의 경지이다. '부처란 상(相)이 없는 것'이지만, 허무가 아니란 사실에 유념해야 한다. 법신(法身)은 무량공덕을 갖추었기에, 필요한 때는 부처의 상호를 우주에 가득 차게 나타내는 것이다.

보통 염불삼매에는 인(因)과 과(果)의 두 경계가 있다. 일심으로 부처님의 상호를 관하는 관상(觀像)염불, 또는 법신의 실상을 관하는 실상염불(實相念佛), 부처의 명호를 외우는 행법 등을 인행(因行)의 염불삼매라고 한다. 이러한 인행의 염불삼매가 성숙되면 마음이 선정에 들어가서 시방불이 현전하거나 법신의 실상 즉, 진여불성에 계합하는데 이것을 과성(果成)의 염불삼매라 한다.

나무아미타불!

임종에 염불하여
지옥보를 소멸하고
극락으로 바로가리
일념으로 염불을
시방세계 항사불이
한가지로 찬탄하고
역대성현 봉지로다
아미타불 염불법은
온갖일에 걸림없어
승속남녀 물론하고
유식무식 귀천간에
소업을 폐지말고
농부거던 농사하며
노는입에 아미타불
직녀거던 길삼하며
노는입에 아미타불
금생에 이타하고
행주좌와 이어하면
후생극락 어려울까

-나옹화상 승원가僧元歌

극락정토는 육도윤회를
벗어난 깨달음의 세계.

제2부. 왕생전록(往生傳錄)[2]

왕자성 편집

[註] 『왕생전록』을 지은 연유는 다음과 같다.

시대가 3재(災)의 겁에 가까워지고 5탁(濁)의 시기에 임하면 지옥에 들어가는 자가 소털처럼 많고 연지(蓮池: 극락)에 태어나는 이는 기린의 뿔처럼 적어진다. 이 때문에 석가모니 조어장부께서 성스러운 가르침[聖敎]을 남기시어 염부제에서 미타세존이 말법에 중생들을 제도하도록 하셨다. 그 때문에 자비의 광명을 얻어 원력을 섭수하였다. 부처님의 힘[佛力]은 사의(思議)하기 어려워서 원을 세우면 반드시 맞아주어 중생의 근기에 따라 가피를 내리신다.

우리들이 숙생에 어떤 다행한 인연이 있어서 이 정토문을 만날 수 있었는가. 부처님의 은혜에 보답하기 위해서 바로 참법(懺法)을 편집하고 이에 왕생한 사적(事迹)들을 모았으니 절대로 이단(異端)을 공격하려는 것은 아니다. 전기(傳記)에 의지하여 문장을 밝혔으니, 이것을 '조술할 뿐 창작하지 않는다[述而不作]'고 하는 것이다.

극락으로 가는 길[安養路]을 알고자 한다면 우선 왕생한 사람들의 발자취를 살펴보라.

오늘 이 도량의 동업대중이여, 앞의 교에서 이미 인용하여 비교·증명하였으니, 다음에는 『왕생전록』을 밝히겠다. 이것은 교전(敎典)에서 널리 채록하고 고금을 해괄하여 의정(疑情)을 활짝 열어서 풀어주어 신지(信地)를 뛰어넘게 하는 것이다.

피안의 언덕에 오르면 배는 잊어버려야 한다. 찾아와서 나루터를 묻는 사람이 있으면, 이 말을 소홀히 여기지 말아야 의성(疑城)을 잘못 오인하여 그곳에 떨어져 후회하는 일이 없다. 정토왕생을 구하고자 하면 우선 마땅히 예참을 통해

서 우리가 무시로부터 지금까지 지은 죄장을 뽑아서 소멸시
켜야 한다.

다 같이 한결같고 평등하며 지극하고 간절한 마음으로 오체
투지하여 세간의 대자비하신 부처님께 귀의하라.

> 나무 교주석가모니불(南無敎主釋迦牟尼佛)
> 나무 세자재왕불(南無世自在王佛)
> 나무 서방아미타불(南無西方阿彌陀佛)
> 나무 삼십육구지불(南無三十六俱胝佛)
> 나무 서방현재일체제불(南無西方現在一切諸佛)
> 나무 무량수불(南無無量壽佛)
> 나무 무량온불(南無無量蘊佛)
> 나무 무량광불(南無無量光佛)
> 나무 무량당불(南無無量幢佛)
> 나무 대자재불(南無大自在佛)
> 나무 대광불(南無大光佛)
> 나무 광염불(南無光燄佛)
> 나무 대보당불(南無大寶幢佛)
> 나무 방광불(南無放光佛)

이와 같이 항하의 모래알 같은 부처님께서 서방에 머무시면
서 장광설로 부처님의 공덕을 찬탄하시고 법문을 섭수하신
다.

> 나무 문수사리보살(南無文殊師利菩薩)
> 나무 보현보살(南無普賢菩薩)

　나무 관세음보살(南無觀世音菩薩)
　나무 대세지보살(南無大勢至菩薩)
　나무 청정대해중보살(南無淸淨大海衆菩薩)

또다시 이와 같은 시방 진허공계(十方盡虛空界)의 모든 삼보
와 한량없는 현성(賢聖)께 귀의합니다.(일배)

오늘 이 도량의 동업대중이여, 마음과 귀를 잘 섭수해서 하
나하나 자세히 들으라. 안정된 뜻에나 흩어진 마음에나 부
처님을 염하여 칭하고 관하여 하루에 일곱 차례[七朝], 1성
(聲)에 10념(念)을 하고, 경에 의지하여 수지(修持)하고, 보고
들음에 기쁘게 따르면 모두가 극락세계에 각각 본 『왕생전』
에 나오는 것처럼 왕생할 수 있다.

여산 혜원 스님이 백련결사를 하여 왕생함

[註] 『양고승전(梁高僧傳)』 제6권에서 말하기를 동진(東晉)의 혜원 스님은 안문(鴈門) 사람이라고 하였다. 여산에 거처하면서 유유민(劉遺民) 등 승속 123인과 백련결사를 하여 정토문을 수행하면서 타일(他日)에 연화대 가운데 태어나고자 하였다.

유유민이 감응을 찬송하는 글을 지었다.

"한 선인(仙人)이 구름을 타고 와서 공중에서 법을 청하였는데 혹은 맑은 범패성을 연주하기도 하고 장풍(長風)을 몰아오기도 하였다.

법사는 맑은 마음으로 관상(觀想)하여 처음 십년 동안 세 번 거룩한 모습[聖相]을 보았지만 혜원 스님은 성품이 깊고 후덕하여 말하지 않았다.

이후 칠월에 혜원 스님은 또 아미타불신(阿彌陀佛身)이 허공에 가득하고 원광(圓光) 가운데 모든 화신 부처님과 관세음과 대세지보살이 좌우에서 시립하고 있는 것을 보았다. 또 수류(水流)와 같은 광명이 열네 줄기로 나누어지고 하나하나의 줄기에서 상하로 물이 흐르면서 자연히 공(空)·무상(無常)·무아(無我)의 묘법을 연설하시는 것을 보았다.

『십육관경(十六觀經)』에서 설한 것처럼 부처님께서 혜원 법사에게 말씀하셨다.

"내가 본원력으로 그대를 안위케 해주기 위해서 왔노라. 칠

여산 동림사의 동림대불

일 후에 나의 국토에 태어나리라."

가서 보니 불타야사 스님과 혜지담순 스님이 부처님 곁에 있다가 앞을 향해 읍을 하면서 혜원 법사에게 말하였다.

"법사께서 정토에 뜻을 둔 것이 우리보다 먼저인데 어찌 오는 것이 그리 늦습니까?"

혜원 스님은 자신이 분명하게 보고서 그 문도들에게 말하였다. "내가 정토에 왕생하기를 바라고 이곳에 거처하면서 처음에 세 번 거룩한 모습을 보았다. 지금 다시 거룩한 모습을 보았으니, 내가 정토에 태어날 것이 분명하다."

다음날 병들어 누워서 7일째에 이르러 거룩한 무리[聖衆]가 멀리서 맞이하러 오자 적연히 천화(遷化)하였다.

때는 의희(義熙) 12년 8월 6일이었다. 함께 모여 수행했던 123인도 전후로 모두 정토에 왕생한 사실이 모두 비문에 나열되어 있다.

입으로는 참선을 말하나
마음에는 도道를 행하지 아니하며
정토를 비방하고 왕생을 믿지 아니하니,
이것은 크게 잘못된 것으로
아미타불이 무상無上한 심묘선深妙禪임을
알지 못하는 것이다. 지금 사람들이 커다란
도리를 궁구하지 아니하고 분별하는 것이니
참선견성參禪見性 코저 하면
따로 화두話頭를 들것이 없이
다만 일구一句 아미타불만 가지고
자참자념自參自念하여 오래 되면
자연히 소득이 있을 것이오.
이때에 설사 개오開悟하지 못하더라도
명종命終하면 상품상생上品上生을 얻을 것이다.
-혜원대사, 귀원직지歸元直持

진나라 궐공이 수행의 과보로 왕생함

[註] 『고승전(高僧傳)』에서 말하기를 동진의 궐공은 혜원 스님의 백련결사에 참여한 사람이라고 하였다. 그가 죽자 우인(友人)이 동경(東京) 백마사(白馬寺)에서 기일(忌日)을 지냈는데 숲에 있는 나무와 전각과 집이 모두 금색(金色)이 되면서 공중에서 소리가 들렸다.

"나는 궐공이다. 바라던 대로 극락보국(極樂寶國)에 마침내 왕생하였다. 그래서 이곳에 와서 수행의 과보가 있음을 보여준다."

말을 마치자 보이지 않았다.

천태지자 대사가 삼매에 들어 왕생함

[註] 『왕생전(往生傳)』에서 말하기를 천태지자 석지(釋智)의 자(字)는 덕안(德安)이며, 영천(穎川) 사람이다.

개황(開皇) 17년에 황제로부터 보살계를 내려달라는 청을 받고 산으로 돌아가 일심으로 삼매에 들었다. 다음날에 삼매로부터 일어나 제자인 지월(智越)에게 말하였다.

"나의 허깨비같은 형질이 내일 아침 해돋을 무렵[旦夕]에 입멸에 들리라. 너는 석성(石城)에서 엄숙하게 향을 수지하고 기다려라. 나는 이 업보로 받은 몸을 바꾸어야겠다."

지의 스님이 시상(施牀)에 이르러 서쪽을 향해서 전일하게 아미타부처님과 두 보살을 칭념하고, 정토의 화불(化佛)과 보살들이 와서 수호해주기를 염하였다. 또 시자에게 『무량수경』을 독송하라고 명하여 일심으로 고요하게 들었다. 독경이 끝나자 대중을 돌아보면서 합장하고 찬탄하며 말했다.

"48원으로 정토를 장엄하니, 연화지와 보배나무로다. 도달하기 쉬우나 사람이 없네. 불타는 수레가 나타나는 것을 보고 일념으로 회개한 사람도 오히려 왕생할 수 있거늘 하물며 계와 정을 거듭 닦아 성스러운 수행과 도력이 실로 허망하지 않은 사람이야 어찌 왕생할 수 없으리오."

그리고 제자에게 향과 촉을 많이 켜라고 부촉하고 또 3의(衣)와 발우와 지팡이를 집어서 몸 곁에 놓았다. 재식(齋食)을 올리려는 사람이 있었는데 스님께서 말씀하시기를 "모두

에 능히 반연하지 않을 수 있는 것이 진실한 재식이다." 하
였다.

또 향을 잡고 설근(舌根)을 깨끗하게 씻고 나서 10여시(如
是)·4불생(不生)·10법계(法界)·3관(觀)·4지(智)·4무량(無
量)·6바라밀(波羅蜜) 등의 법을 설하였다.

어떤 스님이 그 증득한 것을 묻자 스님께서 대답했다.

"내가 대중에게 알려주지 않았더냐. 육근은 청정하게 하고
타인을 위해서 자기가 손해를 보라. 나는 5품(品)의 위에 들
었을 뿐이다."

또 말하였다. "인명이 다하려 할 때 경쇠소리를 들으면 정념
이 증장된다. 그대는 경쇠를 울려서 나의 정념을 증장시키
라" 하고 즉시에 아미타부처님과 관음·세지 보살들의 성중
이 깃발과 꽃을 들고 맞이하러 오는 것을 보고 아미타부처
님의 상(像) 앞에 단좌(端坐)하여 목숨을 마쳤다. 제자들은
불감암(佛龕嵓)에 모셨다.

대업(大業) 원년(元年) 구월에 양제(煬帝)가 사신을 보내 산에
들어가 기재(忌齋)를 올리게 하였다. 승려들이 모여서 석실
(石室)을 열어보니 다만 빈 걸상[榻]만이 있을 뿐이었다.

후위의 담란이 신이(神異)를 보이고 왕생함

[註] 『왕생전(往生傳)』에서 말하였다.

후위 벽곡(壁谷)의 스님 담란은 처음에 자도(自陶)에 은거하면서 선경(仙經) 열 권을 얻었다. 담란은 흔연히 기뻐하면서 스스로 신선을 극치의 경지로 여길 수 있다고 생각하였다.

후에 보리유지(菩提留支) 스님을 만나서 질문하였다.

"불도(佛道)에 장생(長生)이 있는가. 늙어서도 죽지 않을 수 있는가?"

보리유지 스님이 말하기를 "장생불사는 우리 불도의 가르침이다."라 하고, 『십육관경(十六觀經)』을 주면서 일렀다.

"그대가 이 경을 독송하면 3계육도(三界六道)에 다시는 태어나지 않으며, 그 수명은 겁석(劫石)과 항하의 모래알 같이 된다. 겁석과 항하사의 수는 오히려 한계가 있지만 수량(壽量)의 수는 무궁하다. 이것이 우리 금선씨(金仙氏)의 장생이다."

담란은 이 말을 깊이 믿고 드디어 선경을 불사르고 오로지 십육관경을 수행하면서 한서가 변화하고 질병에 걸려도 게으름을 피우지 않았다. 위나라 왕이 그 뜻이 고상함을 어여삐 여기고, 스스로 수행하며 남을 교화하여 그 가르침이 유전하여 널리 퍼짐을 치하하며 신란(神鸞)이라고 호를 내렸다.

어느 날 제자에게 말하였다. "지옥의 모든 고통은 두려워하지 않아서는 안 되며, 9품(品)의 정업(淨業)을 닦지 않아서는 안 된다."

따라서 제자들에게 고성으로 아미타불을 칭념해야 한다고 말하였다. 담란은 서쪽을 향해서 눈을 감고 머리를 조아리며 세상을 떠났다. 이때에 승속이 다 같이 여러 가지 악기[絃管] 소리가 서쪽에서 들려오다가 한참 지난 후에야 그치는 것을 들었다.

당나라 정관(貞觀) 삼년 사월 팔일에 이르러 도속(道俗)이 다 같이 그 절에 모였으니 여래께서 탄생한 날이다. 이때 담란 법사가 공중에 칠보로 된 배를 타고 나타나 도작(道綽)을 손으로 가리키며 "정토에 그대의 당우(堂宇)가 이미 지어져 있는데 다만 업보의 수명이 다하지 않았을 뿐이다." 하고 말하는 것을 보았다. 또 화불(化佛)과 보살들이 표표히 공중에 떠 있는 것을 보고 대중이 이에 경탄하면서 큰 신심을 일으켜 복종하였으니 종자가 없는 무리[無種衆]인 일천제도 또한 복종하였다.

전당(前唐)의 소강이 광명을 놓으며 왕생함

[註] 『왕생전(往生傳)』 하권에 나온다.

당나라 목주(睦州) 사람인 석소강(釋少康)은 정원(貞元)초에 백마사(白馬寺)에 내려왔다가 전각 가운데서 문자가 여러 차례 광명을 발하는 것을 보고 찾아가서 알아보니 선도(善導) 스님이 서방에서 화도(化導)하고 있다는 글이었다.

소강이 말하기를 "만약 정토에 인연이 있다면 마땅히 이 문자가 다시 광명을 발하게 하리라" 하니 말이 끝나기도 전에 광명이 번쩍번쩍 빛나면서 장안에 있는 선도의 영당(影堂)에 이르렀다.

선도가 공중에서 말하였다. "그대가 나의 일[吾事: 정토문]에 의지해서 모든 유정을 이롭고 즐겁게[利樂] 하면 그대의 공덕으로 다 같이 극락에 왕생하리라."

또 한 스님을 만났는데 그가 말하길, "그대가 사람들을 교화하려면 신정(新定)으로 가야 한다." 하고 말을 마치자 사라졌다. 신정은 지금의 엄주(嚴州)이다. 그곳에 이르니 아무도 아는 사람이 없었다. 소강이 돈을 얻어 어린 아이를 꾀어서 돈을 주면서 이렇게 약속했다. "아미타 부처님께서 본래 너의 스승이시니 한 번 염하여 부르면 1전(錢)을 주겠다."

어린아이가 그 돈을 얻으려고 힘써서 소리를 내며 염하여 불렀다.

몇 달 지난 후에 부처님을 염하여 돈을 얻으려는 어린 아이들이 많아졌다. 그래서 소강이 말했다.

"염불 10성(聲)을 하면 너에게 돈을 주겠다."

어린이들이 이와 같이 따라서 염하여 부른 지 1년이 되자 어른과 어린이, 귀하고 천한 이를 가릴 것 없이 소강을 보는 사람은 모두 아미타불을 염하여 불렀다. 이리하여 염불하는 사람이 도로에 넘치게 되었다.

후에 소강은 오룡산(烏龍山)에 정토도량을 세웠다. 소강이 자리에 올라 사람들을 서쪽으로 향하게 하고서 소강이 아미타불을 선창(先唱)하고 중인(衆人)들이 따라하게 하였다.

소강이 선창할 때 대중들이 그 입으로부터 부처님 한 분이 나오는 것을 보았다. 연이어서 십성을 창하면 열 부처님이 나와서 구슬을 이어서 꿰어놓은 것 같았다.

소강이 말하였다. "그대들은 부처님을 보았는가. 부처님을 보면 결정코 정토에 왕생하리라."

그래서 부처님께 예를 올리는 이가 수천 명이었고 또한 끝내 보지 못하는 자도 있었다.

후에 대중들에게 부촉하였다. "극락에 가려는 마음을 증진시키고 염부제에 염리심(厭離心: 싫어해서 떠나려는 마음)을 일으켜야 한다."

또 말하기를 "그대들이 지금 광명을 볼 수 있으면 진실로 나의 제자이다."라고 하자 드디어 기이한 광명을 여러 줄기 발하면서 세상을 떴다.

계방과 원과가 종소리를 듣고 왕생함

[註] 『왕생전(往生傳)』에서 말하였다.

당나라 분주(汾州)의 스님 계방(啓芳)과 원과(圓果) 두 법사가 정심(精心)으로 정토를 관상(觀想)하여 일곱 달 뒤에 관상하던 가운데 다 같이 칠보로 장엄된 큰 연못에 몸이 이르는 것을 느꼈다. 연못에는 큰 보배가 있었다. 몸을 움직여 그 안에 들어가서 관음·세지 두 보살께서 두 개의 대보련화에 앉아 있는 것을 보았는데 그 아래는 천만이나 되는 연꽃이 가득 차 있었다.

또 아미타부처님께서 서쪽으로부터 오시어 가장 큰 연꽃에 앉아 계신 것을 보았는데 이 연꽃들이 번갈아가며 광명을 내어 서로를 비추어 주고 있었다.

방등이 부처님께 예를 올리고 여쭈었다.

"염부제에 있는 중생이 경에 있는 가르침에 의지하여 염불하면 이곳에 태어날 수 있습니까?"

부처님께서 대답하셨다.

"나의 명호를 염하여 부르면 모두가 나의 국토에 태어날 수 있다. 염하여 부르고도 태어나지 못하는 이는 한 사람도 없다."

또 석가 부처님과 문수보살께서 그 앞에서 정토를 칭탄하는 것을 들었다.

또 큰 전각이 있어 그 전각에 길이 세 개 있고 보배로 계단이 되어 있었다. 첫 번째 길에는 모두 속인[白衣]들만 있었고, 두 번째 길에는 승속이 서로 반씩 있었고, 세 번째 길에는 승만 있고 속인은 없었다.

부처님께서 계방과 원과를 가리키면서 말씀하셨다.

"이들은 모두 남염부제의 중생들인데 염불하여 마침내 이곳에 태어났느니라. 너희들 마땅히 스스로 힘쓰도록 하라."

계방과 원과가 깨어나서 생생하게 그 문도들에게 말하였다. 그 뒤 다섯 달 후에 병도 없이 번갈아서 종소리를 들었는데 다른 사람은 듣지 못했다.

계방과 원과가 말하였다. "종소리가 났으니 우리 일이 다하였다." 하고 순식간에 두 사람이 함께 목숨을 마쳤다.

태주의 회옥이 금대(金臺)를 타고 왕생함

[註] 『왕생전(往生傳)』에서 말하였다.

회옥(懷玉)은 단구(丹丘) 사람인데 정업(淨業)을 관상(觀想)하는데 주력하여 40년 가까이 하였다.

대보(大寶) 원년(元年)에 회옥이 염불을 하다가 홀연히 항하의 모래만큼 많은 서방의 거룩한 무리를 보았다. 그 중에서 한 사람이 손에 은대(銀臺)를 가지고 와서 회옥에게 보여주었다. 회옥이 말하였다. "나는 금대를 바라는 사람인데 무엇 때문에 은대인가?" 하자 대도 사라지고 사람도 곧 사라졌다. 이에 더욱 힘써서 가행정진(加行精進)하여 삼칠일(三七日: 21일)에 이르자 지난번에 대를 가지고 왔던 사람이 다시 와서 고하였다.

"법사께서 힘써 정진하였기 때문에 상품(上品)에 오르게 되었습니다."

또 말하길, "상품에 왕생하여 반드시 부처님을 뵐 것입니다."라 하고 가부좌하여 부처님 오시기를 기다리니, 얼마 있지 않아 발꿈치에서 기이한 광명이 나와 방안을 비추고 또 3일 뒤에 다시 기이한 광명을 발하였다.

회옥이 말하길, "만약 기이한 향냄새가 나면 나의 업보신이 다한 것이다." 하고 다음날 게송을 지어서 말하였다.

청정하고 교결하여 때가 없으니
연화대에 화생하여 부모가 되리.
내가 수도한 지 십겁이 지났으니
염부제의 온갖 고통 벗어남을 보여주리라.
일생의 고행이 십겁을 뛰어넘으니
원컨대 사바 떠나 정토에 돌아가리라.

게송을 마치자 사방에서 향기가 났다. 제자들은 부처님과 두 보살이 함께 금대를 타고, 곁에 있는 천백의 화불과 서쪽으로부터 내려와서 회옥을 맞이하는 것을 보았다. 회옥이 공경스럽게 합장하고 미소를 머금은 채 먼길을 돌아갔다.

상주의 도앙이 기악소리를 들으며 왕생함

[註] 『속고승전(續高僧傳)』 제20권에 나온다.

당나라 상주(相州) 한릉산(寒陵山)의 석도앙(釋道昂)은 성씨가 미상으로 뜻을 서방정토에 두고 극락[安養]에 태어나기를 원하였다. 후에 스스로 목숨이 다함을 알고 봄[春]에 모든 인연 있는 사람들에게 고하기를, 팔월 초에 이르러 이별하리라 하였지만 그 말을 아는 사람이 없었다.

기약한 달이 되어도 아픈 곳이 하나도 없었다. 재시(齋時)에 높은 자리에 올랐는데 몸에 기이한 모습을 머금고 향로에서는 기이한 향내음이 났다. 이에 대중을 모아놓고 보살계를 내렸는데 그 말씀이 긴요하고 간절하여 듣는 사람이 오싹하였다.

이때에 7중(衆)이 에워싸고 있었는데 도앙이 눈을 높이 들어 바라보니 하늘무리[天衆]가 어지럽고 번잡하게 현악기와 관악기를 연주하고 있었다. 공중에서 맑은 음성[淸音]이 먼 곳까지 뻗치면서 대중에게 고하였다.

"도솔천이 음악을 연주하면서 내려와 앙공을 맞이하고자 합니다."

도앙이 말하였다.

"천도는 생사의 근본이라 본래부터 내가 원하는 바가 아니다. 나는 항상 마음으로 정토를 바라고 있는데, 이것은 무슨 말인가. 진실로 따를 수 없다."

말을 마치자 문득 모든 천악(天樂)이 위로 올라가서 바로 사라졌다.

그리고는 바로 서방의 향화와 기악이 단운(團雲)과 같이 가득 차고 비용(飛湧)하면서 와서는 정수리 위에서 빙빙 도는 것을 모든 대중들이 보았다. 도앙이 대중들에게 말하였다.

"지금 서방에서 신령한 모습으로 나를 맞이하러 왔다. 원하던 일이니 이제 가리라."

말을 마치고 다만 향로만을 보면서 손을 고좌(高座) 위에 내려놓고 단정하게 목숨을 마쳤으니, 이때가 정관 칠년 팔월이다.

수의 두 사미가 동시에 왕생하다

[註] 『왕생전(往生傳)』에서 말하였다.

수나라의 병주(幷州) 문수현(文水縣)에 있는 개화사(開化寺)에 두 사미가 있었는데 그 나이 어린 사람이 나이 많은 사람에게 말하였다.

"형은 정토업을 닦아서 한가롭게 나날을 보내지 마십시오."

그 형이 그 말을 따라 함께 아미타불을 염하여 부르며 잠깐 사이에 5년이 지났다.

그 나이 많은 사미가 먼저 죽어서 정토에 왕생하여 아미타 부처님께서 백 가지 보배와 자금색으로 된 연화대에 앉아 계신 것을 보고 우러러 예를 올린 다음 기쁜 마음을 못이겨 즉시에 부처님께 말씀하셨다.

"제자에게 나이 어린 동학(同學)이 있는데 지금 염부제에 있습니다. 함께 정토업을 행하여 이 국토에 태어나게 해주지 않으시겠습니까?"

세존께서 대답하셨다.

"너는 본래 무심으로 나의 명호를 염하여 불렀다. 이것은 그가 너에게 가르친 것이니 어찌 그를 의심하겠느냐. 그대를 놓아줄테니 다시 돌아가서 부지런히 정업(淨業)을 행하여 나의 명호를 정념(正念)하여 3년 이후에 그와 함께 오라."

드디어 다시 살아났고 어린 사미가 아미타불의 자비로운 말

씀을 전해 듣고 기뻐서 눈물을 흘리며 밤낮을 가리지 않고
전심으로 염불하였다. 3년이 지나자 두 사미는 심안(心眼)이
밝게 열려서 즉시에 아미타불과 여러 거룩한 무리들이 대지
를 진동시키며 맞으러 오는 것을 보았으며, 또 허공에 천화
(天花)가 가득 찬 것을 보았다. 두 사미는 이를 보고 나서
홀연히 병도 없이 같은 시간에 목숨을 마치고 함께 정토에
왕생하였다. 대업(大業) 12년의 일이다.

법화행자 가구가 믿은 과보로 왕생함

[註] 『왕생전(往生傳)』에서 말하였다.

명주(明州)의 스님 가구(可久)는 항상 『법화경』을 독송하였기 때문에 구법화(久法華)라고 불렸다. 평생 동안 정토업을 닦았다.

원우(元祐) 팔년, 나이 여든한 살에 앉은 채로 천화하였다가 다시 살아나서 정토에서 있었던 일을 말하는데 『십육관경』에서 설한 것과 동일했다.

"정토에 가서 연화대를 보았더니 합생자(合生者)의 이름이 모두 표시되어 있었다. 한 자금대(紫金臺)에는 송나라 성도부(城都府)의 광교원(廣教院)이 법화경을 익혀서 그 가운데 앉을 것이라고 표시되어 있고, 또 다른 금대에는 명주의 손자 12랑(郞)이 그 가운데 합생(合生)할 것이라고 표시되어 있고, 또 한 금대에는 구법화라고 표시되어 있고, 또 한 은대(銀臺)에는 명주의 서도고(徐道姑)라고 표시되어 있더라"라는 말을 마치고 다시 천화하였다.

5년이 지나서 서도고가 죽자[卒] 기이한 향기가 방에 가득 찼고, 또 12년이 지나서 손자인 십이랑이 죽자 하늘 음악[天樂]이 허공에 가득 찼다.

오늘 이 도량의 동업대중이여, 위에서 설한 바와 같이 왕생하였으니 오늘날 승려된 이들은 마땅히 이와 같이 스스로 생각해야 한다.

'나는 출가인이다. 생사를 요달하는 것이 본분이니 이와 같이 티끌 세계인 속세에 골몰해서는 안 된다. 하루아침에 대한(大限: 임종)이 도래하면 무엇을 의지할 것인가. 세간의 선업을 짓는다 해도 생사윤회를 면할 수 없다. 만약 정토를 수행하면 속히 생사를 벗어나 면전에서 아미타부처님을 뵐 수 있다. 이렇게 해야만 비로소 출가사(出家事)를 마치는 것이다. 또 나아가 이로써 다른 이를 교화하고 자기를 위하는 것을 승(僧)이라 한다.'

그 말을 반드시 믿고 따라서 행하면 이익이 무궁하여 반드시 상품에 왕생할 것이니, 다 같이 지극한 마음으로 오체투지하여 세간의 대자비하신 어버이께 귀의하라.

장안의 정진 비구니가 수기를 받고 상품왕생함

[註] 『왕생전』에서 말하였다.

당나라 장안의 비구니 스님 정진(淨眞)은 적선사(積善寺)에 거주하면서 납의(衲衣)를 입고 걸식을 하여 일생 동안 진심을 내지 않고 『금강경』 십만 편(遍)을 독송하고 전심으로 정진하여 염불하였다.

현경(顯慶) 5년 7월에 병이 들어 제자에게 말하였다.

"5일 안에 아미타부처님과 관음·세지 보살과 헤아릴 수 없는 수의 승려의 무리를 열 번 보리니, 여래께서 광명을 놓아 나의 몸과 실내를 모두 환하게 밝혀줄 것이다. 또 극락국토를 장엄하는 일을 두 번 보리니, 보배 누각이 있고, 연못에는 온갖 색깔의 연화가 피어 불에 떠 있고, 금모래와 공덕수가 있으며, 여러 하늘의 동자들이 연못에서 유희하면서 자욱하고 특수한 향기를 맡느니라.

또 자금대를 보는데 하늘의 음악을 들으며 천만의 부처님은 모두가 진금색이며 나에게 미래에 성불하리라는 수기를 줄 것이다. 나는 상품왕생을 얻었다."

말을 마치고 가부좌하여 목숨을 마치니 광명이 그 사찰을 비추었다.

단양의 도원 비구니가 부처님을 뵙고 왕생함

[註] 『왕생전』에서 말하였다.

유송(劉宋) 단양의 비구니 스님 도원(道瑗)은 어려서부터 총명하고 성장해서 계를 받은 후에 삼장을 깊이 있게 연구하여 그 요점을 더욱 크게 얻었고, 불상을 조성하여 복업을 증진시켰다. 금으로 무량수상(無量壽像) 1구를 조성하고 그 복에 의해서 서방에 태어나길 원하였다.

다음해 여름 4월 10일 불상의 미간에서 대광명을 놓아 절 안을 모두 금색으로 비추었다. 그 금색광명 가운데서 무량수불이 도원에게 수기를 주었다.

"그대가 이 업보신을 버릴 때 반드시 나를 의지하면 내가 잘 호지(護持)하리니 의심하거나 교만심을 내지 말라."

도원이 그 수기를 얻고 기쁜 마음이 더욱 증가하였다. 그 달 보름날에 그 불상 앞에 나아가 단정하게 앉아서 입멸(入滅)하였다.

낙양의 오성 비구니가 중품왕생함

[註]『왕생전』에서 말하였다.

비구니 스님 오성(悟性)은 낙양 사람이다. 형주(衡州)에서 조사리(照闍梨)를 만나 염불수행을 발원하였다. 이로 인해 대력(大曆) 6년에 여산에 들어갔다. 홀연히 병이 들었는데 공중에서 음악소리가 들렸다. 스님이 말하였다.

"나는 중품상생을 얻었는데 함께 염불한 사람을 보니 모두 서방의 연화대에 있는데 몸이 모두 금색이다."

그때 나이 24살이었다.

비구니 대명월이 향기를 맡고 왕생함

[註] 『왕생전』에서 말하였다.

분주(汾州)의 평요(平遙) 도탈사(度脫寺)의 대명월(大明月) 비구니와 현중사(玄中寺)의 작선(綽禪) 스님은 염불삼매를 익혀서 이를 진리의 극치[眞極]로 여겼다. 아미타불을 염하여 부르고자 할 때는 항상 깨끗한 옷으로 갈아입고, 입에 침향(沈香)을 머금고 온갖 이름난 향을 살라 거처하는 방에 향냄새를 피웠다.

이렇게 3년을 끊이지 않고 했는데 임종할 때 온 절의 사람들 모두 거룩한 무리[聖衆]와 기이한 광명을 보았다. 광명 가운데서 침수향(沈水香)을 맡고 바로 목숨을 마쳤다.

오늘 이 도량의 동업대중이여, 위와 같이 비구니 스님들의 왕생을 설하였으니, 오늘날 비구니들은 마땅히 발원해야 한다.

"항상 삼보에 귀의하여 받들고 항상 다섯 가지 장애[五障]를 제멸하리라."

정심(精心)으로 관상하면 오래지 않아 부처님을 보고 이 업보신이 다하면 반드시 왕생할 것이니, 다 같이 지극한 마음으로 오체투지하여 세간의 대자비하신 부처님께 귀의하라.

오장국의 왕이 부처님을 뵙고 왕생함

[註] 『왕생전』에서 말하였다.

오장국의 왕이 왕의 업무[萬機]를 보던 여가에 군신들에게 말하였다.

"짐이 인주(人主)이긴 하지만 생로병사와 무상의 괴로움과 육취에 윤회함을 면하지 못한다. 여기에 무슨 귀천의 구분이 있겠는가. 들으니 서방에 불국(佛國)이 있다 하는데 그곳에 정신이 깃들도록 서원하겠다."

이로부터 밤낮으로 정근하여 염불하고 도를 닦고 보시를 널리 행하여 중생을 이익되고 안락[利樂]하게 하였다. 매일 100명의 스님에게 재(齋)를 베풀었는데 왕과 왕후가 친히 음식을 날랐고, 때때로 이름난 스님을 청하여 묘한 법[妙法]을 청하여 들었다.

이렇게 30여 년을 오로지 정진하여 폐지하지 않았다. 하루는 궁중에 아미타부처님께서 나타나시고 서방의 성중들이 맞이하러 왔는데 상서로운 일이 하나 둘이 아니었다. 왕이 기쁜 얼굴빛으로 단정하게 앉아서 시멸(示滅)하였다.

학사 장항이 대비심주 10만 번 수지하여 왕생함

[註] 『왕생전』에서 말하였다.

진(晋)의 한림학사(翰林學士) 장항(張抗)은 평생 적선하고 불문(佛門)을 믿고 존중하였다.

대비심주(大悲心呪) 십만 번을 과제로 삼아 서방정토에 태어나기를 서원하였다. 과제를 마치자 나이 육십이 지났는데 홀연히 병들어 누워 아미타불만을 염하여 부르면서 가인(家人)에게 말하였다.

"서방정토는 원래 당옥(堂屋)에 있을 뿐이다. 서간(西間)의 안에 아미타불께서 연화대 위에 앉아 계시고 옹아(翁兒)가 연화지(蓮花池)에 있는데, 금으로 된 연못에서 부처님께 예를 올리며 즐겁게 지내고 있다."

말을 끝내고 염불하면서 목숨을 마쳤다. 옹아는 손자의 이름인데 방년 32세에 죽었다.

진나라 유유민이 마정수기를 받고 왕생함

[註] 『왕생전』에서 말하였다.

동진(東晉)의 일사(逸士) 유정지(劉程之)의 자는 중사(仲思)요, 호는 유민(遺民)이다.

원공[遠公: 혜원 스님]에게 의지해서 함께 정토를 수행하고 좌선에 전념하여 관상법(觀想法)을 하였다. 바야흐로 반년이 지나자 삼매 가운데서 부처님의 광명이 비추고 땅이 모두 금색이 되는 것을 보았다. 산에 15년을 거처하였는데 말년에 또 부처님을 상념(想念)하던 중에 아미타불신에서 자금색의 백호광명을 비추고, 손을 드리워 그 방에 임하시는 것을 보았다.

정지(程之)가 위로를 받고 다행으로 여겨서 그 자비로움에 눈물을 흘리며 스스로 진술하여 말한다.

"어떻게 여래께서 저를 위해 이마를 만져주시고 옷으로 덮어주실 수 있습니까."

부처님께서 이에 그 이마를 만져주시고 가사를 가져다가 덮어주셨다.

다른 날에 상념하던 중 또 몸이 칠보로 장식된 큰 연못에 들어가는 것을 보았다. 연꽃이 맑고 깨끗한데 그 사이에 있는 물은 담담해서 가이없는 것 같았다.

언덕에 한 부처님께서 계셔서 목에는 원광(圓光)이 있고, 가

슴엔 만자(萬字)가 있는데 연못물을 가리키며 말한다. "8공덕수(功德水)이니 마셔라" 하자, 정지가 그 물을 마시니 감미로움이 입에 넘쳤다.

깨어났는데도 도리어 기이한 향기가 털구멍[毛孔]에서 나는 것 같았다. 이에 말하였다.

"정토의 연이 이르렀다."

여산의 모든 승려들이 와서 모였고 정지가 불상 앞에서 향을 살라 재배(再拜)하고 축원하였다.

"석가여래의 남기신 가르침[遺教]이 있었기 때문에 아미타부처님께서 계신 줄 알았습니다. 이 향을 먼저 석가여래께 공양합니다. 다음에 아미타부처님께 공양 올리고, 다시 법화회중의 불보살님께 공양올리고, 시방의 모든 불보살님들께 공양합니다. 원하건대 모든 중생으로 하여금 다 함께 정토에 태어나도록 해주십시오."

축원을 마치고 대중들에게 이별을 말한 다음 서쪽을 향해 단정하게 앉아서 손을 거두어 들이고 기절(氣絶)하였는데 나이 59세였다.

청신사 목경이 깃발을 잡고 왕생함

[註] 『왕생전』에서 말하였다.

당나라의 청신사 정목경(鄭牧卿)은 형양(滎陽) 사람이다. 집안 전체가 부처님을 받들어 모셨으며 모친과 자매와 함께 서방정토에 태어나길 기도하였다.

개원(開元) 2년에 이르러 병에 걸려 위독해지자 의원과 동도(同道)들이 모두 권유하여 말하였다.

"어육을 먹어서 마른 몸을 회복시킨 후에 정계(淨戒)를 수지(修持)해도 되지 않겠는가."

목경이 말한다. "슬프다. 이 부생과 같은 몸이 훈예(葷穢)를 먹어서 낫는다 해도 끝내는 마멸된다. 부처님께서 금하신 것을 받들지 않고 이 미미한 목숨을 아껴서 무엇하겠는가."

하고는 굳게 허락하지 않고 불사를 근엄하게 지키면서 손으로 깃발과 다리 달린 향로를 잡고 일심으로 아미타불을 염하여 불렀다.

다시 이렇게 말했다.

"대장부 일심으로 퇴전치 않겠으니, 원컨대 서방정토에 태어나길 바랍니다." 하고는 엄연(奄然)히 먼 길을 갔다.

기이한 향기가 정원에 가득 차서 인근 마을 사람들이 모두 알았으며, 삼촌이 꿈에서 보배연못에 꽃이 피고 목경이 합장하여 위로 오르는 것을 보았는데 당시의 나이 59세였다.

방저가 다른 사람에게 왕생을 권해 명부를 감동시킴

[註] 『미타감응도(彌陀感應圖)』에서 말하였다.

당나라 방저(房翥)는 경조(京兆) 사람이다. 갑자기 죽어서 저승[陰府]에 이르러 염라왕을 뵈었다. 왕이 말하였다.

"명부를 조사해보니 그대가 일찍이 한 노인에게 염불을 권하여 이미 정토에 왕생하였다. 그대도 이 복으로 또한 정토에 태어날 것이다. 그래서 불러와서 서로 만나게 해주는 것이다."

방저가 말하였다.

"먼저 『금강경(金剛經)』만 번을 독송하고 오대산을 순례하도록 허락해 주십시오. 아직 정토에 왕생하고 싶지 않습니다."

왕이 말하였다.

"경을 독송하고 오대산을 순례하는 것이 진실로 좋은 일이긴 하지만 일찍 정토에 태어나는 것만 못하다."

왕이 그 뜻을 바꿀 수 없음을 알고 다시 방면해 주었다. 이로써 알 수 있는 것은 다른 사람에게 정토수행을 권하면 서방에 왕생할 뿐만 아니라 유명(幽冥)까지도 감동시킨다는 것이다.

송나라 소희문이 꿈에서 신이하게 노닐고 급제하다

[註] 『용서문(龍舒文)』에서 말하였다.

진강(鎭江) 소표(邵彪)의 자(字)는 희문(希文)이니 아직 급제하지 못한 사인(士人)이었다.

어느 때 꿈속에서 한 관부(官府)에 이르렀는데 사람들이 모두 안무사(安撫使)라고 불렀다. 소표가 스스로 기뻐하면서 말하였다.

"아마도 내가 급제한 후에 안무사가 되는 것이 아닐까."

앞으로 더 나아가서 한 관원을 만났는데 그가 물었다.

"그대는 그대가 급제하지 못하는 원인을 아는가?"

모른다고 대답하니 그가 소표를 이끌고 가서 참조개[蛤蜊]를 삶는 큰 솥을 보여 주었다.

조개들이 소표를 보더니 사람소리를 내어 소표의 성명을 부르짖었다. 소표가 바로 아미타불을 염하여 불렀다. 염불 1성(聲)에 조개들이 모두 황작(黃雀)으로 변하여 날아갔다. 소표가 그 후에 정말로 급제하여 벼슬이 안무사에 이르렀다.

이를 통해 알 수 있는 것은 살생은 사람의 앞길을 가로막으므로 경계하지 않아서는 안 된다는 것이다. 또 알 수 있는 것은 부처님의 힘은 광대무변하므로 공경하지 않아서는 안 되며, 관직은 본래 분수가 정해져 있어서 억지로 구할 수 없다는 것이다.

참군 중회가 의문점을 묻고 왕생함

[註] 『왕생전』에서 말하였다.

왕중회(王仲回)는 광주(光州)의 사사참군(司士參軍)이었다. 무위군(無爲郡) 사람들이 본군(本郡)의 수리(水利)시설을 해달라고 진술하므로 대사농(大司農)이 그 실정을 알고 조정에 은혜를 내려줄 것을 청했는데 이 명령이 있자 그가 갔다.

사람이 신후(信厚)하여 일찍이 다른 사람과 장단점을 비교하지 않았다. 천의회(天衣懷) 선사(禪師)가 철불도량에 주석하고 있을 때에 일찍이 청문(請問)했으며 향리 사람들이 선인(善人)이라고 칭찬하였다. 이윽고 정토를 믿기로 마음을 먹었는데 다만 깊은 마음[深心]을 갖추지 못했을 뿐이었다.

원우(元祐) 초에 이르러 나에게 질문하여 말하였다.

"경전에서는 대개 아미타불을 염하면 정토에 태어난다고 가르치는데, 조사들은 마음이 바로 정토이니 새삼 정토에 태어나는 것이 필요 없다고 합니다. 그 가르침이 같지 않은 것은 무엇 때문입니까?"

답하였다.

"실제의 이지(理地)에 있어서는 부처도 없고 중생도 없으며, 낙도 없고 고도 없고 수요(壽夭)도 없다. 또 무슨 정예(淨穢: 맑음과 더러움)가 있겠으며, 어떻게 마음이 생한다 불생한다 하겠는가. 이것은 이치로 실제 현상을 부정[奪]하는 것이다.

그러나 이 세계에 처해 있는 사람은 중생인가, 부처인가. 만약 이곳이 불경계(佛境界)라면 중생이 아니니 또 무슨 고락·수요·정예가 있겠는가.

시험삼아 스스로 잘 생각해보라. 혹 중생의 경계를 아직 벗어나지 못했다면, 어찌 교전을 믿고 지심으로 아미타불을 염하여 정토왕생을 구하지 않을 수 있는가.

청정하면 더러움이 없고, 즐거우면 괴로움이 없고, 수명을 누리면 요절함이 없다. 무념(無念) 중에서 망념을 일으키고, 생사가 없는 가운데 생을 구하는 것은 실제현상으로 이치를 빼앗는 것이다. 그러므로 『유마경(維摩經)』에서 말하기를, '비록 모든 불국토와 중생이 공한 줄 알지만 항상 정토문을 수행하여 군생을 교화한다'고 한 것이다."

또 물었다. "어떻게 해야 간단(間斷: 끊어짐) 없이 염불할 수 있습니까?"

대답했다. "한 번 믿은 후에 다시는 의심하지 않는 것이 불간단(不間斷)이다."

사사(司士)가 뛸 듯이 기뻐하면서 돌아갔다.

원우 이 년 12월 초하루 저녁이었다. 내가 단양군(丹陽郡)의 태수로 있었는데 홀연히 꿈속에서 사사(司士)가 말하였다.

"지난번에 지시해주신 은혜를 입어 지금 이미 왕생을 얻었습니다. 특별히 찾아와서 감사를 표합니다." 하고 두 번 절하고 물러갔다.

이튿날 단도령(丹徒令) 진안지(陳安止)를 불러 그 꿈을 말해주었는데 진령(陳令)이 정토문을 깊이 믿기 때문이었다.

그 후 수일이 지나서 사사의 아들인 진사 술애계(術哀計)를 만났는데 믿을 만한 일임을 알았다. 또 들으니 사사는 죽기 7일 이전에 시각이 이르러 옴을 미리 알고 향리의 친구들에게 작별을 했다고 하였다. 나의 동생 오(仵)도 또한 그 자리에 있었는데 여러 차례 감사하다는 말을 하는 것을 보았다고 하였다. 그렇다면 사사는 결정코 정토에 태어난 것이다.

원우(元祐) 4년 4월 8일 무위(無爲) 양걸(楊傑)은 쓴다.

오늘 이 도량의 동업대중이여, 위에서와 같이 남중(男衆: 우바새)들이 왕생한 것을 설하였으니 지금 사대부들은 마땅히 스스로 다음과 같이 생각해야 한다.

"광음은 신속하고 환신(幻身)은 보존하기 어렵다. 매일 아침 경각의 여가에 서방정토의 법문을 수행하는 것 만한 것이 없다."

서방정토의 법문을 수행하면 현세에서는 재앙을 소멸시킬 수 있고 몸이 죽은 다음에는 다시는 괴로운 갈래[苦趣]에 태어남이 없다.

만약 대보리심을 발하고 이로써 나아가 다른 사람을 교화하면 그 복의 과보를 어찌 쉽게 헤아릴 수 있겠는가. 몸이 죽은 후에 반드시 정토에 왕생할 수 있을 것이니, 다 같이 지극한 마음으로 오체투지 하여 세간의 대자비하신 어버이께 귀의하라.

수나라 문제의 황후가 기이한 향기를 내며 왕생함

[註] 『왕생징험전(往生徵驗傳)』에서 말하였다.

수나라 문제(文帝)의 황후는 비록 왕궁에 거처했지만 여인의 몸[女質]을 깊이 염리(厭離)하여 항상 아미타불을 염송하였다. 임종할 때에 이르러 기이한 향기 공중으로부터 와서 방안을 가득 채웠다.

문제가 사제(闍提) 삼장(三藏)에게 물었다.

"이것이 무슨 상서입니까?"

대답했다.

"서방에 명호가 아미타인 부처님께서 계시는데 황후께서 정업(淨業)이 고신(高神)하시니, 저 국토에 태어나실 것입니다. 더욱이 성인의 가르침은 분명하여 의심할 것이 없습니다."

형왕 부인이 선 채로 천화하여 왕생함

[註] 『용서문(龍舒文)』에서 말하였다.

형왕 부인이 원우(元祐) 연간에 비첩(婢妾)들과 함께 서방정토에 왕생하고자 정진수행하였는데 유일하게 한 사람의 첩이 게으름을 피워서 부인이 쫓아냈다.

그 첩이 후회하고 깨우친 바 있어 정진을 오래 하고는 다른 첩에게 말하였다.

"내가 오는 밤에 서방에 왕생하리라."

이날 밤 기이한 향기가 방을 가득 채우더니 아픈 데도 없이 목숨을 마쳤다.

다음날 함께 수행하던 첩이 부인에게 말하였다.

"어젯밤 꿈에 화거(化去)한 첩이 거처를 부탁하면서 말하기를 '부인이 가르치고 책망해준 덕분으로 서방정토업을 닦아서 이제 왕생하게 되었으니 그 은덕에 감개무량합니다'라고 하였습니다."

부인이 말하였다.

"나에게도 꿈을 꾸게 해야 믿으리라."

그날 밤에 부인이 꿈에서 요망한 첩[亡妾]을 보았는데 감사를 표하는 것이 앞에서 말한 것과 같았다.

부인이 물었다.

"서방에 갈 수 있겠느냐?"

첩이 대답했다.

"갈 수 있습니다. 저를 따라오기만 하십시오."

부인이 따라서 광대한 연못을 보니 홍련화·백련화가 피어 있는데 크고 작은 것 사이에서 어떤 것은 싱싱하고 어떤 것은 시들고 갖가지여서 같지 않았다.

부인이 물었다.

"무엇 때문에 이와 같느냐?"

첩이 대답했다.

"이것은 모두 세간에서 일념을 발하여 서방정토업을 수행하는 사람들입니다. 일념을 발하자마자 연못에 바로 연꽃 한 송이가 피어납니다. 만약 서원하는 마음으로 정진하면 꽃이 하루하루 싱싱하게 피어나서 큰 것은 수레바퀴처럼 됩니다. 만약 서원하는 마음이 물러나면 꽃은 하루하루 시들어서 소멸하게 됩니다."

그 다음에 연꽃 위에 앉아 있는 한 사람을 보니 그 옷이 표표하게 흩날리고 보관(寶冠)과 영락(瓔珞)으로 그 몸을 장엄하고 있었다. 부인이 누구냐고 물으니 첩이 양걸(楊傑)이라고 대답했다. 또 한 사람이 연꽃에 앉아 있는 것을 보았는데 첩이 말하길 마우(馬玗)라고 하였다.

부인이 물었다.

"나는 어느 곳에 태어나느냐?"

첩이 인도하여 몇 리를 가니 멀리 한 금단(金壇)이 있는데 금이 푸르게 빛나는 것이 보였다.

첩이 말하였다.

"이곳이 부인께서 화생할 곳이니 상품상생입니다."

부인이 깨어나고 나서 양걸과 마우가 있는 곳을 방문해 보니 양걸은 이미 죽었고 마우는 무고하였다. 이로써 정진하여 물러나지 않는 사람은 비록 몸은 사바세계 안에 있어도 그 정신은 이미 정토에 가 있다는 것을 알 수 있다.

후에 부인이 생일에 향로를 잡고 향을 사르면서 관음각(觀音閣)을 바라보며 서 있다가, 자손인 방구(方具)가 수명을 누리라는 의식을 올리는데 이미 선 채로 숨을 거두었다.

부인 풍씨가 병이 나아서 왕생함

[註] 『용서문』에서 말하였다.

풍씨 부인(馮氏夫人)의 이름은 법신(法信)이며 소사(少師)를 추증받았는데 휘(諱)는 순지(詢之)이다.

부인이 진선사(陳宣使)에게 시집을 갔는데 진선사가 사랑하고 공경하였다. 어려서부터 병이 많았는데 시집가고 나서 병이 더욱 심해졌다. 의사가 치료할 수 없다고 하자, 자수심(慈受深) 선사를 찾아뵙고 병을 치유하는 방법을 물으니 심 선사가 청정하게 지재(持齋)하고 송불(誦佛)하라고 시켰다.

부인은 훈혈(葷血)과 화려하게 장식된 옷을 모두 버리고 나서 탑을 청소하고 시방정토에 왕생하고자 전념하였다. 가고 앉고 말하고 침묵하고 움직이고 고요한 것 모두에 서방정토를 염하였다. 그리하여 한 찰나에 털끝만큼이라도 선한 생각이 일어나면 물을 뜨고 꽃을 바쳐 송경(誦經)과 행도(行道)를 한결같이 하였다.

이로써 서방으로 가는 진량(津粮)을 삼아 십 년간 나태함을 용납하지 않자, 마음이 안정되고 몸이 건강해졌으며 신기(神氣)가 왕성해져서 사람들이 모두 존경하였다.

하루는 홀연히 게송을 써서 말하였다.

연을 따라 업 지음이 그 몇 해인고.
늙은 소가 헛되이 밭을 갈았네.
신심(身心)을 거두어 일찍 돌아갔으면
사람들에게 콧구멍 뚫림은 면했을 것을.

족당(族黨)이 괴이하게 생각하자 부인이 말하길 "가면 서방으로 가는데 무슨 괴이함이 있으랴" 하고는 이내 병들어 누웠는데 미미한 천식(喘息) 기운이 있었다. 홀연히 눈을 크게 뜨고 일어나 말하였다.

"나의 정신이 정토에서 노닌다. 면전에서 아미타불께 예를 올리는데 왼쪽에는 관음보살께서 계시고 오른쪽에 대세지보살께서 계시며, 돌아보니 백천만억의 청정한 불자들이 머리를 조아려 내가 이 국토에 와서 태어남을 경축해주고 있다. 궁전과 숲과 연못[沼]에서 나오는 광명이 신기하고 아름다워서 『화엄경(華嚴經)』과 『십육관경(十六觀經)』에서 설한 것과 동일하다."

다음날 편안하게 숨졌고 집안 사람이 미묘한 향내음을 맡았는데 인간 세계의 것과 같지 않았으며 3일이 지나서 다비를 하였는데 시체는 살아있는 것과 같았다.

관음현군의 시녀가 왕생함

[註] 『용서문』에서 말하였다.

관음현군(觀音縣君)의 성은 오씨(吳氏)이며 그의 남편인 도관원외랑(都官員外郞) 여굉(呂宏)도 또한 불교의 이치를 깨달아서 부부가 각각 재계(齋戒)하고 정진수행하였다.

오씨에게 두 시녀가 있었는데 그들도 또한 훈혈(葷血)을 끊고 부지런히 힘써서 훌륭한 업을 도왔다. 그 중 한 시녀가 자못 선리(禪理)를 좋아하였는데 병이 들어서도 기쁜 듯이 웃고 말하며 숨졌는데 매미가 허물을 벗는 것과 같았다.

그 중 한 시녀는 계율을 받들어 고행을 하였는데 어떤 때는 한 달 내내 먹지 않고 하루에 물만 마시는데 오씨가 송주하는 관음정수(觀音淨水) 한 잔을 마실 뿐이었다.

홀연히 금련봉족(金蓮棒足)이 셋 달린 것을 보았는데 수일이 지나자 그 무릎이 보이고, 또 수일이 지나자 그 몸이 보이고, 다시 수일이 지나서 그 면목(面目)이 보였다.

그 가운데 아미타불께서 계시고 좌우측에 관음·세지께서 계시었다. 당(堂)과 전(殿)과 국계(國界)가 밝아 마치 손바닥을 가리키는 것과 같아서 그곳이 정토임을 알았다. 그 자세한 것을 물으니 "그곳에는 모두 청정한 남자들만 즐거이 노닐면서 경행하고 여인은 없다."고 하였다.

또 "그 부처님은 무엇을 설법하는가?" 하고 물으니, 대답하기를, "나는 천안은 얻었지만 아직 천이(天耳)를 얻지 못했기 때문에 다만 묻고 대답하고 지시하고 돌아보는 것만 볼 뿐 그 설법하는 것은 듣지 못한다.”고 하였다. 이와 같은 것이 삼년 동안 일찍이 눈앞에 한 순간도 나타나지 않은 때가 없었는데 홀연히 병이 들었고 스스로 말하기를 왕생한다 하면서 목숨을 마쳤다.

오씨는 영감(靈感)이 있는 관음을 모셨는데 항상 정실(淨室)에 가마솥과 장군[缶]을 수십 개 줄지어 세워두고 물을 가득 채워두었다.

손으로 양지(楊枝)를 잡고 송주를 하면 반드시 관음이 놓은 광명이 가마솥과 장군 속으로 들어가는 것이 보였는데 환자가 그 물을 마시면 문득 치유되었다.

송주를 한 물은 몇 년을 두어도 썩지 않았고 대한(大寒)에도 얼지 않았으므로 세상에서 관음현군(觀音縣君)이라고 불렀다.

청신녀 양씨가 눈이 밝아져서 왕생함

[註] 『왕생전』에서 말하였다.

당나라의 청신녀 양씨는 괄주(括州) 사람이다. 숙세의 재앙으로 나면서 두 눈이 모두 보이지 않았는데 스님을 만나 염불을 하도록 권유받았다.

한 번의 가르침을 듣고 마음이 계합하여 정념이 상속되었다. 그런 지 3년 후에 두 눈이 환하게 열려서 다시는 티끌만큼도 가리는 것이 없었다. 질환이 나은 뒤에도 부지런히 간절하게 정진하였다.

정관 3년 2월 중에 이르러 알리지 않았지만 스스로는 업보신이 다하여 임종 때가 되었음을 알았다. 마을 사람들 모두 아미타불과 여러 보살대사들이 깃발과 꽃을 들고 내려와서 맞이하는 것을 보았고 마침내 세상을 떠나 목숨을 마쳤다.

온문정의 아내가 어버이에게 하직하고 왕생함

[註] 『왕생전』에서 말하였다.

당나라 병주(幷州) 진양현(晋陽縣)의 온문정(溫文靜)의 아내는 선천적인 질환으로 반신불수여서 침상에 누워 지냈다.

그 남편이 말하였다.

"하루종일 누워 있으면서 무엇 때문에 염불하지 않는가?

그 아내가 물었다.

"어느 부처님을 염하지요?"

남편이 말하였다.

"아미타불을 염하도록 하시오."

아내는 가르침을 받들어 2년 동안 정진하여 뜻이 끊어지지 않게 하니 죄장이 소진되었고 아미타부처님께서 현전하여 금색광명을 환하게 비추시니 모두가 이 성스럽고 신묘한 일을 보았다.

이때에 서럽고 부끄러운 생각이 들어 그 남편에게 지극히 감사하면서 말했다.

"오랫동안 병이 들어 고뇌와 환난이 적지 않았지만 가르쳐 주신 염불의 은혜를 입어 특수하고 기이한 감응을 보았으니, 후일 업보가 다하면 저 국토에 왕생할 것입니다. 청컨대 부모형제와 모든 친척들에게 음식을 베풀어 이별할 수 있도록 해주십시오."

문정이 처음에는 믿기지 않았지만 한 번의 소청이라 시험삼아 친척과 손님을 모았다. 재(齋)가 끝나자 신녀가 작별의 말을 하였다.

"지금 부처님의 뒤를 따라 서방으로 왕생합니다. 바라건대 부모님과 친척권속들도 부지런히 마음으로 염불하여 후에 와서 왕생하십시오. 염불 일문(念佛一門)의 공덕은 불가사의 합니다."

말을 마치자 곧바로 서쪽을 향해 정좌하여 스스로 부처님의 명호를 염하여 불렀고 온 가족이 함께 염불하면서 부처님이 오셔서 맞이하시는 것을 보는 가운데 적연히 목숨을 마쳤다.

조범행파가 부처님을 기다리게 하고 왕생함

[註] 『왕생전』에서 말하였다.

조행파(姚行婆)는 상도(上都) 사람이다. 범행파(范行婆)가 권하므로 아미타불을 염하여 임종할 때 부처님께서 맞이하러 오시는 것을 보았다.

이에 말하였다.

"아직 범행파에게 작별을 하지 않았습니다. 청컨대 부처님께서는 잠시만 머물러 주십시오."

서로 인사하는 동안 부처님께서 허공에 계시면서 기다렸으며 범행파가 손에 향로를 잡고 엄연하게 숨을 거두었다.

세자동녀가 모친에게 왕생을 권함

[註] 『법원주림(法苑珠林)』에서 말하였다.

동녀(童女) 송조(宋朝)와 위세자(魏世子)는 양군(梁郡) 사람이다. 부자(父子) 3인이 함께 서방정토업을 수행하였는데 유독 그 처만 수행하지 않았다. 동녀가 열네 살에 죽어 7일 후에 다시 돌아와 어머니께 말씀드렸다.

"이 여아는 서방에 왕생하였습니다. 아버지와 형제[父兄]도 이르렀고, 이미 연화대가 있으므로 후에 화생할 텐데 유독 어머니의 연화대만 없습니다. 여아가 잠시 돌아와 수행의 과보를 보여드립니다."

후에 모친이 여아의 가르침에 의지하여 날마다 아미타불을 염하여 불렀고 네 사람이 모두 안양(安養: 극락)에 왕생할 수 있었다.

오늘 이 도량의 대중이여, 위에서와 같이 여중(女衆: 비구니)의 왕생을 설하였으니 오늘날 비구니 스님 된 이들은 마땅히 다음과 같이 스스로 생각해야 한다.

"부처님 말씀에 의거하면 욕심이 중한 사람이 부녀의 몸을 받는다고 하였다. 이미 선업을 짓지 않았는데 만약 자성하지 않고 다시 질투하고 탐욕을 부리면 업연이 더욱 깊어지니 과보가 가히 두렵다."

만약 능히 마음을 돌려 참회하고 잘못된 생각을 끊어서 비첩을 인자하게 대하고 위아래 사람에게 온화하게 예를 갖추

며 항상 아미타불을 염하여 부르면 결정코 극락세계에 태어
나며, 만약 나아가 친척과 비첩을 교화하면 그 복이 무궁하
여 반드시 상품에 왕생할 것이니, 다 같이 지극한 마음으로
오체투지하여 세간의 대자비하신 부처님께 귀의하라.

경문을 쓰고 배우며 독송 수지하면
생각마다 부처님을 친견하게 되므로
공덕은 헤아리기 어렵다.
화엄경에 이르길, "모든 공양 중에 법공양이
제일이니라(諸供養中 法供養最)"라고 하였다.
-반주삼매경 심요

계를 범한 웅준이 갑자기 죽어서 왕생함

[註]『왕생징험전(往生徵驗傳)』에서 말했다.

당나라 석웅준(釋雄俊)은 성도(城都) 사람이다. 강설을 잘했으나 계행을 지키지 않아서 시주와 이익을 얻은 것을 법답지 않게 사용했다. 또 일찍이 환속하여 군대에 들어가 살육을 하고, 재난을 피해 달아나서 승려 무리[僧中]로 들어왔고, 대력(大曆) 연중에 갑자기 죽어서 염라왕을 만났는데 지옥으로 들어가라는 판결을 받았다. 웅준은 소리높여 말했다.

"웅준이 만약 지옥에 들어가면 삼세제불이 망어를 한 것이 됩니다.『관경(觀經)』에서 말하기를 '하품(下品)에 태어나 오역죄를 지은 자라도 임종할 때 십념을 하면 왕생할 수 있다' 하였는데 웅준은 오역죄를 짓지도 않았고, 염불로 말하면 그 헤아릴 수를 알 수 없습니다."

말을 마치자 서방정토에 왕생하여 대(臺)를 타고 숨을 거두었다.

닭을 파는 종구가 염불하여 왕생함

[註] 『왕생전』에서 말하였다.

장종구(張鍾馗)는 동주(同州) 사람이다. 닭을 파는 것을 업으로 삼았다.

영휘(永徽) 원년에 임종에 이르러 군계(群雞)가 집의 남쪽에 모이는 것을 보았다. 홀연히 한 사람이 붉은 비단으로 된 수건을 두르고 나타나 닭을 쫓으면서 '쪼아라, 쪼아라' 하고 외쳤다. 그 닭들이 네 번씩 교대로 쪼았는데 양쪽 눈에서 피가 흘러나와 침상에까지 흘렀다.

괴로워하고 있을 때 보광사(普光寺)의 스님 도령포(導令鋪)를 만나 성상(聖像)에 아미타불을 염하여 부르다가 홀연히 기이한 향내음을 맡고 엄연(奄然)히 숨졌다.

소잡는 사람 선화가 십념하여 왕생함

[註] 『왕생전』에서 말하였다.

당나라의 장선화(張善和)는 소잡는 것을 업으로 삼았다. 임종할 때에 소 여러 마리가 사람소리를 내면서 "네 놈이 나를 죽였지" 하는 것을 보았다.

선화는 크게 공포심을 느껴 아내에게 말하였다.

"급히 스님을 청하여 나를 구해주오."

스님이 와서 말하였다.

"『십육관경(十六觀經)』에서 말하기를 '만약 사람이 임종할 때 지옥상(地獄相)이 나타나도 지극한 마음으로 나무아미타불을 열 번 염하여 부르면 즉시에 정토에 왕생한다'고 하였습니다."

선화는 향로를 찾을 겨를도 없이 왼손으로 불을 잡고 왼손으로 향을 들어 서쪽을 향해 전심으로 간절하게 염불하였는데 십성을 채우기도 전에 말하였다.

"나는 아미타불께서 서쪽으로부터 오시어 나와 함께 보좌(寶座)에 앉아 계시는 것을 보았다."

이 말을 마치고 목숨을 마쳤다.

원귀를 본 중거가 급히 칭념하여 왕생함

[註] 『용서문(龍舒文)』에서 말하였다.

중거(仲擧)의 성(姓)은 진(陳)이고 또 이름은 선(仙)인데 용서군(龍舒郡) 망강(望江) 사람이다. 일찍이 잘못하여 살인을 하였는데 후에 원귀(冤鬼)가 나타났다. 선(仙)이 두려워하면서 급급하게 아미타불을 염하여 부르니 귀신이 감히 중거를 가까이하지 못했으며 염불이 끝나지도 않아서 귀신이 사라졌다.

그 후에 항상 염불하여 임종할 때 앉아서 화거(化去)하였다. 반년 후에 본가(本家)의 손녀인 묘광(妙光)에게 부(附)하여 말하길 "나는 아미타불을 염하였기 때문에 이미 극락세계에 왕생하였다."라고 하는데 거동과 언어도 평소 살아있을 때와 마찬가지였다. 친척들이 서로 알고 모두 찾아와서 보았다.

이·삼일째에 이르러 집안 사람이 말하였다.

"안타깝구나. 네가 살아 있을 때에 일찍이 귀신을 기꺼이 공양하라고 하지 않았다."

그러자 중거가 몸을 나타냈는데 엄연하여 평소 살았을 때와 같은데 다만 얼굴에 조그만 얼굴 덮개를 두르고 있었다. 서방에서는 장생(長生)하므로 부처님의 나계(螺髻)처럼 머리가 늙지 않는다고 하는데 망강 사람 주헌숙(周憲叔)이 왕일휴(王日休)에게 말해준 것이다.

혹이 나는 병에 걸린 오경이 일성에 왕생함

[註] 또 임안부(臨安府)에 인화(仁和) 오경(吳瓊)이 있었는데, 오경은 먼저는 스님이었다가 후에 환속하여 전처와 후처 두 아내를 얻었는데 그 둘을 앞혀놓고 고기를 잡고 술을 마시면서 하지 못하는 것이 없었다.

항상 다른 사람과 함께 요리를 하면서 오리와 닭 등을 죽일 때마다 손에 잡고 아미타불을 부르게 하였으며, "너는 이 몸을 벗어나서 좋겠다." 하고는 드디어 죽이고 연속해서 여러 번 아미타불을 염하여 불렀다. 고기를 자를 때마다 한편으로는 고기를 자르고 한편으로는 아미타불을 염하여 부르며 항상 염하여 부르는 것을 그만두지 않았다. 마을 사람들에게 경을 염송하고 참법(懺法)을 닦게 하였고 다른 사람에게 아미타불을 염하라고 권하였다.

후에 눈에 닭과 같은 혹이 생겼는데 이것을 크게 근심하고 공포를 느껴 초암(草庵)을 하나 짓고, 그 처자를 분산시킨 다음 주야로 염불하고 참법을 닦았다.

소흥(紹興) 23년 가을에 마을 사람들에게 말하기를 "오경이 내일 술시에 죽는다."고 하니, 사람들이 모두 비웃었다. 가지고 쓰던 그릇과 발우와 솥을 모두 다른 사람에게 주고 다음날 늦게 도우(道友)인 행파(行婆)에게 말하였다. "경이 떠날 때가 거의 이르러 왔다. 나와 함께 큰 소리로 염불하여 서로 돕자" 하고 포삼(布杉)으로 술을 마시고는 즉시에 게송을 써서 말하였다.

> 술처럼 모든 것이 공하구나.
> 선종의 깊은 이치를 묻노라.
> 오늘을 소중히 여길지니
> 명월과 청풍이로다.

단정하게 앉아서 합장하고 염불을 하였는데 일성을 부르자 부처님께서 맞이하러 오셔서 즉시 숨을 거두었다.

오늘 이 도량의 동업대중이여, 이상에서 설한 것과 같이 악업을 짓고 흉한 일을 행하여 원업(寃業)을 지어 병고에 걸려도 또한 왕생할 수 있다. 죄악을 지은 사람에게 권하니 마땅히 그렇게 생각해야 한다.

"나는 평생에 죄악을 많이 지었으니 하루 아침에 눈이 어두워진 후에는 장차 어찌하겠는가."

시급히 참회하고 마음을 돌려 아미타불을 염하여 부르고 이와 같이 대원을 발해야 한다.

"원하건대 제가 부처님을 뵙고 도를 얻은 후에는 태어난 이래로 피해 입은 중생들을 정토에 왕생하도록 모두 제도하겠습니다."

다 같이 지극하고 평등하며 한결같고 간절한 마음으로 오체투지하여 세간의 대자비하신 부처님께 귀의하라.

제3부. 염불법사(念佛法師) 왕생록(往生錄)

송법경 찬술(撰述)

금대를 타고 상품에 왕생한 회옥 대사

이 스님은 지금부터 약 1260여 년 전 당(唐)나라 대주(台州) 땅에 계시던 스님이다. 이 스님께서는 40여 년 간을 오직 정토수행에만 전력을 해오셨다. 그리하여 항상 상품상생(上品上生) 하시길 발원하고 계셨는데, 천보 원년(元年: 서기 742년)이 되던 해 어느 날이었다.

회옥 대사(懷玉大師)께서 여전히 지성껏 염불을 하고 있노라니 홀연히 서쪽으로부터 수많은 성중(聖衆)이 나타나는데, 그 수효는 인도 갠지스강 모래 수와 같이 말할 수 없이 많았다.

이윽고 성중이 자기 앞에 당도했는데, 그 중 한 분이 손에 은연화대(銀臺)를 가지고 와서 회옥 대사에게 바쳤다.

그것을 본 회옥 대사께서 말하기를 "내가 평생에 금연화대(金蓮華臺)를 타고 가기를 원을 세워 염불을 해온 것인데 그 어찌 은연화대가 당할까 보냐" 하시고는, "나는 은대(銀臺)를 타고 가지는 않겠노라"고 하니, 그냥 그대로 은대가 사라져 버리고 성중들도 자취를 감추고 말았다.

은대(銀臺)란 은으로 된 은 연화대를 말함이니 이는 중품에 왕생할 분이 타고 가는 연화대이며, 금대(金臺)란 금으로 된 연화대로서 이는 상품(上品)에 왕생할 분이 타고 가게 되는 것이다. 이러한 까닭으로 회옥 대사께서 은 연화대를 타지 않으시려고 한 것이다.

그리하여 회옥 대사가 생각하기를 자기의 수행이 아직도 상품(上品)에 왕생하기에는 부족한 것임을 아시고는 그날부터는 더 한층 신심을 내어 불철주야(不輟晝夜) 있는 힘을 다하여 지성껏 염불을 모시길 삼칠일(三七日: 21일)을 계속하고 나니 전일에 은대(銀臺)를 갖다 주던 분이 다시 나타나서 하는 말이 "그동안 스님께서 애써 정진하신 공으로 품위(品位)가 높아져서 이제는 상품에 왕생하시게 되었나이다." 그리고는 또 말하기를 "상품에 왕생하는 분은 먼저 부처님을 뵈옵게 되는 것"이라고 말을 마치고는 사라져버리더라는 것이다.

이와 같이 미리 와서 알려줌은 스님의 마음을 위로해 주는 동시에 세상 사람들에게 이러한 사실을 알려 모든 사람들로 하여금 왕생극락을 굳게 믿고 상품을 위하여 애써 정진하게 해주기 위하여 시간적 여유를 갖도록 미리 와서 알려주고 간 것이다.

그리고 얼마 지나지 않아 이상한 밝은 광명이 온 방안을 밝게 비추었다. 그리고 나서 또다시 3일이 지난 후 전일과 같은 그러한 광명이 또 방안을 찬란하게 비추었다.

그래서 회옥 대사는 갈 때가 됨을 아시고는 제자들에게 말하시기를 "앞으로 이상한 향기가 풍기거든 내가 가는 줄을 알라"고 말씀하시었다.

그 다음날이었다.

회옥 대사께서 붓을 들어 글을 쓰시되,

　　맑게 청정해짐에 더러운 때 없어져서
　　연꽃에 화생(化生)하여 연꽃을 부모 삼게 됨이로다

　내가 십겁(十劫)을 지나도록 수도(修道)를 해 왔으나
　괴로운 염부제(閻浮提) 사바세계를 면하지 못함이러니
　일생 염불한 그 공덕으로 십겁(十劫)을 초월하여
　길이 고해(苦海) 벗어나서 왕생극락함을 성취함이로다.

라고 써 마치니 아름다운 향기가 사방에 진동을 하더라는 것이다.

제자들이 보니, 저 서쪽 하늘에 부처님과 두 보살이 같이 금대(金臺)를 타고 계셨다. 금대의 곁에는 수많은 화불(化佛)이 계시는데 서쪽 하늘로부터 차츰 이곳을 향해 내려오더니 회옥 대사 앞에 이르러서는 금연화대 위에다 대사를 태우시니, 대사는 만면(滿面)에 웃음을 띠우고는 홀연히 떠나가시었다.

회옥 대사께서는 두 번 광명의 빛을 받으시고 숙명통(宿命通)이 열리시어 과거 10겁(劫) 전의 일을 환히 알게 되신 것이다. 1겁(劫)이란 소겁(小劫)이 팔백사십만 년이니 십겁이면 팔천사백만 년 전 일을 알게 되신 것이다.

염불삼매 증득하고 선 채로 왕생한 왕치두 스님

왕치두란 본명이 아니고 별명으로서 너무나 어리석어서 '치두'란 이름을 붙이게 된 것이다.

이 스님은 청나라 때 사람으로 직예란 지방에 사시던 스님이시다. 어려서 일찍이 조실부모(早失父母)하여 아무 데도 의탁(依託)할 데가 없어 걸식(乞食)을 하면서 세상을 살아가고 있었다. 그리고 너무나 어리석어서 남의 집 심부름꾼도 할수 없는 처지였다. 그리하여 처음엔 다니면서 얻어먹다가 나중에는 그것마저 하기 싫어서 사람들이 많이 다니는 길가에다 거적때기로 움막을 매고는 행인들에게 한 푼 두 푼 얻어 가지고 겨우 연명(延命)을 해가고 있었다. 사람들이 주는 돈의 액수조차 전혀 몰랐으니, 참으로 불쌍한 아이였다.

그러다가 어떤 스님이 그 광경을 보시고는 불쌍하게 여기시어 절로 데려가서 제자를 삼았으니, 이에 그 스님은 그 지방의 절에 계시는 진 도인(道人)이라는 스님이시다.

그러나 아이는 너무나 우둔하고 어리석어서 아무것도 가르칠 수가 없었으며 또한 일도 어려운 것은 시킬 수가 없었다.

그리하여 공부로는 '아미타불(阿彌陀佛)' 염불을 시키니 그것은 그대로 하기는 하나 그나마도 업장이 두터워서 노상 잠이 와서 조느라고 옳게 하지를 못하였다.

그러자 진 도인께서는 왕치두를 위하여 회초리를 하나 해다

놓고는 졸기만 하면 그 회초리로 때려주면서 하는 말씀이 "네가 업장이 두터워서 그처럼 어리석으면서도 부지런히 염불을 하지 않고 졸고만 있으면 어찌 되느냐"고 꾸지람을 해 주셨다.

그리고 동자승이 하는 일이란 낮으로는 도량 소제(掃除)와 산에 가서 나무를 조금씩 해오는 것이며 밤으로는 부처님께 예배를 드리게 한 것이다. 그와 같이 해나가기를 3년이란 세월이 흘러 이제는 염불을 제대로 잘하게 되었다.

그러던 중 어느 날 저녁에는 염불을 하다가는 크게 웃어대는 것이었다. 그래서 진 도인께서 회초리로 때려주려고 했다.

그런데 전일에는 때리면 그냥 맞고 있었는데 이상하게도 그 날 저녁에는 두 손으로 회초리를 막으면서 하는 말이 "전일에는 스님께서 저를 위하여 때려 주셨지만 오늘 저녁에는 제가 스님을 위하여 한 말씀 해드릴까 합니다."라고 하는 것이었다. 참으로 이상스럽고 의심스러운 것이었다.

그리고는 하는 말이 "스님께서는 18년 간이나 앉아 수행을 하셨으나 아직도 닦는 법을 제대로 모르고 계십니다. 만일 스님께서 아미타불(阿彌陀佛)을 속히 친견하고자 하려면 저와 같이 '노실(努實) 염불'을 하셔야만 할 것입니다."라고 말하였다.

그 말을 들은 진 도인은 놀라지 않을 수 없었으며 또한 어떻게 된 영문인 지 잘 알 수가 없었다. 실은 진 도인께서도 염불수행을 하고 있었으나 아직 아무런 가피(加被)를 못 입고 있는 처지였는데, 왕치두는 삼매(三昧)를 얻어 부처님을 친견하여 지혜안(智慧眼)이 열리게 된 것이었다.

그 이튿날이었다. 왕치두는 전일과 같이 산에 나무를 하러 가더니 종일 들어 오지를 않는 것이었다.

진 도인은 매우 궁금하게 생각하여 들로 찾아보러 나갔지만, 사방을 둘러보아도 보이지를 않는 것이었다. 때는 석양이 지나 어둠이 찾아들 무렵이었다. 저 멀리 언덕에서 서기(瑞氣)가 비치고 있었다.

그곳에 달려가서 보니 왕치두가 있는데 서쪽을 향해서 합장을 하고 서 있었다. 그런데 그 몸에서는 아름다운 광채(光彩)가 빛나고 있었으며 이상한 향취(香臭)가 온 들에 풍기고 있었다. 이 세상에서는 맡아볼 수 없는 아름다운 향기였으며 서있는 모습은 마치 보살의 상호(相好)처럼 거룩해 보이기만 하였다. 왕 치두는 서쪽을 향해 합장하고 서서 그대로 이 세상을 떠나고 만 것이었다.

이 얼마나 장하고 거룩한 모습이 아닌가. 이를 본 진 도인은 자신도 모르게 고개를 숙여 경건한 마음으로 절을 한 것이었다.

그리하여 화장을 하고 나니 백옥 같은 사리가 2과(顆)가 나왔는데 찬란한 광채가 눈이 부시게 빛나고 있었다.

그처럼 어리석고 둔한 분도 염불한 공덕으로 지혜의 눈이 열리게 되었으며, 또한 그와 같은 훌륭한 왕생극락을 하게 된 것이며, 이에 훌륭한 사리까지 나오게 된 것이니 염불공덕이 얼마나 수승하며, 염불의 위신력(威神力)이 얼마나 위대한 것인가를 가히 알 수가 있는 것이다.

이러한 왕치두 같이 어리석고 둔한 분도 염불하여 그처럼 훌륭한 왕생극락을 한 것이어늘, 그 누가 염불하여 왕생극락을 못 하는 사람이 있다고 말할 수가 있을 것인가.

2018.3.12. 무병 좌탈안상 왕생하신 중국 조옥화趙玉華 노보살님(향년 87세).

관상(觀想)과 염불로 왕생한 종탄(宗坦) 스님

이 스님은 지금부터 900여 년 전에 송(宋)나라 정화 때의
스님으로, 속성은 신씨이며 본관(本官)은 노주 예성 사람이
시다.

어려서 일찍이 출가하시어 16세에 그 고을 연상원 절에 도
공 스님의 제자가 되시어 일찍부터 학문을 익혀 글에 아주
능통하셔서 소싯적부터 많은 사람들의 칭송을 받았다고 한
다. 성장해서는 명성이 높은 스님들을 찾아가서 불법의 심
오한 진리를 물어 지견(智見)을 크게 넓히셨다.

그리하여 그 후부터는 많은 스님네들을 위하여 경학(經學)을
가르치셔서 불법에 밝은 안목(眼目)을 열어 주어 많은 지혜
인을 길러 내셨다.

그와 같이 하기를 50여 년 간이나 하시고는 이제는 연만하
시어 강의를 그만두시고는 당등·여예 지방에 가시어 정토
수행에 전력을 하시며 또한 많은 사람들을 교화하시어 정토
법을 펴시니 그 스님에게 법을 배우려고 찾아오는 자가 구
름같이 모여들었다.

종탄 스님께서는 자비가 많으시어 항상 남을 위해 주고자
하였으며 사람들을 위하여 모든 괴로움을 무릅쓰고 지성껏
가르쳐 주셨다. 그와 같이 하여 수많은 사람들을 모두 발심
시켜 정토수행을 하게끔 해놓으시고는 그곳을 떠나 당주 청
대진이라는 곳에 가시어 그곳에 서방정토(西方淨土)로 왕생

극락 하실 것을 맹서하시고는 관상(觀想)과 염불로 전념하시되 신구의(身口意) 삼업(三業)과 행주좌와(行住坐臥) 사의(四儀) 중에 잠시도 쉼이 없이 전력을 다하여 정진을 계속하시면서 또한 대중을 위한 설법을 게을리하지 않으셨다.

그러던 중 정화 4년(서기 1114년) 4월 27일 홀연히 몽중(夢中)에 아미타부처님이 나타나시더니 말씀하시길 "네가 이제 설법할 날도 6일 밖에 남지 않았으니 6일이 지나면 극락세계에 왕생하게 될 것이니라"라고 말씀해 주시고는 사라지셨다.

그리하여 대중에게 고해 말씀하시길 "내가 그동안 왕생극락을 위하여 애써 닦아온 것인데 이제 그 인연이 상응(相應)하게 되어졌음이로다. 이제 앞으로 6일만 지나면 나는 극락세계로 왕생하게 될 것이니라. 부처님께서 오시어 정토에 왕생하게 됨을 알려 주시었으니, 이 어찌 왕생함을 의심할 것이리요. 그러하니 대중들께서도 왕생극락하게 됨을 굳게 믿고서 더 한층 신심을 내어 염불에 전력을 다해 줄 것을 간곡히 당부하노라" 하고 말씀하시고는 그 이튿날에도 전과 다름없이 대중을 위해 설법해 주시고는 여전히 염불에 전념을 하셨다.

어언 6일이 지나가고 5월 4일이 되었다. 새벽 3시경 스님께서 가실 시간이 되심을 아시고는 대종을 쳐서 대중을 모이게 한 후 말씀하시길, "인연이 모였다가 헤어짐에는 마땅히 그때가 있는 것이니라. 나는 이제 정토에 왕생할 수승한 인연의 시각이 이르렀으니 바라건대 대중은 나의 왕생을 도와서 염불을 해줄지어다."라고 말씀하시고는 서쪽을 향해 단정히 앉으시더니 다시 또 게송(偈頌)을 읊으시되,

내 나이 어언간 칠십육이 된지라
사대(四大)가 흩어져 명(命)이 떠날 그때는
극락세계 아미타(阿彌陀) 불전(佛前) 예배하리니
사바고해(娑婆苦海) 영원히 떠나지이다.

라고 말을 마치시고는 그대로 열반에 드시었다.

그 순간 서쪽 하늘로부터 뇌성(雷聲)이 가득히 공중에 울려 퍼지고 흰 구름이 가득히 땅을 덮었다. 3일이 지난 연후에사 뇌성이 끊기고 구름이 걷히었다.

이 스님께서 세상을 떠나심을 천지가 애도하는 상징인 것이다.

그리고 또 한 가지 이상스러운 일이 있으니 종탄 스님께서 생시에 마노(瑪瑙)로 된 염주를 가지고 계시었는데 임종 시에 그 염주를 손에 걸치고 열반에 드셨다는 것이다.

그리하여 대중이 그 염주를 스님의 유물로 모셔 두려고 벗기려 하였으나 요지부동(搖之不動)으로 아무리 애를 써봐도 안 되더라는 것이다.

이는 종탄 스님의 정토에 대한 신념이 그 얼마나 견고한 것이었으며, 그 수행의 집념이 또한 얼마나 견고하셨던가를 세상 사람들에게 보여 주는 것이라고 할 수 있다.

이 스님에 평소의 신념과 수행은 태산(泰山)보다도 더 굳건한 것이었으며 철석(鐵石)보다도 더 단단한 것이었다.

그리하여 열반에 드신 뒤에도 그 기운이 몸에서 떠나지 않고 그와 같은 부사의(不思議)함을 보여 주는 것이니 그 얼마나 장한 수행을 하셨는가를 가히 알 수가 있는 것이며, 3일간이나 뇌성이 계속한 것이며 구름이 걷히지 아니 한 것을 미루어 보더라도 이 스님이 그 얼마나 장하고 훌륭한 분이신가를 가히 알 수가 있는 것이다.

이러한 훌륭하고 장한 스님께서 행하신 수행이 염불수행인 것이니, 이 어찌 염불수행을 하지 않을 것 이리요.

극락에 다녀온 가구(叮久) 대사

송(宋)나라 원우 당시 지금부터 9백여 년 전 스님이시다. 이 스님께서는 법화경을 오래 독송하시어 호를 구법화(久法華)라고 지었다고 한다. 아울러 항상 왕생극락을 발원하며 염불에 전력을 다하여 평생을 닦으셨다는 것이다.

원우 1년(서기 1093년) 81세에 열반에 드시더니 3일 후에 다시 깨어나서 하는 말씀이,

"내가 극락세계를 가서 보니 관무량수경(觀無量壽經)에 말씀해 놓으신 것이며 무량수경(無量壽經)에 말씀해 놓은 것이 하나도 틀림없이 꼭 같은 것이었으며, 특히 내가 다시 온 것은 한 가지 알려주고 갈 것이 있어서 왔으니 다름이 아니고 극락세계에 가서 보니 왕생하는 자 모두 연꽃에 화생(化生)하게 되어 있는데, 나와 같이 정토행을 닦던 분들의 연꽃이 바로 내가 화생한 연꽃 곁에 있음 일러라.

그 중 하나는 금연화대(金蓮華臺)로 된 연화(蓮華)에 「대송나라 성도부 광교원 훈법화」라고 쓰여 있는데 이미 왕생한 자였고, 또 하나는 금연화대로 된 연꽃에 「명주 땅에 손십이랑이 마땅히 이 연꽃에 태어나게 될 것」이라고 쓰여 있는 것이며, 또 하나는 금연화대에 「구법화」라고 써 붙여 있는 것이며, 또 하나는 은대(銀臺)로 된 연꽃에 「명주당 서도고」라고 써붙여 있는 것이어서 그것을 알려주고 가려고 왔음이로다. 이제 나는 다시 극락세계로 가니 후일에 극락세계에

제불여래께서는 그대로 법계신法界身이니,
일체 중생들의 마음 가운데 들어가 계시느니라.
그러므로 그대들의 마음에 부처님을 생각하면
이 마음이 그대로 부처님의 32상과 80수형호이니,
이 마음이 그대로 부처가 되고 이 마음이 그대로 부처님이니라.
제불의 정변지 바다는 마음으로부터 생기나니, 이런 까닭에
일심으로 계념하여 저 아미타부처님과 다타아가도(여래)·
아라하(응공)·삼먁삼불다(정변지)를 자세히 관해야 하느니라.”
- 『정토오경일론』(비움과소통) 중 ‘관무량수경’

서 다시 만나자.”

라고 하시고는 그대로 왕생해 버리셨다.

그 후 5년이 지나 「서도고」라는 분이 앞에 죽으니 온 집안
에 향취(香臭)가 풍기었으며 「손십이랑」은 12년 후에 죽으니
천악(天樂)이 공중에 가득히 울려 퍼졌다.

관음·세지보살 친견하고 왕생한 법지(法智) 대사

이 스님은 연대가 자세하지는 않으나 1,200여 년 전 수(隋) 나라 때 스님이시다.

일찍이 학문에 능통하시어 일체 모든 경전을 다 보시어 대소(大小) 경전에 아주 밝게 통달하셨다고 한다. 그리하여 모든 경학(經學)에 대해서는 그를 짝할 사람이 아무도 없었다 한다. 젊은 시절에는 주로 경전에 대한 깊은 진리를 탐구하셨으며, 노경(老境)에 이르러서부터는 그 모든 경전 중 가장 수승하며 속히 성불할 수 있는 법은 정토법에 더 지남이 없다 생각하시고는 정토수행에 전력을 다 하셨다.

그리하여 새벽 일찍부터 시작하여 밤늦도록 염불에 전념 하시되 공양 시간을 제외하고는 잠시도 쉬지 않고 멈추거나 늦추는 일이 없이 계속하여 정진을 하시기를 7년 간이나 그와 같이 하시었다.

말년에는 천태산(天台山) 국청사(國淸寺)에 들어가시어 모든 반연(攀緣)을 다 끊으시고 오직 일심(一心)으로 염불만을 하셨는데, 상념(想念)이 지극하여 마침내는 관음(觀音) 세지(勢至) 두 보살님이 나타나 보이시더라는 것이다. 그리고 얼마 지나니 관세음보살께서 또다시 나타나시어 천관(天冠)과 보병(寶甁)으로부터 밝은 광명이 나오더니 자기 몸을 밝게 비추어 주더라는 것이다. 이리하여 스님은 당신의 갈 시기가 도래한 것임을 알게 되셨다.

이윽고 스님은 대중과 신도들께 말씀하시기를, "나는 이제 며칠 있으면 이 세상을 하직하고 극락세계로 가게 될 것이니 내가 떠나는데 누가 송별잔치를 해주지 않겠느냐"고 농담 비슷한 말씀을 하셨다.

대중들은 농담으로 하시는 말로만 알고는 "잔치야 해드리고 말고요 여부(與否)가 있겠습니까만은 스님께서 그와 같이 하실는지가 의문이지요" 하고는 서로가 웃어버리고 말았다.

그리고 3일이 지난 후에 대중과 같이 공양을 드시고는 당신 방으로 돌아가셨는데 그 방에는 다른 대중이 아무도 없이 혼자 계시는 까닭에 전일에 하신 말을 생각하여 대중들로 하여금 그 방을 살피게 했다.

그날도 여전히 선상(禪床)에 앉으시어 밤늦도록 염불을 하셨다. 밤이 깊어져 대중이 모두 잠자리에 들 무렵이 되니 서쪽을 향하여 단정히 앉으셔서 합장하고 염불을 하시더니 열반에 드셨다.

그런데 그 당시에 서쪽 하늘로부터 금색 광명이 수백 리(里)를 뻗쳐 그 광명이 법지 스님 열반하시는 방으로 들어갔다. 그 뒤에 곧 스님께서 열반에 드셨다는 것이다.

그리고 그 당시에 뱃사람들이 강에서 고기잡이를 하고는 밤이 깊어서 배를 매어놓고는 불을 끄고 배 안에서 자려고 막 잠자리에 누웠는데 갑자기 대낮처럼 밝아지더라는 것이다. 그리하여 벌써 날이 갤 일은 만무(萬無)하여 잠자리에서 일어나 급히 나와 보니 공중에 금색 광명이 뻗쳐 있는데 서쪽 하늘로부터 동쪽으로 수백 리(里)나 길게 뻗쳐 있으면서 밝은 빛을 찬란하게 비추는데 대낮처럼 밝더라는 것이다.

모든 뱃사람들이 이를 보고는 모두가 이상하게 생각하여 날이 밝아진 후 알아보니 그 광명이 법지 대사의 열반하시는 방으로 들어갔다고 했다.

이 얼마나 장하신 일이 아닌가. 염불수행이 얼마나 수승한 것이며 위대한 것인가를 보여 주는 것이라 할 수 있다. 또한 염불을 하게 되면 결정코 서방 극락세계로 왕생하게 됨을 세상 사람들에게 분명히 보여 주는 것이라 할 수 있다. 이 광명은 서방 극락세계의 아미타부처님께서 법지 스님을 접인(接引)하기 위해서 발하신 광명일 것이다.

대장장이 왕타철王打鐵 거사는 쇠를 두드릴 때마다
쇠망치로 두드리면서 아미타불, 들어 올리면서 아미타불
하였다. 풀무질을 할 때 밀어 내보내면서 아미타불,
빼내면서 아미타불하며 하루 종일 아미타불을 염하였다.
염불하기 전에는 일이 매우 고되었지만, 아미타불을
염하면서는 고되다고 느껴본 적이 없었다.
3년간 매우 부지런히 염불한 그는 어느날, 쇠망치를
한 번 두드리고서 그 자리에서 선 채로 왕생극락 하였다.
(왕생이란 육도윤회를 벗어나 정토에 화생함을 말한다)
-왕생전往生傳

대장간에서 염불삼매 증득한 황타철

이 분은 송(宋)나라 때 담주潭州 땅에 살던 분으로, 황타철 (黃打鐵)[3]이란 본명이 아니고 성은 황(黃)씨인데 그 직업이 쇠붙이를 다루는 대장간 일을 한다 하여 타철(打鐵: 쇠를 친다)이라고 한 것이다.

그분은 집이 넉넉지 못하여 항상 곤궁하게 살아가고 있었다. 하루는 전일과 같이 대장간에서 일을 하고 있었는데 스님 한 분이 그 집 앞을 지나가고 있었다.

황타철은 하던 일을 멈추고 곧 나가서 스님에게 공손히 인사 드리고는 집이 누추하오나 잠시 들어오셔서 쉬었다 가실 수는 없겠느냐고 하니, 그 스님께서 흔쾌히 동의해 주셨다.

황타철이 그 스님에게 다과(茶果)를 대접하고 나서 정중한 태도로 말하길 "저는 전생에 복을 못 지어 살림이 넉넉지 못하여 항상 노력을 해야만 살 수가 있는 처지이온데 저 같은 사람도 도(道)를 닦아서 후세에 잘 될 수 있는 법이 있으면 저에게 한 가지 가르쳐 주시옵기 바랍니다."라고 간절히 청을 하였다.

이에 그 스님이 말씀하시길, "내가 말해 주기는 어렵지 않으나 내 말을 믿고 그대로 할 수 있겠느냐?"고 하니,

황타철이 말하기를 "진실하게 믿고 꼭 행하겠사오니 가르쳐 주시기 바랍니다."라고 했다.

---

3) 〈왕생전〉에는 왕타철(王打鐵)로 나온다.

그리하여 그 스님께서 극락세계에 대한 이야기를 대강 해주고는 "아미타불(阿彌陀佛)을 지성으로 염(念)하게 되면 이 세상을 마치고는 반드시 그 국토에 왕생하여 무량겁(無量劫)에 무량한 낙을 받게 될 것"이라고 일러 주셨다.

그리하여 황타철이 그날부터 일을 하면서 아미타불을 염하는 것이었다. 처음에는 힘든 일을 하면서 하려고 하니 잘 안 되었으며 또한 매우 힘겨웠다.

그러나 생각하기를 '영원히 이 삼계(三界) 고해(苦海)를 벗어나서 무량겁에 무량 낙(樂)을 받고자 함이어늘 어찌 이만한 어려움도 겪지 않고 그 큰 이익을 얻기 바랄 수가 있겠는가' 하고 자신을 스스로 경책(警策)을 하면서 성의를 다하여 염불에 힘을 썼다.

그와 같은 힘겨운 염불을 계속 하다 보니 날이 가고 해가 감에 차츰 수월해지는 것이며, 또한 재미가 나서 나중에는 일을 해도 고된 줄을 모르겠더라는 것이다.

그와 같이 고된 염불을 하기를 하루도 빠짐없이 매일같이 계속하여 어언간 8년이란 세월이 흘렀다.

그러던 중 하루는 자기 처에게 하는 말이 "오늘은 우리 집에 좀 가볼까 하는데 새 옷을 한 벌 달라"고 하였다.

그 말을 들은 그의 처가 하는 말이 "이 집 말고 당신 집이 또 어디 있는가요?" 하니, "이는 우리 집이 아니야. 내 집은 저 서쪽에 있느니라"고 하였다.

그리하여 그날은 목욕을 하고 새 옷을 갈아입고는 다시 대장간에 들어가 불을 피워 쇠붙이를 달궈 가지고는 꺼내어 한 손에 망치를 들고는 하는 말이,

두들기고 두들기니 강철(鋼鐵)이 되어지네
오래오래 염불하니 정업(淨業)이 성취되도다
모든 고업(苦業) 다해지고 무상(無上) 안락(安樂) 얻게 되어
서방정토 극락세계 나는 이제 가오리다
나무아미타불.

하고는 망치로 쇠붙이를 한 번 "탕" 하고 치고는 그냥 그대로 둔 채 가버리더라는 것이다.

그 순간 공중에 미묘한 풍악(風樂)이 울리며 몸에서는 아름다운 향취(香臭)가 온 집안에 가득히 풍겼다.

이러한 광경을 본 마을 사람들 모두 감격하지 않은 자가 없었으며, 또한 모두 발심하여 염불을 하지 않는 자가 없었다.

大勢至菩薩念佛圓通章

억불념불憶佛念佛
현전당래現前當來
필정견불必定見佛
불가방편不假方便
자득심개自得心開

지극한 마음으로 아미타부처님을 잊지 않고 염한다면
현재나 미래에 틀림없이 극락세계에 태어나 아미타부처님을
뵐 수 있다. 이렇게 일단 아미타부처님을 뵙기만 하면
다른 특별한 수행을 하지 않아도 자연히 마음이 열려
깨달음을 성취할 수 있다.
-능엄경 염불원통장楞嚴經 念佛圓通章

살생 참회하고 십념 왕생한 백정 장선화

이분은 중국 당(唐)나라 때의 사람이다. 이분은 불행한 운명으로 이 세상에 태어나게 되어 평생을 중한 죄를 짓는 살생업을 하고 사는 백정(白丁)이 된 것이다. 그리하여 항상 소를 잡아 그 고기를 팔아서 생계를 유지해 나가는 것이었다.

그런데 그의 집안사람 한 분이 불문(佛門)에 출가하여 스님이 되신 분이 있었다. 그는 장선화(張善和)에게 "그런 직업을 갖게 되면 다음 세에 무서운 지옥에 가게 되니 다른 직업으로 바꾸도록 하라"고 누누이 권하였으나, 끝내 듣지 않고 그냥 그대로 백정 업을 계속 하고 있는 것이었다.

세월은 흘러 장선화가 노령에 이르렀다.

그러던 중 하루는 뭇 소들이 자기에게 달려들어 뿔로 떠받으려 하면서 하는 말이 "네가 우리들의 명(命)을 빼앗아감이로다. 너를 그냥 두지 않겠노라" 하며 성난 모습으로 마구 달려들더라는 것이다.

이를 본 장선화는 두려워서 어찌 할 바를 몰라 당황(唐惶)하는 것이었으며, 그제서야 전일에 스님께서 하신 말씀이 진실한 것이었음을 깨닫게 되었다.

그리하여 자기 처에게 "빨리 절에 가서 스님을 청해 오라"고 하였다.

그 말을 들은 그의 처가 급히 스님을 청해온 것이었다.

장선화가 하는 말이 "전일에 스님께서 저를 위하여 그처럼 간곡히 말씀해 주시는 것을 제가 죄가 많아서 믿지 않았는데 이제 스님의 말씀이 진실한 것임을 알게 되었나이다. 이제 저 앞에 지옥이 나타나 보이니 스님께서 전일의 잘못을 용서하시고 대자대비(大慈大悲)로 저를 구제해 주옵소서" 하고 간절하게 청하였다.

그러니 그 스님께서 하시는 말씀이 "이제라도 늦지 않으니 진심으로 이제금 지은 죄를 참회하고 아미타불(阿彌陀佛)을 염하며 극락세계에 왕생하기를 발원하면 지옥을 면하고 극락세계로 가게 될 것이니 이제부터 지성으로 아미타불을 염할지어다."라고 하였다.

그러니 장선화는 스님에게 "감사하다는 인사를 드리고는 자기 처에게 빨리 화로와 향을 가져오라고 하더니 지옥이 급하게 다가오고 있는데 언제 향로를 마련하리오. 그리고 곧 지옥에 가게 될 몸인데 이 몸을 아껴서 무엇하리요. 향로는 놓아두고 불하고 향만을 빨리 가져오라"고 하였다.

그의 처가 향과 불을 가져오니 왼 손바닥에다 불을 붙이고는 오른손으로 향을 접어 그 불에 사루고는 지성으로 아미타불(阿彌陀佛)을 크게 염하는 것이었다.

그러더니 십념(十念)도 다 차기도 전에 장선화가 하는 말이 "지옥의 경계가 다 사라지고 부처님이 나타나심이로다." 하고는 매우 기뻐하는 것이었다.

십념을 채우고 나서는 또 하는 말이 "연화대가 제 앞에 도래하였나이다. 스님 감사합니다. 저는 극락세계로 갑니다." 하고는 웃는 낯으로 왕생을 하신 것이다.

"십념(十念)만으로도 왕생할 수 있다." 함이 이 어찌 허언(虛

言)이리요.

그리고 평생 살생만을 하여 지옥 경계가 나타남이어늘, 십념도 차기 전에 그 지옥 업이 다 녹아지고 필경에는 왕생극락을 하게 되었나니 염불의 위력이 얼마나 위대한 것이며 얼마나 수승한 법인 것인지를 능히 알고도 남을 것이다. 그러니 이 어찌 염불법에 의지하여 삼도(三途) 고해(苦海)를 영원히 여의지 아니할 것인가.

여기에서 반드시 밝혀두지 않으면 안 될 것이 한 가지 있으니, 다름이 아니고 십념(十念)왕생에 대한 것이다. 이는 매우 중요한 문제로써 밝히지 않을 수 없는 것이며 또한 반드시 알아둬야만 할 문제인 것이다. 장선화가 십념으로 왕생한 것은 조금도 거짓이 아닌 실지 있었던 일이며 진실한 사실이다.

그러나 그가 평생 살생을 하고도 단 십념만으로 왕생극락을 하게 된데 대해서는 상당한 이유가 있는 것이다.

만일 이를 잘못 인식하여 누구나가 다 그와 같이 될 수가 있다고 생각을 한다거나,

또한 십념이면 모두 다 왕생할 수 있는 것으로 생각하여 평생을 아무렇게 살다가 임종에 가서 십념만 하면 안 되겠나 하고 여긴다거나,

혹은 장선화처럼 평생 죄 되는 짓을 하더라도 염불만 하면 왕생할 수 있지 않겠나,

장선화는 십념만으로도 죄가 소멸되어 왕생극락을 하였거늘 그 이상만 할까 라고 생각을 한다거나,

혹은 평상시에는 자녀들과 가족들을 위하여 공을 드려 주고

는 자신을 위해서는 노경(老境)의 임종 시에 가서 염불해도 왕생극락 할 수 있지 않겠나 라고 생각을 한다거나,

젊은 시절에는 이 세상을 위해서 노력을 하고 십념만으로도 왕생극락 할 수 있는 것이니 후생(後生)을 위해서는 노경에 가서 닦아도 되지 않겠나 라고 생각을 한다거나,

혹은 젊은 사람은 앞날이 창창(蒼蒼)하니 실컷 재미있게 살다가 늙은 연후에 가서 닦아도 실컷 갈 수 있지 않겠나 십념만 해도 왕생극락 할 수 있는 것인데 라고 생각을 한다거나,

혹은 십념만 하면 왕생극락 할 수 있는 것이니 공연히 힘들게 많이 할 필요는 없지 않는가 하여 십념만 해놓고는 다시 더 안 해도 왕생극락 할 것으로 생각을 한다거나,

혹은 십념만으로도 왕생극락을 할 수 있는 것이니 고된 수행을 평생 할 것 없이 평생을 안일하게 살다가 임종에 가서 십념만 해가지고 왕생극락 하게 되면 성불은 자연적으로 하게 될 것이라고 생각을 하는 자가 있다면 이는 지극히 어리석은 생각이며 크게 잘못된 생각인 것이다.

만일 그와 같은 생각으로서 현시에 자신의 영혼을 위해서 수행을 하지 않는다면 그 자신의 영원한 운명은 반드시 크게 잘못 되고야 말 것이다.

우선 십념(十念)으로 왕생극락 할 수 있는 염불이란 어떠한 것인가를 밝혀 볼까 하노라.

무량수경(無量壽經)에 법장 비구(法藏比丘: 아미타불이 성불 하시기 이전 처음 발심하실 때의 이름)가 48원(願)을 세운 중에 이러한 원을 세운 것이었으니,

"시방중생(十方衆生)이 지극한 마음으로 믿어 신락하여 나의 나라에 태어나고자 하여 십념을 하여 태어나지 못한다면 나는 정각(正覺)을 취하지 아니하리라. 오직 오역죄인(五逆罪人)과 정법을 비방한 자는 제외함이니라."

라고 되어있음으로 아미타불께서는 모든 원을 다 성취하시여 현재 정각(正覺)을 취하여 극락세계가 장엄된 것이니 십념(十念)왕생의 발원도 성취한 것으로서 십념왕생이 가능한 것으로 보는 것이다.

그러나 이것은 최하로 십념을 말씀하신 것이지 십념만 하면 된다는 것은 아니며 그리고 십념만으로도 서방정토에 왕생할 수 있음을 말씀하신 것이지 십념이면 결정코 다 왕생할 수 있다는 것은 아니다.

그리고 또한 오역(五逆) 죄인과 정법을 비방한 자는 그와 같이 될 수 없다고 하셨으니 누구나가 다 십념으로 왕생할 수 있다는 것도 아닌 것이다.

다시 재론을 해본다면 최하 십념으로도 왕생을 할 수 있는 것이나, 십념 이상은 필요 없다는 말이 아닌 것이며 또한 십념 이상을 해도 십념을 한 것이나 다를 바가 없다는 것도 아닌 것이다.

그리고 또한 십념만으로도 왕생을 할 수가 있는 것이기는 하나 그렇다 하여 결정코 십념이면 다 왕생할 수 있다는 것은 아니니, 혹 십념으로 왕생 할 수도 있는 것이며 혹은 십념으로 왕생을 못 할 수도 있는 것이다.

그리고 또한 그 사람의 죄업에 따라서 가능할 수도 있는 것이며 불가능할 수도 있는 것이니,

여기에서 말한 십념(十念)왕생이란 누구에게나 다같이 일정한 것으로 말한 것이 아니며 또한 그 누구에게나 결정적으로 가능한 것을 말한 것은 아닌 것이다.

그러한 까닭은 중생마다 그 업이 다르기 때문인 것이며 또한 그 염하는 생각이 각각 다르기 때문인 것이며 또한 그 염하는 성의가 각각 다르기 때문인 것이다.

그렇다면 결정코 왕생할 수 있는 십념(十念)이란 어떠한 것인가.

첫째로 믿는 마음이 철저하여 털끝만치라도 의심스런 생각이 없이 완전히 확신하고 염하여야만 하는 것이며,

그 다음에는 진정으로 극락세계를 가고 싶어 하는 마음으로 아미타부처님께 전적으로 의지하여 간절한 발원심으로 염하여야만 하는 것이며,

그 다음에는 극락세계에 왕생하고자 하는 마음과 아미타부처님께 구원을 바라는 생각 외에는 털끝만한 생각도 다른 생각이 없이 순전(純全)한 일념(一念)으로 염해야 하는 것이며 있는 성의와 정성을 다하여 간절하게 염해야만 하는 것이며,

끝으로는 십념을 하고 나서는 다시는 죄를 짓지 말아야만 하며 이상과 같은 마음이 변해서는 결코 안 되는 것이니

이러한 십념이라면 결정코 왕생극락을 할 수 있거니와 만일 그렇지 못 할 때에는 불가능한 것이니 사실상 십념왕생이란 임종에 만이 해당한 것이라 할 수 있는 것이며 십념만으로 왕생극락을 하는 자는 수천만 인(人) 중에 한 사람이 있을까 말까 한 것이니 십념으로 왕생을 하기란 아예 바라지 않는

것이 옳을 것이다.

그리고 우리들 중생에 운명이란 언제 어느 때에 죽을지 기약할 수 없는 것이며 또한 무슨 일로 어떻게 죽을지도 모르는 것이어늘 그 어찌 임종에 십념하기를 바랄 수가 있을 것이며 그 어찌 그와 같은 마음이 되기를 바랄 수가 있을 것인가.

그리고 죽음이란 노소의 차례가 없는 것이며 강약의 구분이 없는 것으로 복중(腹中)에 태아도 죽는 것이며 갓난아이도 죽는 것이어늘, 그 어찌 젊다고 방심하여 닦지 않고 뒤로 미룰 수 있을 것이며, 저녁밥을 잘 먹고도 밤새 죽는 수가 있는 것이며 아침밥을 잘 먹고도 낮에 죽는 수가 있는 것이어늘 그 어찌 건강하다 하여 안일한 마음으로 한가로이 세월을 보낼 수가 있을 것인가.

장선화가 임종에 십념(十念)으로 왕생을 하게 된 것은 그 몇 가지의 이유가 있는 것이니,

첫째로 하나의 큰 이유로는 그가 죽기 전에 미리 지옥경계가 나타났기 때문인 것이다. 그러한 지옥경계가 나타나므로 인하여 비로소 불법이 거짓이 아니고 진실한 것임을 확신하게 되어 부처님의 말씀을 의심함 없이 오직 진실하게 믿게 된 것이며,

또한 무서운 지옥경계가 나타남으로 인하여 부처님에게 의지하고자 하는 생각과 극락세계에 가고자 하는 생각이 간절하게 난 것이며 그러한 무서운 지옥경계가 목전에 나타나게 되니 사세(事勢)가 매우 다급해져서 다른 생각이 들 수도 없었으며 다른 생각 하려는 여지가 없는 것이니, 오직 일념(一念)으로 아미타부처님에게만 매달리게 되었고 그와 같이 다

급해진 것이니 보통으로 서둘러서는 안 되게끔 된 것이다. 있는 힘, 있는 성의, 있는 정성을 다하지 않을 수가 없었다.

이와 같은 성의와 이러한 마음으로써 아미타불(阿彌陀佛)을 염한 까닭으로 속히 부처님께서 감응(感應)을 하시게 된 것이며 십념을 다해 마치자 명(命)이 다 되어 부처님께서 곧 접인(接引)하시어 왕생극락을 하게 된 것이니,

십념을 하고 난 뒤에 다시 무슨 죄를 짓거나 그 마음이 변할 여지가 없이 즉시 왕생을 하게 되었기 때문에 십념만으로도 왕생을 할 수가 있었던 것이다.

또 한 가지의 큰 이유는 임종 시에 다행히도 선지식을 만나게 됐다는 점이다. 이러한 선지식을 만나게 됐기 때문에 그와 같은 염불을 하게 된 것이다.

그리고 또 하나의 원인이 될 수 있는 것은 전세(前世)에 선근(善根) 인연인 것이다. 전세에 선근 인연이 있어 이상과 같은 두 가지 큰 인연을 만나게 됐다는 것이다.

장선화는 이상과 같이 다행히 선근 인연이 있어 그러한 인연을 만나서 십념만으로도 왕생극락을 할 수가 있었거니와 그 어찌 장선화와 같이 임종에 그러한 인연을 만나기를 바랄 수가 있을 것이며 또한 장선화처럼 그러한 마음과 성의가 날 수 있기를 바랄 수가 있을 것인가.

장선화도 만일 그러한 인연을 만나지 못하였다면 결코 십념 왕생이 불가능했을 것이며 따라서 반드시 지옥에 떨어지고야 말았을 것이다.

이러한 것이어늘 그 어찌 장선화를 모방하여 현시(現時)에

수행을 하지 않고 임종에 가서 십념 하려고 미룰 수 있을 것이며, 또한 그러한 죄를 지어도 무방한 것으로 생각을 할 수 있을 것인가.

또 아무나 다 십념을 해 놓고서는 그걸로써 왕생극락할 것으로 알고 더 이상 닦을 필요가 없다고 할 수 있을 것인가.

바라건대 부질없는 인정과 그릇된 생각으로 자신의 영원한

운명을 잘못되게 그르쳐 천추만대(千秋萬代)에 후회함이 없도록 후일(後日) 후시(後時)로 미루지 말고 현시(現時)에 부지런히 닦고 행하여야 할지어다.

곁들여서 한 가지만 더 밝혀둘까 하노라.

우리들이 염불을 하여 왕생극락하는 것은 염불한 인연공덕과 아미타부처님의 원력(願力)에 의해서 왕생극락을 하게 되는 것이다.

십념왕생이란 말은 십념(十念)을 한 인연과 공덕에 의해서 왕생을 하게 된다는 말이지 십념이라는 과정을 밟으면 왕생한다는 말은 결코 아닌 것이다.

여기서 말하는 과정이란 일정한 숫자만 채우면 된다는 말이며 인연이며 공덕이란 말은 숫자를 채우되 그 숫자가 공덕과 인연이 되는 숫자라야만 된다는 것이다.

그러니 십념왕생을 과정으로 본다면 어떻게 하든 간에, 또한 어떠한 성격으로 하든 간에 십념만 하면 된다는 것이니 다시 말하면 잡념으로 하든, 일념으로 하든, 또는 누워서 하든, 앉아서 하든, 그리고 지성으로 하든, 아무렇게 하든 십념만 하면 왕생할 수 있다고 보는 것이며, 인연 공덕이란 것은 십념을 하되 반드시 인연 공덕이 되는 염불이라야만

된다고 보는 것이다.

그리고 십념을 하더라도 왕생할 수 있는 염불을 십념 하면 극락왕생을 하게 되거니와 십념을 해도 왕생할 수 없는 염불을 하면 왕생을 할 수 없다고 보는 것이다.

여기에서 인연 공덕으로 봐야 된다는 것은 모든 불법이 인연법으로 이루어지게 되어 있는 것이며 또한 모든 법이 공덕으로서 이루어지게 되어 있기 때문인 것이다.

그리고 공덕과 인연에 있어서는 반드시 차별이 있는 것이니, 그 차별에 따라서 성취할 수도 있고 성취 못 할 수도 있는 것이며, 혹은 신속히 이루어질 수도 있고 늦게 이루어질 수도 있게 되는 것이어늘, 십념왕생(十念往生)이라 하여 일률적으로 누구나가 아무 때나 십념만 하면 왕생할 수 있다고 보는 것은 크게 잘못된 견해인 것이며 그릇된 망견(妄見)인 것이다.

그리고 공덕이란 반드시 닦은 것만큼 공덕이 되는 것이니 많이 닦으면 많은 공덕이 되는 것이며 작게 닦으면 작은 공덕이 되는 것이어늘, 십념(十念) 한 것이나 천념(千念) 한 것이 결코 같을 수는 없는 것이다.

그러므로 무량수경(無量壽經)에는 삼배(三輩)자를 말씀하시어 그 닦은 공덕에 따라 왕생하는 것 자체도 차이가 있는 것이며 또한 왕생을 얻은 연후에 받는 과보가 많은 차이가 있는 것이다.

그리고 관무량수경(觀無量壽經)에는 구품(九品)을 말씀 하시어 각기 닦은 바 공덕에 따라서 왕생할 때에 타고 가는 연화대부터가 차이가 있는 것이며, 왕생 후에 받는 차이는 엄청난 차이가 생기며 특히 성불을 신속히 하고 늦게 하는 차이는 천지(天地) 차이가 있는 것이다.

염불을 한 번 더 하면 한 번 더 한만큼 더 수승한 보(報)를 받게 되어 있는 것이어늘, 그 어찌 십념을 하나 천념을 하나 만념(萬念)을 하나 같다고 할 수 있을 것이며, 더구나 십념 이상은 더 할 필요가 없다고 주장하는 분도 있으니 이는 더구나 크나큰 망언으로서 아주 크게 잘못된 견해인 것이다.

그와 같은 말을 하는 분은 정토법을 전혀 모르고 자기 생각 나름대로 하는 말이니 그러한 말은 절대로 믿어서는 안 되는 것이다.

그러므로 연종(蓮宗)의 제대(諸大) 조사(祖師)와 모든 선지식들께서 수행하심을 보면 모두가 진심(眞心) 갈력(竭力)으로 잠시도 쉬지 않고 끊어짐(間斷)이 없이 일생토록 전신(全身) 전력을 다 해서 염불을 하신 것이다.

만일 십념 한 것이나 천념 한 것이나 모두 같을진대 그러한 대선지식 스님들께서 무엇 때문에 그와 같은 고단한 수행을 부질없이 하셨단 말인가.

더구나 십념 이상은 필요 없는 염불일진대 평생 그 많은 염불을 무엇 때문에 하신 것일까. 그것도 보통 스님도 아닌 견성(見性) 달도(達道) 하시고 모든 경전에 무불통지(無不通知)하신 대선지식 스님들이신데 이익 없는 헛된 짓을 왜 하셨을 것인가.

그러한 망언을 믿고 이에 잘못 그르침이 없기를 바라노라.

염불은 마음을 지속적으로 안정시키고
면밀하게 하며 점차로 심념心念을 청명하게 합니다.
부처님 명호가 심념과 합하여 동체가 되도록 염하여
염념念念이 부처님과 여의지 않고 법미法味가 가득 차 흘러
신심이 경안해지면 잠자려는 마음도 점차 사라집니다.
만약 염념이 청명하고 염하지 않아도 저절로 염하고
사대四大가 조화하여 늘 법희 광명이 있으면 저절로
잠자려는 마음이 전혀 없습니다.
-반주삼매경 심요-

20일 용맹정진으로 염불삼매 증득한 성일 대사

이 스님은 지금부터 약 일백여 년 전 청나라 덕종 당시의 스님이며, 속성은 고씨, 양주 땅의 강도 생이시다.

농가에 태어나시어 12세에 모친이 세상을 떠나매 세속에 살 뜻이 없어 입산수도(入山修道) 코자 하였으나 부친이 허락하지 아니하여 뜻을 이루지 못하고 있던 중, 19세에 또한 부친이 세상을 떠나시니 인생에 무상함을 절실히 느껴 즉시 출가를 하게 되었다.

처음에 천봉사로 출가, 그 후 양주 천녕사로 가시어 일생을 마치셨다. 처음 출가하시어 어떤 법을 닦아야만 도과(道果)를 증득할 수 있는지를 몰라 법을 배우려 하였으나, 그 절에는 법을 잘 아는 스님이 안 계셨다.

그러던 중 초산 스님이란 분을 만나서 처음으로 정토법을 듣게 되었다. 법문을 들어보니 세상에는 이보다 더 좋은 법은 없는 것으로 생각하여 정토수행을 하기로 결심하시고는 스스로 일과를 정해 염불수행에 전신전력(全身全力)을 다하여 끊임없이 계속하고 있었다.

그러던 중 어느 스님에게 기한을 정하여 염불삼매(念佛三昧) 얻는 법을 또한 얻어 듣게 되었다. 그러자 매우 기쁘게 생각하여 꼭 삼매를 한번 얻어 보고야 말겠다고 굳게 결심하고는 처음에 120일을 기한하여 해본 것이다. 그러나 산란심과 망념으로 뜻을 이루지 못하고 기한이 다 지나고 말았다.

그 후 다시 결심하여 문을 걸어 잠그고는 다시금 시작을 하였다. 그러나 처음 50일 간은 여전히 일념(一念)이 잘 안 되기만 하였다. 그리하여 매우 걱정이 되어 마음을 가다듬어 간절한 생각으로 한층 더 애를 써서 20일을 하고 나니 차츰 망념(妄念)이 없어지기 시작하는 것이었으며, 그 후부터는 날로 정념(正念)이 되어져 갔다.

그렇게 얼마를 지나니 허망하고 잡(雜)된 망념이 생기려 하는 것까지도 깨달아지게 되었다. 그와 같이 되고 나서 4·5(20)일이 지난 어느 날이었는데, 문득 허공에 아미타부처님이 나타나시는데 금용(金容)이 찬란하게 빛나며 그 미묘한 장엄은 이루 다 형언할 수 없을 만큼 훌륭한 것이었다.

그리하여 곧 자리에서 일어나 예배드리고는 문득 속으로 생각하기를 '거처가 이렇게 더러워서 어찌 하나' 하고 매우 민망스런 생각을 하고 있으니, 부처님께서 말씀하시기를 "괜찮으니라. 부모는 자식의 똥 오줌도 더럽게 안 여기거늘 하물며 부처님일까 보냐" 하고 말씀하시고는 사라지셨다.

그 후부터는 정진이 더 한층 잘 되는 것이며, 더욱 더 정성껏 하게 되더라는 것이다.

그렇게 얼마를 지났는데 돌연히 마음이 확 트이더니 마치 허공과 같이 되어 일체 잡념이며 모든 생각이 전부 다 공(空)해져서 털끝만큼의 생각도 없는 것이었다. 그와 같은 경계가 앉고 서고 기동(起動)함에 항상 이러하여 오직 입에 '아미타불' 명호(名號)를 부르는 것뿐이었으며, 그때에는 망념을 일으키려고 해도 망념이 일어나지를 않더라는 것이다.

그로부터 정신이 더한층 맑고 새로워지며 신기(神氣)가 충만하여 잠도 오지 않으며 눕고 싶지도 않으며 배 고픔도 목마

름도 모르겠으며, 아무것도 먹고자 하는 생각도 없으며 아무런 괴로운 바도 없었다.

그리고 바깥 경계가 밝은 광명이 통철(通徹)하더니 극락세계로 더불어 같이 합쳐져서 하나가 되었는데, 자기가 있는 집의 벽과 담도 다 없어지고 제불(諸佛) 보살들이 허공에 가득히 차 계시는 것이었다. 금지(金地) 연지(蓮池)며 칠보(七寶) 행수(行樹: 일렬로 선 나무들)와 궁전 누각 등이며 아름다운 꽃들과 모든 보배 장엄들이 호화찬란하게 벌어져 있는데, 그 수효와 넓기는 무량무변하여 눈이 미치지를 못해 다 볼수가 없는 것이었다. 이와 같은 경계는 정토경전에 설해 놓은 것으로도 미칠 수가 없는 참으로 아름답고 미묘하며 그 수승한 장엄은 그 무엇으로 표현할 수 없을 만큼 훌륭하고 장한 것이었다.

그리고 나서도 계속 염불을 하고 있었는데 하루는 앞에 큰 연꽃 두 송이가 나타나더니, 그 위에 하늘사람 같은 두 분이 앉아 있는데 마치 보살의 상호(相好)와도 같이 훌륭하게 잘 생겼다. 그리하여 속으로 '혹시 우리 부모님이 아니신가?' 하고 생각하노라니, 그 중 한 분이 서서히 자기 앞으로 다가오고 있었다. 자세히 살펴보니 과연 스님의 어머니였다.

어머님이 스님에게 말하기를 "너는 나로 인하여 발심 출가하여 이제 도(道)를 증득하게 되었으며, 나는 너로 인하여 너의 아버지와 더불어 극락세계에 왕생함을 얻게 되었음이로다. 이제 부처님의 신칙(愼勅: 조서)을 받아서 마음을 위로해 주고자 잠시 온 것이니 기뻐해 주기를 바라노라" 라고 하셨다.

그리하여 스님이 자리에서 문득 일어나려고 하니 그 어머니가 만류해 가로되 "부처님이 앞에 계시옵는데 가히 나로 인하여 너의 정력(定力)이 흔들리면 안 되니 그냥 가만히 앉아 있기를 바라며 이미 너의 마음을 위로해 주었으니, 우리들은 곧 극락세계로 다시 돌아가겠다. 그러니 후일에 극락세계에서 다시 만나도록 하자"고 말하고는 사라져 버리더라는 것이다.

그리고는 얼마를 지나고 나서 또다시 찬란한 연꽃이 나타나더니 온 대지가 전부 꽃으로 가득해져 버리는데 그 아름답고 찬란한 것이며 황홀함은 그 어떻게 말을 할 수가 없을 정도였으며, 자기가 지금 어디에 있는 지도 도무지 알 수가 없는 것이었다.

이와 같은 삼매를 증득하고 나서부터는 마음 경계와 바깥 모든 정경(情景)이 변치도 아니하며 또한 물러가지도 않았는데, 기일(期日)이 다 차서 그 방에서 나오게 된 것이다.

그 방에 있을 때는 세월이 흐르는 것을 잘 알 수가 없었다. 그런데 나오고 나서 생각해보니 그러할 때가 대강 20일 정도였다. 이때 스님의 연세는 30세가 되었다고 한다.

그 후부터는 무사도인(無事道人)이 되어 종일 염불을 하며 또한 독경을 하심에 싫증이 나지 않으며 더 피로하지도 않고 게으름도 나지 않더라고 하는 것이다.

이러한 소문을 듣고 스님을 뵙기 위해 찾아오는 분들이 수없이 많았는데 그분들에게 입도(入道)의 인연과 삼매 얻은 경계를 말씀해 주시고는 또 다시 경계(警誡)하여 당부하셨다.

"진실한 마음으로 간절하게 부처님을 염한다면 결코 부처님이 그대들을 속이지 않는 법이니 아무쪼록 굳은 신심으로 아미타불을 지성껏 염할지어다.

그리고 삼매를 증득하게 되면 왕생극락 하는 것은 필연지사 (必然之事)이니 조금의 의심도 할 여지가 없는 것이며, 삼매 를 얻기 위해서는 문을 걸어 잠그고 바깥 모든 사람들과 대 면을 끊고 말을 일체 하지 아니하고 일심으로 염불에 전력 을 하지 않고는 결코 삼매를 얻을 수는 없는 것이다."

그 스님께서는 60여 년이란 긴 세월을 오직 천녕사에 계시 면서 법을 펴시고는 광서 11년(서기 1885년) 4월 6일 세상 을 떠나시니, 세수(世壽)는 74세이며 법랍(法臘)은 55세였다.

어떻게 심안心眼을 제도할까

내 나이 일흔 하나,
다시는 풍월을 읊지 않겠노라.
경전을 보는데 눈이 피곤하고,
복을 지으려니 빠른 세월이 두렵다.
어떻게 심안心眼을 제도할까.
나무아미타불을 한 번 부르는 일이네.
걸어 다닐 때에도 나무아미타불,
앉아있을 때에도 나무아미타불,
화살처럼 바쁠지라도 나무아미타불,
나무아미타불을 그치지 아니하네.
날은 저무는데 길은 멀고,
나의 인생이 이미 잘못되었다 할지라도
아침저녁 청정한 마음으로
오직 아미타불만 부른다.
달인達人이 나를 보고 웃든 말든
폐일언蔽一言하고 오직 아미타불만 부른다.
세상사에 통달한들 무엇 하겠으며
통달하지 아니한들 또한 어찌하겠는가.
널리 법계중생들에게 권하니,
다 함께 나무아미타불 염불하세.
－백거이白居易의 염불게念佛偈

일체를 놓아버리고 간여치 않은 백불관(百不關) 노인

중국 청나라 땅에 한 노인이 있으니 본 성명은 자세히 모르 겠고 별명이 백불관 노인(百不關老人)이라고 부르는 것이었 다. 백불관(百不關)이란 일체에 간여하지 않는다는 뜻이다. 그런데 이 노인이 백불관이란 별명을 붙이게 된 데에는 다 음과 같은 사유가 있다.

이 노인이 하루는 자기의 앞날을 생각해 보니 이제는 떠나 갈 날이 그다지 멀지 않은 것만 같았다.

그런데 일생 동안 해온 것을 회고해 보니 아무것도 닦아놓 은 것은 없고 오직 죄만을 지어온 것만 같았다. 그리하여 자기가 사후에 갈 곳을 생각해 보니 앞이 캄캄하고 막연한 것이었으며 아무래도 죄를 많이 졌으니 필연코 지옥으로 갈 것만 같았다.

지옥에 갈 것으로 생각을 하니 갑자기 두려움과 공포가 하 늘에서 내리 덮는 것만 같으며 태산(泰山) 같은 수심(愁心)이 마음에 가득히 차오르는 것이었다. 그리하여 마음이 조급해 져서 도저히 그냥 있을 수가 없었다.

그런데 그 근처에 효자암(孝慈庵)이라는 절이 있어 그 절에 수행이 장하신 도원 스님이란 분이 살고 계셨다. 그리하여 그 노인이 부랴부랴 그 스님을 찾아갔다. 자기를 구원해주 기를 청하러 간 것이다.

노인이 공손히 예배드리고는 하는 말이 "저는 일생을 아무 것도 선도(善道)를 닦은 것은 없고 오직 죄만 짓고 살아온 것인데 이제라도 수행을 하여 악도(惡道)를 면할 수 있는 법이 있으면 저에게 가르쳐 주시면 대단히 감사하겠습니다."라고 간청을 하는 것이었다.

그 말을 들은 스님께서 하시는 말씀이 "그러한 법이 있기는 하나 그대가 나의 말을 믿고 그대로 행할 수가 있을는지, 만일 그대로만 행한다면 이 삼계(三界) 고해(苦海)를 영원히 벗어나서 다시 생사(生死)를 받지 않고 무량겁(無量劫)에 무량한 즐거움을 받게 될 것이니라. 그대가 이제까지 아무리 많은 죄업을 졌다 하더라도 그것을 뉘우치고 선심(善心)을 발하여 수행을 한다면 늦지 않으니 결정코 악도를 면하여 영원한 안락을 얻을 수가 있는 것이니라."라고 말씀해 주셨다

그 말을 들은 노인은 구원의 배를 만난 듯 무척 반가운 어조로 "스님의 말씀을 진실히 믿겠사오며 또한 가르침을 여실히 받들어 행하겠사오니 가르쳐 주시옵소서." 하고 다시 간청을 하였다.

그리하여 그 스님께서 진중(鎭重)한 태도로 정토법에 대하여 대강 말씀해 주시고는 아미타불(阿彌陀佛)을 염할 것을 권하시면서 하시는 말이 "염불하는 자는 많으나 왕생하는 자는 드물며 염불하기는 쉬운 것이나 성취하기는 극히 어려운 것이니, 염불하기가 어려운 것은 아니지만 오래 지속하기가 어려운 것이며 또한 오래 지속함은 과히 어려운 것이 아니나 일념(一念)으로 하기가 어려운 것이니라. 일념이 되어야만이 성취를 할 수가 있는 것이니라."라고 말씀해 주시는 것이었다.

그리하여 그 노인이 감사한 인사를 드리고는 집에 돌아와서 즉시 가족들을 모아 놓고는 하는 말이 "나는 이제부터 살림은 하지 않겠으니 이제부터는 모든 것을 너희들이 다 알아서 잘 처리해 나가기를 바란다."고 당부를 해놓고는 그 즉시로 조용한 방사(房舍) 하나를 정리해서 그 방에는 일체 아무도 들어오지 못하게 하고 오직 염불에 전력을 하였다.

그렇게 1년이란 세월이 지나갔으나 오래 지속을 하여 염불은 하여도 일념(一念)만은 되지를 않는 것이었다. 일념이 되도록 해보려고 아무리 애를 써봐도 도저히 되지를 않는 것이었다.

그리하여 부득이 또 다시 그 스님에게로 찾아가서 하는 말이 "살림을 안 하고 염불만을 계속했으나 일념만은 도저히 되지를 않으니 스님께서 다시 일념 되는 법을 가르쳐 주옵소서." 하고 가르침을 청하였다.

그러니 그 스님이 말씀하시길 "그대가 비록 살림은 안 하고 염불만 했다 하더라도 아손(兒孫)들에 대한 생각은 끊어지지 아니했을 것이다. 이는 애근(愛根)을 뽑지 못한 것이니 그 어찌 일심이 될 수 있을 것인가. 그대가 만일 일심(一心)이 되도록 하려면 먼저 아손(兒孫) 권속(眷屬)에 대한 애정을 끊어버리고 일체 모든 것을 다 놓아버리고 마음에 아무것도 두지 말아야만이 일심을 얻게 될 것이니라."라고 말씀해 주시는 것이었다.

그리하여 그 후부터는 자녀들과 모든 권속들에 대한 관심을 일체 두지 않고 모든 것을 다 잊기로 작정을 한 것이다. 그로부터는 백불관(百不關)이란 3자(字)를 항상 염두(念頭)에 두고는 일체 모든 것에 마음을 쓰지 않고 일체를 간여하지 않으며 오직 염불에만 주력을 하였다.

그러나 처음에는 그것이 잘 되지를 않았다. 그래서 자손들에 대한 걱정이 되면 얼른 백불관(百不關)을 외우고는 그 생각을 물리치며, 혹은 어떤 일에 대하여 마음이 일어나려고 하면 또 얼른 백불관을 외우고는 이에 그 생각을 물리치는 것이었다.

이 백불관(百不關)은 그러한 잡념을 물리치는 데는 아주 좋은 약이 되었다.

그와 같이 얼마 동안을 계속하여 마침내는 일념이 되게 되었으며 얼마 후엔 삼매(三昧)까지 얻게 되어 왕생할 날짜까지 알게 된 것이다.

그리하여 하루는 그 스님에게 찾아가 인사를 드리고는 하는 말이 "스님 참으로 감사합니다. 스님께서 말씀해 주신 그 법은 하나도 헛된 것이 없었습니다. 스님의 덕택으로 악도에 떨어질 제가 이제는 영원히 고해를 벗어나서 극락세계로 왕생을 하게 되었나이다. 이제 며칠 후면 왕생하게 될 것이므로 스님에게 인사드리고 갈까 하여 온 것입니다." 하고 공손히 예배드리고는 집에 돌아와 며칠 후에 하나도 아프지 않고 편안하게 이 세상을 떠나 왕생극락(육도윤회를 벗어난 정토에 화생함)을 하게 되었다.

이 노인은 스님에게 백불관(百不關) 법문을 듣고 나서는 그 즉시 그대로 실천을 한 것이며 그 후부터는 누가 무슨 말을 해도 "백불관(百不關)" 하고 다시는 말을 하지 않았다. 그로 인하여 백불관 노인이라는 호를 듣게 된 것이다.

그 누구도 이 백불관 노인처럼 굳은 결심으로 냉정하게 모든 애착을 다 끊고 백불관(百不關)이 되지 않고는 결코 이 사바고해(娑婆苦海)를 버리고 영원한 안락처(安樂處)를 얻지는 못할 것이다.

백불관 노인이 만일 굳은 결심이 없어 그 애착을 끊지 못했었다면 그는 반드시 악도에 떨어져 무량 무수겁(劫)에 그 극심한 고통을 받게 되었을 것이다. 그는 잠시간의 애착을 끊음으로 영원한 안락을 얻게 된 것이다.

극락세계의 보살들은 그 몸의 상호와 공덕과 변재를
원만하고 장엄하게 갖추어 어느 누구와도 비교할 수 없으며,
이 보살들은 헤아릴 수 없는 모든 부처님을 공경하고 공양하며,
또한 항상 모든 부처님들께서도 보살들을 칭찬하시어 마지않느니라.
그리고 보살들은 성불하는 모든 바라밀을 끝까지 밝히고
공空 무상無相 무원삼매無願三昧와 불생불멸한 모든 삼매를 닦아서
성문과 연각 등 소승의 경계를 멀리 여의었느니라.
-불설무량수경

죽은 후 7일 만에 깨어나 무량수경 독송한 위세자

송(宋)나라 원하 때의 사람으로 연대가 확실치는 않으나 900여 년 전 송나라 양군 땅에 살던 사람이다.

네 식구가 한 가족이 되어 아주 단란하게 살고 있었는데 네 명의 식구 중 세 사람은 불법을 신봉하여 일찍부터 정토(淨土) 발원을 하여 아미타불(阿彌陀佛)을 지성으로 염(念)하였으나 오직 한 분만은 믿지를 않는 것이었다.

셋이란 아버지와 아들과 그리고 딸이며 한 사람은 어머니 되는 분으로서 이 분은 선근(善根)이 없어 그런지는 모르나 아무리 권해도 되지를 않는 것이었다.

세 사람 중에도 가장 신심이 장하고 성의 있게 염불하는 분은 가장 나이가 어린 위세자란 딸아이였다.

이 아이는 숙세(宿世) 선근(善根)이 많아서 인지는 모르나 아주 영특(英特)한 아이며 불법을 아주 진실하고 돈독하게 믿으며 성의가 지극했다. 그리하여 예배드리고 염불함에 지극 정성으로 하는 것이었다.

그러던 중 원하 초기에 나이 겨우 14에 이 세상을 떠나고 말았다. 물론 극락세계로 왕생했을 것으로 믿기는 하지만 아직 중생의 정이 있는 한 그 어찌 애석하지 않을 것인가. 그리하여 죽은 아이를 7일 동안이나 치우지 않고 그냥 방에다 놔두었다.

그런데 7일이 지나도 산 사람과 얼굴색이 똑같으며 몸에서는 이상한 향취(香臭)가 풍기었다. 그러다가 7일 만에 그 아이가 다시 소생(蘇生)하여 깨어났다.

아이가 깨어나서 하는 말이 "높은 자리를 하나 마련하여 다시 무량수경(無量壽經)을 모셔 달라"고 부탁을 하는 것이었다.

그의 아버지가 그와 같이 해주고 나니 그 아이가 목욕재계 (沐浴齋戒) 하고는 예배를 드리고 나더니 그 놓은 상(床)에 올라가서 무량수경을 독송하는 것이었다.

본시 이 아이는 글을 몰라서 전일에 경을 본 적이 없었는데 웬일인지 그 경전을 읽어나가는데 그 음성이 맑고 청아하고 그 발음이 분명하여 하나도 틀리지를 않았다.

경을 다 독송하고 나서는 단(壇)에서 내려와 그의 아버지에게 하는 말이 "제가 극락세계에 왕생을 하여 가서 보니 우리 세 사람은 모두 커다란 연꽃에 이름이 써 붙어 있어 다음에 이 연꽃에 화생(化生)하게 될 것이라고 되어 있는데, 오직 어머니 것만은 없어서 도저히 그냥 견딜 수가 없어서 알려주려고 부처님의 신력(神力)으로 다시 오게 된 것입니다."라고 말을 하고는 그대로 다시 가버리고 말았다.

그 말을 듣고 난 그의 어머니는 그때서야 불법에 진실함을 믿게 되었으며 극락세계가 실지로 있는 것임을 믿고는 열심히 염불을 하게 되었다는 것이다.

그런데 위세자가 먼저 그 말부터 하지 않고 무량수경을 앞에 독송하고 나서 그 말을 하게 된 것은 그의 어머니나 세상 사람들이 자기 말을 믿어주지 않을 것 같아서 그러한 상징을 보여 주고는 자기 말을 믿게 하고 나서야 말을 해준 것이다.

그 어찌 믿지 않을 수가 있을 것이리요. 살아생전에 글을
모르는 아이가 죽었다 깨어나서는 글 잘 하는 문장가처럼
경전을 읽어 나가는 것이니 극락세계에 왕생하게 되면 자연
적으로 지혜를 얻게 되어 모든 경전에 뜻을 알게 된다 함이
어찌 허언일 것이며 이 아이의 말을 믿지 않을 수 있을 것
인가.

세인들은 급하지도 않은 일에는 서로 앞다퉈 쫓아다니지만,
생사윤회를 벗어나는 일에 관심조차 두지 않는구나!
지극히 악독하고 괴로움이 가득 찬 세상에서
몸과 마음을 고달프게 부리면서 세상일 하느라 고생하며
자신의 욕망을 채우기 위해 쓸데없이 바쁘게 살아가는구나.
−석가세존, 〈무량수경〉에서

스님들 청법한 공덕으로 왕생한 수나라 때의 노파

이분은 성명과 연대가 자세히 기록되어 있지는 않다.

수(隋)나라 대업 때라고 하니 약 1380여 년 전의 일로서 병주 땅 문수현 구산이라는 한 마을에 늙은 내외가 살고 있었다. 자녀도 아무도 없이 오직 두 내외가 수종(隨從) 드는 사람들과 다섯 식구로 외롭게 살아가고 있었다.

살림은 별 구애 없이 넉넉히 살아가는 처지여서 항상 식량을 여유 있게 유념해 두고 살았다.

그리고 불법을 지극히 신봉하고 있었으며 불법에 깊은 진리를 잘 알고 있어 정토(淨土)에 왕생하기를 발원하여 지성껏 염불을 모시고 있었다.

그리하여 매월 29일은 근처에 있는 절에 스님 두 분을 청하여 공양을 올리고는 숙소를 정결하게 마련하여 하룻밤 머물고 가시게 하고는 법문을 청해 듣는 것이었다.

그 마을은 약 60여 가호(家戶)가 살고 있는데 그 마을 사람들까지 모두 청해다가 법문을 듣게 하며 계(戒)도 설하시어 계도 받게끔 하는 것이었다.

그리고 초하루 날은 음식을 정결하게 장만하여 대중 스님들과 마을 사람들을 청하여 재공양(齋供養)을 올리는데, 그날은 노파가 부엌에 나가서 모든 음식을 마련하는 것이다. 그리하여 노부(老父)가 말하기를 "힘이 드는데 다른 분에게 시키면 되지 않느냐?"고 하면 "아직은 그만한 것은 할 수 있

으며 바빠서 다 하지 못 할까봐 그러는 것이며 다른 분을
시키면 내 복이 될 수가 있느냐"고 하면서 그날은 목욕재계
하고는 있는 성의를 다하여 정성껏 음식을 장만하여 공양을
올렸다.

매월 그와 같이 하여 한 번도 빠짐없이 계속하기를 3년간을
해온 것이었다.

그러던 중 이 노파는 이 세상 인연이 다 되어 세상을 떠날
날이 도래하게 되었다.

그날 밤이었다 초저녁이 지나 밤이 깊어져 갈 무렵이었는데
갑자기 대낮처럼 밝아지면서 등잔불이 빛을 잃어 보이지 않
게 되었다. 동네 사람들이 이상하여 급히 나와서 보니 서쪽
하늘로부터 햇빛처럼 밝은 광명이 그 노파의 집으로 들어가
고 있었다.

동네 사람들 모두가 황급히 그 노파 집에 가보니 두 내외가
염불을 하고 있었다.

그리하여 동네 사람들도 같이 염불을 하고 있으니 한 명의
보살이 공중으로부터 내려와 연화대(蓮華臺)를 받쳐 노파에
게 올리는 것이며 호화찬란한 미묘한 장엄(莊嚴)들이 온 마
당을 가득히 덮었다.

그 노파가 이윽고 이 세상을 떠난 것이다.

이 얼마나 장한 일인가. 만일 이 노파가 자녀들이 많이 있
었더라면 그 자녀들에 대한 애착으로 인하여 그처럼 간절하
게 부처님에게 매달리지도 않았을 것이며, 또한 그 자녀들
로 인하여 그처럼 좋은 공덕을 많이 짓지도 못했을 것이다.
혹은 자녀들로 인하여 왕생극락을 못 하였을런지도 모를 일

이다. 다행이도 자녀들이 없어서 부처님 불법에 간절하게 의지하게 된 것이며, 또한 부처님에게 지성껏 매달리게 된 것이며 이에 훌륭한 공덕을 많이 지어서 임종 시에 그러한 훌륭한 상서(祥瑞)가 나타난 것이니 이는 틀림없이 상품상생(上品上生)을 했을 것임을 의심할 여지가 없는 것이다.

그리고 이 노파가 염불만을 하고 공덕을 안 지었다면 그와 같은 수승한 왕생을 못 하였을는지도 모른다. 나이 많은 노파가 손수 부엌에 나가서 다른 분이 있는데도 자기가 친히 그 모든 공양구(供養具)를 정성껏 마련하여 스님들과 모든 사람들께 올린 것이니 이는 참으로 훌륭한 공덕이 안 될 수 없는 것이다.

이 세상 사람들 중에는 간혹 자녀들에 대한 애착으로 불법도 여실히 신(信)하지 않는 것이며 여실히 신한다 하여도 그 자녀들만을 위하여 자신에 대한 수행이나 공덕을 짓지 못하는 것이며 또한 공덕을 짓는다 해도 그 역시 자녀들만을 위한 공덕이지 자신을 위한 공덕은 하나도 짓지 못하고 결국 이 세상을 떠날 적에는 그 자녀들과는 남이 되고야 마는 동시에 그 자녀들로 인해서 지은 죄로 삼도(三塗)에 떨어져 무량무수겁(劫)에 그 극심한 고통을 혼자서 받게 되는 것이니 이로 미루어볼 때에는 그 자녀가 천추에 원수라고도 할 수 있는 것이어늘 세상 사람들은 그러한 것은 조금도 생각함이 없이 그 자식에 애착으로 인하여 그 귀중한 일생을 자식의 노예가 되어 온 정성을 다 바치고는 억울한 희생을 당하고야 마는 것이다. 그와 같이 될 바에는 차라리 자녀가 없이 혼자서 사는 것이 영원한 운명을 위해서는 훨씬 나을 것이라고 하지 않을 수 없다.

아무쪼록 자녀들로 인하여 삼도(三塗)에 떨어지지 않기를 바라며 또한 자녀들로 인하여 자신을 위한 수행을 하지 않아서 왕생극락을 못하게 되는 그러한 억울한 일이 되지 않도록 모든 애착을 버리고 부지런히 닦고 닦아서 천추만대(千秋萬代)에 후회가 없도록 힘쓸지어다.

사람마다 지어놓은 업이 있으니 부질없는 남의 일로 살지 말고 자신의 영원을 위해 힘쓸지어다.

일체유정 이번생에 왕생하여 부처되면
보현행원 뛰어넘어 저언덕에 오른다네
이러하니 많이듣고 널리배운 대승보살
응당나의 가르침과 여실한말 믿을지라

이와같이 미묘법문 다행히도 들었으니
어느때나 염불하여 환희심을 낼지어다
수지하여 생사윤회 중생널리 제도하니
이사람이 참선우라 부처님 말씀하시네
　　　　　　　　　　　－무량수경

염불 3년 만에 눈이 밝아진 장님, 양씨 노파

지금부터 약 천삼백육십여 년 전 당(唐)나라 정관 때에 있었던 일이다.

닥주라는 땅 영안현에서 동쪽으로 약 팔리 쯤 떨어진 곳에 한 마을이 있으니 반룡촌이라는 마을이었다. 그 마을에 앞을 못 보는 노파가 한 분 살고 있으니 양씨(梁氏) 노파라고 하는 분이다. 이 노파는 전세의 죄업으로 불행한 맹인으로 이 세상에 태어나 밝은 세상을 보지 못하고 아무런 낙이 없이 쓸쓸한 마음으로 괴로운 인생을 살아가고 있었다.

그러나 늦게라도 다행히 숙세(宿世)의 선근(善根)으로 선지식을 친견하게 되어 정토법문을 얻어 듣게 된 것이다.

그 노파는 정토법문을 알고 나서부터는 무한히 기뻐하였으며, 그로부터 즐거운 마음으로 이 세상을 살아가게 되었다. 그리하여 그 노파는 자신의 전생의 죄업을 뉘우치면서 극락세계에 왕생하기를 발원하여 지극정성으로 아미타불(阿彌陀佛)을 염했다. 잠시도 휴식 없이 그리고 끊어짐 없이 계속하여 염불을 하는 것이었다.

그 노파는 마음에 오직 아미타부처님 한 분 외에는 아무런 생각도 없었다. 오직 서방정토 극락세계에 가고자 하는 생각으로 일념이 된 것이었다. 그와 같은 일념으로 있는 힘, 있는 정성을 다하여 3년간이란 세월을 잠시도 멈추지 않고 계속한 것이다.

3년을 하고 나니 우연히 두 눈이 밝아져서 세상을 밝게 보게 되었다. 노파는 한없이 기뻐하며 부처님의 고마움에 무한한 감사를 드리는 것이었다.

그 후부터는 더욱 더 신심이 나서 밤잠도 잊어가면서 전일에 배나 더 애써 염불을 해 나갔다. 그렇게 또 4년이란 세월이 흘러간 것이었다.

그리하여 그 노파는 나이가 많아져 이 세상 인연이 다 되어 임종 시가 도래하게 되었다.

임종할 그 순간 온 동네 사람들이 보니 수많은 성중(聖衆)이 허공에 나타나더니 오색이 찬란한 깃발들이며 칠보(七寶)로 장엄된 산개(傘蓋)를 들고는 부처님과 함께 그 노파의 집으로 내려와 그 노파를 연화대(蓮華臺)에 태워가지고 멀리 서쪽 하늘로 사라져 버리더라는 것이다.

동네 사람들이 급히 양씨 노파 집에가 보니 서쪽을 향해 합장하고 단정하게 앉아서 왕생을 하였다.

그리하여 마을사람들이 하는 말이 "이는 우리 마을에 크나큰 경사로운 일이며 이분은 보통 사람이 아닌 성현(聖賢)들과 같은 분이니 시신을 땅에 묻어서는 안 된다고 하면서 서방 극락세계로 가셨으니 우리 마을 서쪽에다 탑을 모아 거기에다 시신을 모시도록 하자"고 하면서, 온 동네 사람들이 모두 나와서 동네 서편 양지쪽에다 탑을 모아 그 노파의 시신을 모시고는 내왕(來往)하는 자 모두가 치경을 하였다. 그 근방 향민(鄕民)들이 모두 발심하여 염불을 하지 않는 자가 없었으며 그 탑이 현재까지도 보존되어 있어 지금까지도 그 지방 사람들은 그 노파를 존경하고 있다는 것이다.

맹인이 눈을 뜨고 게다가 그 훌륭한 왕생극락을 하여 그 많은 사람들로 하여금 그 긴 세월을 존경 받게끔 되었나니 염불법이 이 얼마나 장하고 훌륭한 것인가.

양씨 노파가 이와 같이 훌륭하게 된 것은 앞을 못 보게 된 불행한 운명으로 인한 것이라 할 수 있다. 그분이 만일 남과 같이 눈이 밝은 행복한 분이셨다면 그처럼 간절하게 극락세계에 가고자 하는 마음이 나지 않았을른지도 모르며 또한 그처럼 지성껏 부처님에게 매달리지도 않았을지 모른다. 그분은 그러한 불행으로 인하여 영원히 삼계(三界) 고해를 벗어나 무량무변(無量無邊)의 낙을 받게 된 것이니, 그러한 불행한 운명을 받은 것이 천만다행(千萬多幸)한 것이었다고 하지 않을 수 없다.

이와 같이 이 세상 사람들 중에는 행복한 운명이 가장 불행한 자가 되는 수가 적지 않다. 행복함에 방일(放逸)치 말아야만 할 것이다.

작은 낙(樂)은 큰 낙을 잃게 하며 작은 불행은 큰 행복을 얻게 하도다.

큰 불행은 행복에서 받게 되며 큰 즐거움은 괴로움에서 얻어지도다.

이상으로 기록한 것은 인도에 두 보살(용수보살과 세친보살)을 제외하고는 모두 중국에서 있었던 일들이며 중국에서 왕생한 사람 중 그 몇 분만을 기록해 본 것이다.

앵무새가 염불하여 무덤에서 연꽃이 핀 이야기

지금부터 약 일천삼백여 년 전 이야기다.

중국 담주부 내에 한 고을 원님의 집에 한 마리의 앵무(鸚鵡)새를 기르고 있는데, 능히 사람의 말을 잘 따라서 할 줄 아는 것이었다.

하루는 그 원님이 그 골에 있는 청화사라는 절에 청량(淸涼) 장로스님을 찾아가 "저희 집에 오시어 송경(誦經)을 좀 해주십시오."하고 청하였다.

그 스님께서 대중을 거느리고 그 골 원님 집에 가서 송경(誦經) 염불을 해주는데 그 앵무새가 듣고는 그대로 다 따라서 하는 것이었다.

이를 본 장로 청량 스님께서 아주 기특하게 여기어 그 앵무새로 하여금 절에 데려와 수행을 시키려고 그 원님에게 청을 한 것이다.

그랬더니 그 원님은 본시 불법을 신봉하는 신자인지라 쾌히 승낙을 해 주었다.

그리하여 그 앵무새를 절로 가지고 가서는 아미타불(阿彌陀佛)을 가르쳐 준 것이다. 그랬더니 그대로 하는데 그 발음이 아주 정확하고 분명하게 하였다. 처음엔 스님들이 시키면 하고 안 시키면 안 하더니 나중에는 제 스스로 항상 아미타불을 부르더라는 것이다.

참으로 기특(奇特)한 일이어서 모든 스님이 귀여워하고 사랑해 주었다.

3년이란 세월이 흘러갔다. 그 후 사조(四祖) 스님께서 이 앵무새를 보시고는 그 새에 수기(授記)하여 말씀하시기를 "그 몸을 벗고 나서는 근원(根源)에 돌아가게 될 것"이라고 하셨다.

마침내 그 앵무새는 수명이 다 되어 그처럼 귀여움과 사랑을 받아가며 염불수행을 해 오다가 이윽고 그 몸을 버리고 서방극락세계(西方極樂世界)로 떠나고 말았다.

그 모든 대중은 섭섭한 마음으로 그 앵무새를 위하여 염불을 해주었다. 그리고 죽은 앵무새를 절 근처 따뜻한 양지쪽에 묻어주고는 큼직한 무덤을 해놓았다.

그 후 10여 일이 지나 한 스님이 그 무덤에 가보니 이상하게도 그 무덤에서 연이 하나 솟아 올라와 꽃이 피어 있는데 아름다운 향취가 온 사방에 풍기며 그 광채가 찬란하게 빛나더라는 것이다.

본시 연이란 수중(水中)에서만 살 수 있는 것인데 이 메마른 육지에서 연이 솟아나 꽃이 피어 찬란하게 빛나고 있으니 이 어찌 신기한 일이 아닐 것이랴. 어찌 염불에 영험(靈驗)이 없다고 할 수 있으랴.

이 말을 들은 대중이 모두 달려가서 보니 과연 참으로 이상한 일이었다.

모든 대중은 그 앵무새의 높은 덕을 추앙(推仰)하지 않을 수 없었다. 그래서 그 연꽃이 어찌하여 생겨났는지 그 무덤을 파보기로 하였다.

무덤을 서서히 파헤쳐 보니 그 뿌리가 외 가닥으로 점점 가늘게 뻗어 들어갔는데 마침내는 바늘만큼 가는 뿌리가 그 앵무새의 혀에서부터 뻗어 나온 것이었다.

이 어찌 염불한 공덕의 힘이 아닐 것이랴. 이를 본 대중 모두가 감탄하지 않을 수 없었다.

이러한 상서(祥瑞)는 그 앵무새가 결정코 왕생극락한 것임을 세상 사람들께 알려주는 상징인 것이다.

대중들은 다시금 무덤의 흙을 묻어 주고는 절에 돌아와 모두 다시 발심이 되어 염불에 전력을 다했다고 한다. 얼마나 신기한 일인가.

그 후 사조(四祖) 스님께서 이 말을 들으시고 게송(偈頌)을 지으시되

　　신령스런 앵무새여 사람 따라 염불하여
　　무덤에서 연꽃 피니 사람보다 장하도다.

라고 하셨다.

이러한 금수(禽獸)도 염불하여 왕생극락하거늘 어찌 사람으로서 염불하여 왕생극락을 하지 않을 것인가.

앵무새가 염불하여 사리가 나다

중국 하동 땅에 가면 앵무(鸚鵡)새 사리탑(舍利塔)이 있다.

그 유래(由來)는 다음과 같다.

지금으로부터 약 일천일백칠십여 년 전(서기 804년경) 당(唐)나라 덕종 당시의 이야기이다. 하동 땅에 배씨라는 분이 앵무새 한 마리를 기르고 있었다.

앵무새를 처음 그때에 주면서 하는 말이 "이 새는 음성이 매우 아름다우며 사람의 말을 잘 할 줄 아니 무엇이든 한번 가르쳐 주면 그대로 하는 새"라고 하였다.

그리하여 그 새를 얻은 배씨는 무한히 반가워하였다.

그분은 일찍부터 불연이 있어 많은 경전을 보고 염불을 하고 있었다. 경에 보니 극락세계에는 모든 새들이 아름다운 음성으로 법음(法音)을 연창한다고 되어 있는지라. 이 앵무새 또한 그와 같은 것이라 하여 이름을 재범경(載梵經)이라고 지은 것이다. 재범경(載梵經)이란 부처님 경전에 실린 새라는 뜻이다. 다시 말하면 부처님 경전에 있는 새들과 같은 것이라는 뜻이다.

이 앵무새는 다른 모든 새들과는 전혀 다른 것이었다. 말만 할 줄 아는 것이 아니라 그 지혜가 뛰어난 아주 영특(英特)한 새였다.

염불을 한번 가르쳐 주니 즉시에 그대로 하는 것이었다.

그리고 삼장 6재일(齋日) 날은 주인이 가서 "오늘은 재일이니 아침 한 끼만 먹고 먹지 말아야 한다."라고 해주면 아침에 한 번만 먹고는 종일 먹지 않았다. 게다가 그 먹이를 쳐다보지도 않는다는 것이다. 그 의지가 굳셈이 계행(戒行)을 엄수하는 청정한 범승(梵僧: 인도의 승려)과도 같은 것이었다.

주인 배씨는 비록 금수(禽獸)일망정 귀여워하며 항상 친근(親近)하여 또한 공경(恭敬)하는 것이었다.

그리고 염불을 다시 가르쳐 말하되 "처음에는 생각을 가지고 염불을 하나 나중엔 생각함이 없이 염불을 하는 것이니라."라고 말을 해주니 머리를 들어 쳐다보면서 날개를 펼쳐서 둑둑 쳤다. "잘 알겠습니다." 하고 응답하는 뜻이었다.

그렇게 앵무새는 항상 염불을 하고 있었다. 간혹(間或) 아무 소리가 없어 가서 "염불하고 있느냐?"고 물으면 묵연(默然)히 대답 안 할 때가 있으며 혹은 가서 "염불 안 하고 있느냐?"고 물으면 그만 소리를 내어 아미타불(阿彌陀佛)하고 짖어대는 것이었다.

묵묵히 대답 안 함은 무념(無念)으로 염불하고 있다는 뜻이며, 안 하느냐고 물을 때는 하고 있다는 것으로 크게 아미타불(阿彌陀佛)을 부르는 것이다. 이와 같이 간간히 시험해보면 항상 상쾌히 응해주는 것이었다.

그 앵무새의 염불소리는 참으로 아름다운 음성이었다. 마치 천녀(天女)가 부는 피리소리처럼 맑고 아름다우며 처량한 것이었다. 그러한 목소리로 염념(念念)히 상속(相續)하여 항상 염불을 하고 있었다.

그 염불소리를 듣는 자는 번뇌(煩惱) 망상(妄想)을 씻어 주는 듯 마음이 상쾌해지며 무한히 즐겁기만 하였다. 그 맑고 청아(淸雅)한 염불소리는 또한 듣는 자로 하여금 신심을 일깨워주며 보리심(菩提心)을 발해 주기도 하였다. 참으로 기특하며 자랑스러운 새였다.

그리하여 이 앵무새는 인근에 있는 모든 사람들을 발심을 시켜서 염불을 하게 한 것이며 모든 사람들에게 귀여움과 존경을 받는 참으로 훌륭하며 장한 새였던 것이다.

그렇게 여러 성상이 지나갔다. 그 앵무새도 수명에 한도가 있는지라 아마도 세연(世緣)이 다 되었는지, 하루는 주인 배씨가 보니 그처럼 아름답던 몸빛이 빛을 잃고 매우 초췌해 보이며 씩씩하고 활기차 보이던 그 모습이 시름시름 하고 있는 것이었다.

그를 본 배씨가 "아마도 네가 이제는 그 몸을 버리고 극락세계로 갈 때가 된 것이로구나. 이제 내가 너를 위해 경쇠를 쳐줄 터이니 이 경쇠 소리에 따라 염불을 할지어다."라고 하니 고개를 끄덕거리는 것이었다.

그리하여 경쇠를 한 번 쳐주니 "아미타불(阿彌陀佛)" 하고 염불을 하는 것이었다. 또 경쇠를 쳐주니 따라서 아미타불을 불렀다. 열 번을 쳐주니 열 번을 다 따라서 아미타불을 처량하게 부르고는 날개를 모으고 발을 오그리며 주저앉는 것이었다.

그리하여 눕지도 않고 움직이지도 아니 하고 그냥 가만히 있는 것이었다. 그 순간 온 집안에 향취가 풍기며 그 앵무새 몸에서는 다시금 광채가 빛났다. 앵무새가 그대로 그 몸을 버리고는 이윽고 서방극락세계로 떠나고야 만 것이다.

이를 본 배씨는 비감(悲感)한 마음과 섭섭한 마음 금할 길이 없었다. 때는 덕종 정원 19년 7월 4일이었다.

이 말을 들은 인근 마을 사람들도 모두 와서 보고는 슬퍼하며 염불을 해주었다. 그 집 주인은 비록 금수의 몸일망정 그 지혜롭고 영특함이 사람 보다 수승함을 찬탄하고 추모하여 사람과 같이 장례를 치르고는 화장을 해주었다.

그 몸이 다 타고 나니 그 몸에서 광채가 빛나기에 그 재를 헤쳐 보니 사리가 있는데, 그 빛깔이 백옥같이 희며 눈이 부시게 빛이 났다.

그 후 고승 혜관 스님께서 탑을 세워 그 사리를 봉안하여 길이 후세에 그 이적(異蹟)을 세상에 널리 전하게 했다.

이 얼마나 기특한 일이며 신기한 일이 아니겠는가.

이러한 미물까지도 아미타부처님의 명호(名號)를 불러 사리가 나고 왕생극락을 하는 것이니 이 염불법이 얼마나 수승하게 뛰어난 것이며 그 얼마나 좋은 법이 아니랴.

이러한 금수도 염불을 하여 사리가 나거늘 하물며 사람이 되어서 이에 염불을 하지 않을 수 있을 것인가.

제4부. 한국의 염불 선지식

방방곡곡에 아미타불 염불 전한 원효 대사

원효 대사(元曉大師)는 신라 진평왕(眞平王) 39년에 나시어 신문왕 6년에 70세로 세상을 마치신 분이다.

속성은 설씨이며 이름은 서당이고 원효라 함은 자호(字號)이며 시호(諡號)는 화정국사(國師)이시다.

이 스님의 태생지(胎生地)는 당시의 지명으로는 압량군 남불지촌(南佛地村) 율곡(栗谷) 사라수(紗羅樹)라고 하는데, 현재 경북 경산에서 태어나셨다고 한다.

이 스님을 잉태할 때에 그의 어머니의 꿈에 유성(流星: 별)이 입회(入會)함을 보고 임신이 되었다고 하며 출생할 때에는 오색구름이 땅을 덮었다고 하니 이 스님은 비범한 분이 아니심을 가히 알 수가 있는 것이다.

스님은 어려서부터 매우 영특하여 배움에 선생이 필요 없을 정도였다고 하며 나중에는 그를 가르칠 스승이 없었다고 한다.

그는 29세에 출가하시어 황룡사(黃龍寺)에서 스님이 되시고 34세에 동학(同學)인 의상 대사(儀相大師)와 함께 당(唐)나라에 불도(佛道)를 구하러 유학을 가던 중 요동 땅에 이르러 어느 무덤 사이에서 밤을 새우게 되었는데, 밤중에 갈증이 심하여 더듬어 보니 한 곳에 물이 있어 마시고는 밤을 새우셨다.

그 이튿날 날이 밝은 후에 보니 자기가 밤에 마신 물이 해골(骸骨)에 담겨 있는 더러운 오물(汚物)임을 알고는 역정(逆情: 구역질)이 나서 그 물을 토하다가 홀연히 심오한 진리를 깨달으셨다고 한다.

원효 대사께서 해골의 썩은 물을 마시고 대오(大悟)한 후에 설하신 게송은 이러하다.

   심생즉종종법생(心生卽種種法生)
   마음을 내면 가지가지 법이 일어나고
   심멸즉촉골불이(心滅卽觸骨不二)
   마음을 거두면 해골 물도 맑은 물도 둘 아니라
   삼계유심 만생유식(三界唯心萬生唯識)
   삼계는 오직 마음이요, 만생은 오직 의식이로다
   심외무불 호용별구(心外無佛胡用別求)
   마음 밖에 부처가 없으니, 어찌 따로 부처를 구하랴.

그리하여 원효 스님께서는 이미 불법을 다 알았으니 당(唐)나라에 갈 필요가 없어서 그 길로 돌아서서 본시 계시던 절로 오시고 의상 대사 혼자서 가셨다고 한다.

그 후 원효 스님께서는 모든 경전을 다 보시고 그 심오한 진리를 통달하시어 수 없이 많은 논(論)과 소(疏)를 지어 세상에 남기셨으며 특히 화엄경(華嚴經)의 진리에 밝으시어 화엄(華嚴) 법사라는 칭호를 받게 된다.

그 분께서 저술한 책(冊)은 86부(部)에 96종(種) 이상이나 되며 그 권수(卷數)로는 178권(卷)이 넘는 많은 글을 저술한 것이니 이는 인류 역사상 혼자서 이 만큼 많은 글을 저술한 분은 없다고 하는 것이다.

그리고 그 문장(文章)에 있어서도 그 만큼 잘된 문장이 없다고 하니, 이는 참으로 성현(聖賢)이라 하지 않을 수 없는 분이다.

그리하여 고려(高麗)조에 숙종으로부터 대성화정국사(大聖和靜國師)라는 시호(諡號)를 추증(追贈)받게 되셨다. 우리나라 역사상 대성(大聖)이란 호를 가진 분은 오직 원효 대사 한 분밖에 없다고 하니, 참으로 위대한 분이라 하지 않을 수 없다.

그리고 원효 스님은 인간세상에서만 그와 같이 위대한 분으로 알아줄 뿐만 아니라 용궁(龍宮)에서 까지도 성현(聖賢)으로 알아주는 분으로 다음과 같은 이야기가 있다.

그때에 신문왕 왕비께서 뇌종(腦瘇)이 생겨 백약(百藥)이 무효(無效)인지라 도저히 나을 길이 없어 마침내는 중국으로 사신을 보내어 약을 구해오도록 한 것이었다.

그리하여 배를 타고 서해 바다를 건너가던 중 바다 한복판쯤 갔을 무렵에 바다 속으로부터 한 노인이 솟아올라 오더니 그 배에 올라와서 하는 말이 "그대들이 신라에서 중국으로 약을 구하러 가는 분들이냐?"고 물었다.

그렇다고 하니, 그 노인이 하는 말이 "그대 나라 왕비의 병은 중국에 가봐도 결코 약을 구하지 못할 것이니 나를 따라서 용궁에 가지 않겠는가? 용궁에 가면 왕비의 병이 나을 좋은 법을 알게 될 것이오."라고 하였다.

그래서 따라가겠노라고 하고는 그 노인을 따라 바다 속으로 얼마 동안을 가니 호화찬란한 궁전이 나타나는데 세상에서 볼 수 없는 참으로 훌륭한 궁전이었다. 그것이 바로 용궁인 것이다.

그 노인의 안내로 궁전에 들어가 용왕(龍王)을 뵈오니, 용왕이 보고 하는 말이 "그대 나라의 왕비는 천상(天上)의 옥황상제(玉皇上帝)의 청제부인의 제3녀로서 인간세상에 태어난 것인데 전세(前世)의 죄업으로 인하여 현재 그러한 병고(病苦)를 받고 있는 것이니 그 병은 약으로는 도저히 나을 수가 없는 것으로, 내가 이제 그 병을 나을 방법을 일러줄 터이니 그와 같이 해주기를 바라노라."

하면서 부탁해 말하기를 "내가 부처님 경전을 한 권(卷) 줄터이니 이 경을 잘 모시고 가서 법회(法會)를 열어 왕과 만조백관(滿朝百官)이 다 같이 경청하도록 하며 이 경을 불사

(佛事)하여 세상에 널리 펴게 되면 왕비의 병이 곧 낫게 될 것이니라. 이 경전은 「금강삼매경(金剛三昧經)」이라고 하는 경인데 그냥 가져가게 되면 가다가 마사(魔事)에 걸려 혹 유실하게 될지 모르니 특히 잘 모시고 가야 된다."고 하면서 책을 풀어 전부 헤쳐가지고는 뒤섞어서 한 군데에 똘똘 말아 가지고 사신(使臣)의 허벅다리를 칼로 가르고는 그 안에다 넣고서 약을 바르니 본래 그대로 살이 붙었다. 그런데 그 칼은 신도(神刀)로서 갈라도 아프지도 않고 피도 안 나더라는 것이다.

또 용왕이 하는 말이 "귀국에 가서도 이 칼로 가르고 꺼낸 다음에 이 약을 바르도록 하며 그 경을 다시 차례대로 매야만 하니 차례를 가려 멜 사람은 대안 성사(大安聖師) 밖에 없으니, 대안 성사를 청해다가 차례대로 매도록 하며, 그 경을 해석하여 설하실 스님은 원효 성사(元曉聖師)밖에 없으니 원효성사를 청해다가 경을 설하도록 하며, 그리고 그 경에 소(疏)를 지어 해석을 하여 많은 사람들께 강의를 하도록 한 다음엔 그 경을 세상에 널리 펴게 되면 왕비의 병은 곧 낫게 될 것이니라. 약으로는 어떠한 약을 써도 안 될 터이니 내가 시키는 대로 해주기를 바라노라." 하고는 전송을 해 주었다.

그리하여 다시 아까 그 노인을 따라서 바다 위로 올라와 배에 오르고 나니 그 노인은 사라져 버리고 말았다

사신 일행은 그 즉시 귀국하여 왕에게 전후사(前後事) 이야기를 하고는 용왕이 시키는 대로 모두 봉행(奉行)한 것이다. 그러고 나니 과연 용왕의 말대로 왕비의 병은 완쾌(完快)되었다.

이와 같이 원효 대사는 용궁에서도 대선지식으로 알고 있는 위대하신 분이셨다.

그런데 이 스님께서 세상 사람들을 교화하며 권하신 것이 정토수행으로서 아미타불(阿彌陀佛) 염불을 권하셨다는 것이며, 원효 스님 자신이 항상 바가지를 두들기고 다니시면서 높은 소리로 아미타불을 부르셨다고 한다.

그리하여 원효 대사는 우리나라 불교상으로는 정토종(淨土宗)의 선구자가 된 것이며 그로 인하여 신라시대에 가장 왕성했던 것이 정토종이라고 한다. 그리고 우리나라 불교 역사상으로는 신라시대가 가장 불법이 왕성했을 때라고 볼 수 있는 것이다.

이러한 점으로 미뤄볼 때 모든 불법 중에 정토법이 가장 중생들께 유익한 법이며 또한 수승한 법임을 능히 알 수가 있는 것이다.

불법의 심오한 진리를 깨달으시고 모든 경전을 다 보시고 모든 경지를 다 통달하신 원효 스님께서 자신이 왕생극락을 발원하시어 염불을 하셨으며 많은 사람들을 교화하여 정토수행을 하게끔 하신 것이니 염불법에 지나는 더 좋은 법이 없음은 의심할 여지가 없는 것이다.

그리고 원효 대사는 금강밀적신장(金剛密迹神將)이 항상 옹호(擁護)하고 다니는 화엄(華嚴) 대보살(大菩薩)이라고도 하며 열반 시에는 여섯 군데에서 동일(同日) 동시에 열반에 드셨다고 한다. 즉 몸을 여섯이나 나눈다는 것이니 이는 참으로 대성(大聖)보살이라 하지 않을 수 없는 일이다. 이러한 대성보살께서도 왕생극락을 발원하신 것이어늘 그 누가 왕생극락을 발원하지 않을 것인가.

아미타경의 이름만 들어도
곧 일승一乘에 들어가 다시는 되돌아오지 않으며,
입으로 아미타부처님의 명호를 염송한 즉
삼계를 벗어나 다시 돌아오지 않는다. 하물며
아미타부처님께 예배하고, 집중하여 염불하고,
찬탄하여 읊조리며, 극락의 불보살님과 장엄을
관觀하는 수행이겠는가.
- 원효대사 〈아미타경소阿彌陀經疏〉

화엄 종지 전하며 염불 권한 의상 대사

의상 대사(義湘大師)는 원효 스님과 같은 당시의 스님으로서 원효 스님보다 9년 후배가 된다. 20세에 출가득도(出家得度)하시어 36세에 당나라에 들어가셔서 화엄종(華嚴宗) 제2조(祖)가 되시는 지엄 선사(智嚴禪師) 회상(會上)에 찾아가 화엄의 종지(宗旨)를 이어받아 우리나라 화엄종 초조(初祖)가 되신 분이시다.

의상 대사께서 처음 지엄 화상을 뵈오니 화상께서 하시는 말씀이 "내가 밤에 꿈을 꾸니 큰 나무 한 그루가 해동(海東)으로부터 뻗어 나와 그 그늘이 신주(神珠)를 덮는 것이며 다시 마니보주(摩尼寶珠: 여의주如意珠)가 그 나무 위에 있어 그 빛이 멀리 비추더니 그것이 바로 그대가 나에게 올 꿈이었도다."라고 하시는 것이다.

이로 미루어 보아 의상 대사도 비범(非凡)하신 스님은 아닌 것이다.

의상 스님은 당나라에서 10년간 수도(修道)를 하시고 귀국하셨다. 당시 지엄 화상 회상에 수많은 제자들이 그에게 화엄종지를 배우고 있었는데, 그 중에서 의상 대사의 지혜가 가장 투철하셨으며, 화엄종지를 가장 밝게 통달하셨다고 하는 것이다.

그 당시에 하루는 지엄 화상(智嚴和尚)께서 모든 대중을 전부 모아 놓고 하시는 말씀이 "이제는 화엄종지(華嚴宗旨)를 거의 다 설해 마쳤으니 그대들이 각기 얻은 바를 글로 지어 올리라."고 하시었다.

그리하여 의상 스님께서도 글과 그림을 같이 그려서 올리었으니, 그것이 바로 오늘날 세상에 널리 알려져 있는 저 유명한 법성게(法性偈)이며 해인도(海印圖)가 그것이다.

지엄화상께서 그 글과 그림을 보시고는 극구(極口) 찬탄하시며 하시는 말씀이 "참으로 기이하고 희귀한 것이로다. 모든 대중들이 지어 올린 글을 전부 합쳐도 이 글과 도면(圖面)을 당하지 못함이로다."라고 칭찬을 하셨다.

이 법성게와 해인도는 부처님 이래 오늘날에 이르는 동안 그와 같이 간단한 글로 화엄종지며 불법의 종지를 구족(具足) 원만하게 나타낸 글은 없다고 하며, 현재 전 세계 불교계에 널리 전해져 있는 것이다.

이처럼 의상 대사께서는 비상한 지혜와 안목(眼目)을 가지고 계시어 비단 화엄종지에만 밝으실 뿐만 아니라 모든 경지에 밝게 통하신 대선지식이신 것이다.

이 스님께서는 화엄종지를 세상 사람들에게 알려주면서 정토수행을 적극적으로 권하셨으며 의상 스님 자신도 정토왕생을 발원하여 일생을 염불에 전념을 하셨다. 그리하여 풍

의상 대사와 선묘낭자

기(지금의 영주) 땅에 부석사(浮石寺)를 지으시고는 아미타불(阿彌陀佛)을 모시어 정토도량(淨土道場)을 크게 벌리셨던 것이다.

당시에는 정토종이 크게 번성하여 모든 법 중 제일로 성행했다고 한다. 신라 불교가 우리나라 불교역사로는 가장 성했을 때이며, 그리고 도인(道人)이 가장 많이 난 때라고도 할 수 있으며, 또한 그 도가 가장 높으신 분들이 계셨을 때라고도 할 수 있다.

이러한 불법의 전성시대이며 고승 대덕(大德)이 가장 많이 출현한 그 시대에 정토종이 가장 성행했다는 것은 이 정토법이 모든 불법 중 가장 수승한 법이라는 것을 역사가 입증해 주고 있는 것이니, 그 누가 이를 부정할 수 있을 것인가.

염불만일회의 개창자 발징 화상

금강산 건봉사 등공대

강원도 고성군 건봉사는 신라 23대 법흥왕 때 아도(阿道)화상이 장건하고 원각사(圓覺寺)라 하였으며, 신라 35대 경덕왕 때 발징화상(發徵和尙, ?~796)이 미타만일회(彌陀萬日會)를 설하니, 이것이 우리나라 염불만일회(念佛萬日會)의 효시이다.

발징화상은 홍원(弘願)을 맹세하고 31인의 승려와 함께 만일연회(萬日蓮會)를 창설하여, 향도(香徒) 1,800인으로 하여금 매년 그 의식을 봉행하고 일심으로 염불정진하여 오던 바, 29년이 지난 어느 날, 밤중에 뜻밖에 큰물이 나서 도량 문밖까지 넘쳐 들어 절의 대중이 어찌할 줄을 모르고 울고 있었다.

그러나 뜻밖에도 아미타부처님께서 관세음과 대세지 두 보
살님을 데리고 자금연대(紫金蓮臺)를 타고 오시더니 금색 벽
을 펴서 염불대중을 접인하여 반야선(般若船) 위에 오르게
하신 뒤에 48원(願)을 부르시면서 연화세계를 향하여 가셨
다.

이때에 발징화상은 마침 무슨 볼일이 있어, 금성까지 갔다
가 양무 아간(良茂阿干)의 집에서 자고 있는데, 문득 광명이
환하게 비치므로 놀라 일어나 본 즉 관세음보살께서 몸을
나타내시어서 "너의 절 염불대중이 서방정토에 왕생하였으
니 속히 가보라" 하셨다.

그가 문을 차고 나와서 곧 떠나려 하니, 주인 양무는 이것
을 보고 "스님께서 당초 발원하실 때에는 우리 같은 우매한
자를 먼저 제도하시고 출세하신다 하더니, 이제 우리를 버
리고 어찌 혼자 정토를 가고자 하십니까?" 라고 하였다.

그래서 빠른 걸음으로 절에 가 보니 과연 스님 31인은 벌써
육신으로 등화(騰化)하였다.

다시 향도(香徒)의 집에 돌아와 본 즉 913인은 일시에 단정
히 앉아서(端坐) 가고, 908인은 아직도 남아 있는데, 7일 뒤
에 문득 아미타부처님께서 다시 배를 가지고 오셔서 우선
그 중의 18인만 오르기를 명하셨다.

화상은 다시 울면서 아뢰었다.

"우리가 일세에 가는 것이 본원(本願)이온 즉 남은 사람 전
부를 다 제도하여 주소서" 하며 애원하였다.

그러나 부처님께서는 "다시 왕생할 복을 닦지 아니하면 안

된다.” 하시고 그만 보이지 아니하였다.

향도들은 이 말씀을 듣고 다시 슬피 울면서 ‘우리들은 무슨 죄업이 이렇게도 중하기에 정토에 데려가시기를 주저하시는 것일까?’ 하고 더욱 정진하여 밤낮으로 염불하였더니 7일이 지나자 밤중에 아미타부처님께서 다시 반야선을 가지고 오셔서 오르기를 재촉하셨다.

화상은 또다시 울면서 “만일 향도들이 악업이 무거워 왕생치 못하면 제가 대신 지옥에 가서 고(苦)를 받을 지라도 그들을 모두 왕생케 한 뒤에야 가겠습니다.” 하고 고하였다.

부처님께서는 말씀하시기를, “네가 먼저 가서 수기(授記)를 받고 무생인(無生印)을 깨친 뒤에 신통한 지혜로 세상에 다시 태어나서야 비로소 그들을 제도하게 될 것이다.”라고 하시니, 화상은 이 말씀에 할 수 없이 먼저 배에 올라 눈물을 뿌리면서 남은 향도들의 복을 빌면서 서방 정토로 갔다.

발징 화상의 「권념문(勸念文)」

염불은 자신의 본성이 부처임을 믿고 자기 마음 가운데서 부처를 찾는 것이다. 이것은 염불만의 일이 아니고 불교의 모든 수행의 목표이다. 그런데 염불이 탁월한 점은 이행도(易行道)라는 것이다. 이행도의 뜻은 실행하기 쉽고 증득하기 쉽다는 말이다. 어떻게 이것이 가능한가. 염불을 통해 소원이 성취되고 장애가 사라지며 무생법인을 얻고 극락왕생하며 성불하는 원리가 무엇인가. 이것은 모두 불보살님이 우리를

사랑하고 보호하는 자비심과 우리가 불보살님을 그리는 마음
이 만나서 얻어지는 것이다.

(능엄경에서) 대세지 법왕자가 그동안 52보살과 함께 자리에
서 일어나 부처님 발에 정례하고 여쭈었다.

"나는 생각하니 지나간 옛적 항하사겁 전에 부처님이 출현하
시니 이름은 무량광이시며, 열 두 부처님이 한 겁 동안에 계
속하여 나셨는데, 그 마지막 부처님이 초일월광(超日月光)이
시라. 그 부처님이 나에게 염불삼매를 가르치시기를 '마치
한 사람은 전심(專心)으로 생각하거니와, 한 사람은 전심으로
잊기만 하면 이 두 사람은 만나도 만나지 못하고 보아도 보
지 못하는 것이요, 만일 두 사람이 서로 생각하여 생각하는
마음이 함께 간절하면 이 생에서 저 생에, 또 저 생에 이르
도록 몸에 그림자 따르듯이 서로 어긋나지 아니 하느니라.
시방 여래께서 중생 생각하시기를 어미가 자식 생각하듯 하
거니와 만일 자식이 도망하여 가면 생각한들 무엇하랴. 자식
이 어미 생각하기를 어미가 자식 생각하듯이 하면 어미와 자
식이 세세생생에 서로 어긋나지 아니하리라. 만일 중생들이
지극한 마음으로 부처님을 생각하고 부처님을 염하면 이 생
에서나 혹은 저 생에서 결정코 부처님을 뵈올 것이며 부처님
과 서로 멀지 아니하여 방편을 쓰지 않고도 저절로 마음이
열리는 것이, 마치 향기를 쏘이는 사람이 몸에 향기가 배는
것 같으리니 이것이 향광장엄(香光莊嚴)4)이니라' 하시더이다.

---

4) 염불삼매(念佛三昧)를 말한다. 향에 쪼이면 늘 향기가 남아 있듯이, 염불하
   면 항상 부처님을 볼 수 있으므로 염불을 향에 비유한 것. 또 염불은 지
   혜, 지혜는 광명이므로 광이라 하고, 또 염불하는 인행(因行)은 부처님을
   만나는 과덕(果德)을 장식하는 것이므로 장엄이라 함.

나는 본래 인행 때에 염불하는 마음으로 무생법인을 얻었고 지금도 이 세계에서 염불하는 사람을 인도하여 서방정토로 가게 하나이다. 부처님이 원통을 물으시니 나의 경험으로는 이것저것을 가리지 말고 육근을 모두 가져다가 항상 염불하되 깨끗한 생각이 서로 계속되어 삼마제(三摩提: 삼매)를 얻는 것이 제일이 되겠나이다."『능엄경 염불원통장』

아이가 어머니를 잃어 버렸을 때 아이가 스스로 찾는 것보다는 어머니를 부름으로써 그 소리를 듣고 어머니가 쉽게 찾을 수 있는 것과 같다. 어머니는 자식을 잃어버리면 자식이 찾는 것 보다 더 절실하게 아들을 찾는 것처럼 우리의 어버이이신 불보살님은 우리를 애타게 찾고 계시니, 우리가 마음을 다해 그분을 만나고자 하면 곧 우리 앞에 나타나실 것이다. 다만 찾고 나면 우리의 근본성품이 곧 아미타부처님과 다르지 않았음을 알게 될 것이다. 한치의 간격도 없이 중생심이 머물던 바로 그 자리가 법신·보신·화신의 체성과 다르지 않음을 알게 될 것이다.

이 마음이 부처요, 이 마음이 부처를 이루는 것이며, 삼세제불이 모두 이 마음부처를 증득한 것이니라. 육도중생이 본래 부처인 줄을 왜 모르는가?

다만 미혹해서 염불하기를 좋아하지 않음이니, 지혜로운 자는 이를 알아서 성품을 보고 부처를 이룬다. 앉으나 누우나 항상 부처를 여읜 것 아니며, 괴로우나 즐거우나 부처를 잊지 않나니 옷 입고 밥 먹는 것도 부처요, 어느 곳을 가나 오나 모두 다 부처일세. 가로도 세로도 모두 부처요, 생각 생각이 또한 부처이며 마음 마음이 다 부처일세. 손을 놓고 활발히 집으로 돌아가서 부처를 보라!

근본성품의 둥근 광명이 본래 공(空)한 체성의 부처님(空佛)이요, 한 번 굴려 한 생각을 요달하면 그 이름이 곧 부처로다. 항상 머물러 멸하지 않는 까닭에 무량수불이라 하나니 법신·보신·화신의 체성은 조금도 부처님과 다를 바 없다네.

다만 욕심과 분노와 질투로 스스로 자기 부처를 상하게 하고, 주색잡기로 천진불(天眞佛)을 그르치며, 너다 나다 시비하여 육근으로 부처를 물리치도다.

아! 한 생각 돌이키지 않으면 어느 곳에서 부처를 구할 건가? 지옥 아귀 축생의 세계에서는 영원히 부처님 법을 듣지 못하리니 정녕코 서로 권할지라, 따로이 부처를 찾고자 애쓰지 말고 은밀히 빛을 돌이켜서 자기 부처에게 귀의할지어다.

육신등공(肉身騰空)한 노비, 욱면 낭자

지금부터 약 1,200여 년 전 신라 경덕왕 당시에 있었던 이 야기이다.

당시 강주 땅이라 하였는데 현 진주 지방이라고 한다. 그곳에 아간 귀진이라고 하는 분이 살고 있었다. 그런데 그 집에 욱면랑(郁面娘)이라고 하는 여자 노비(奴婢)가 있었다.

이 분은 전세(前世)의 업연(業緣)으로 불우한 집안에 태어나 어린 시절부터 남의 집의 종이 되어 매우 괴로운 인생살이를 해나가고 있었다.

그런데 그 집 주인 아간 귀진은 살림이 넉넉하여 아주 잘 사는 부유한 집으로 그 지방에서 행세하고 사는 분으로서 불법을 돈독히 신앙하는 신자였다.

그리하여 여러 신자들과 더불어 염불계(契)를 모아 이웃에 있는 혜숙 법사가 지은 미타사(彌陀寺)라는 절에 매일 나가서 염불을 하고 있었다.

욱면랑이 하루는 여가가 있어서 주인 아간 귀진을 따라서 미타사에 가보게 되었다. 가서 보니 신자들이 모여서 아미타불 염불을 하고 있었다.

욱면랑은 집에 돌아와서 주인에게 염불하는 이유를 물어 보았다. 그러니 귀진은 아미타불과 극락세계에 대한 이야기를 대강 해주면서 "극락세계에 한번 가게 되면 다시는 생사(生死)를 받지 아니하며 일체 모든 고(苦)가 없이 오직 무량한 극락(極樂)을 받는 곳이기에 그 세계에 왕생하기 위하여 염불하는 것"이라고 말을 해 주었다.

그리하여 욱면랑이 다시 질문하기를 "우리 같은 하천(下賤)한 사람도 염불하면 왕생극락을 할 수가 있습니까?" 라고 물으니, 아간 귀진이 다시 말하였다. "부처님께서는 평등하신 자비로써 부귀 빈천과 노소(老少) 남녀와 육도(六道) 사생(四生)을 조금도 차별하지 않고 다 같이 사랑을 해주시며 똑같이 위해주시니, 비단 사람뿐만 아니라 축생이라도 다 갈 수가 있는 곳이기는 하나, 다만 지극한 신심으로 깊이 믿고서 간절한 마음으로 왕생하길 원하여 지성껏 아미타불을 염하되 오래 계속하여야만 하는 것이다. 만일 그와 같이만 한다면 모든 중생이 결정코 왕생극락하여 무량한 낙(樂)을 받게 될 것이다."

그 말을 들은 욱면랑은 그처럼 대자대비(大慈大悲)하신 부처님이 문득 그리워지기만 하는 것이며, 결정코 그 부처님 처소에 왕생하여 그 부처님 곁에서 살고 싶은 생각이 간절해지기만 하는 것이었다. 그리하여 어떻게 해서라도 왕생극락을 해야겠다는 굳은 결심을 했다.

아간 귀진에게 그러한 말을 듣고 난 후로부터 욱면랑은 늘 부처님을 그리워하는 것이며 항상 염불에 힘을 기울였다.

그러나 욱면랑이 일을 하면서 염불하니 아무래도 간절한 마음이 들지를 않을 뿐더러 또한 지성스럽게 염해지지를 않았다. 그래서 생각을 해보니 절에 가서 부처님 앞에 염불을 하게 되면 간절한 마음으로 지성껏 할 것만 같았다. 그리하여 절에 가서 염불을 하고 싶은 생각이 간절하기만 하였으나, 주인에 메인 종의 몸인지라 그러한 자유가 허용 되지를 않는 것이었다.

하루는 기회를 틈타서 절에 가서 염불을 해봤다. 과연 집에서 하는 것보다 훨씬 간절하며 지성껏 되었다. 그와 같이 며칠을 절에 가서 염불을 하다가 주인 아간 귀진에게 들켜서 심한 꾸중을 들었다.

"너는 네가 할 일을 하지 않고 절에 와서 염불만 하고 있으면 어찌 되느냐"고 하였다.

욱면랑 또한 생각을 해보았다. '어떻게 해야만 절에 가서 염불을 할 수가 있는 것일까.' 곰곰이 생각한 나머지 주인과 타협을 해보기로 했다.

하루는 주인 아간 귀진에게 자기의 심중에 있는 이야기를 해 주고는 "자기 할 일을 정해주면 그 책임을 완수하고 나서 절에 가서 염불을 하고 오면 어떻겠느냐?"고 하니, 주인은 자기 자신이 절에 다니는 신자이므로 쾌(快)히 승낙을 해 주더라는 것이다.

그러나 하루에 주어진 할 일이란 너무나 많아서 하루 종일 해야만 할 매우 힘겨운 일이었다. 그러나 그것을 다하지 않고는 안 될 불우한 신세(身世)인지라, 하루 종일 쉬지도 않고 있는 힘을 다하여 부지런히 일을 하였다. 그것은 빨리 마치고 절에 가서 염불을 하기 위한 것이다.

그리하여 그 일을 다 하고는 부랴부랴 절에 달려가서 염불을 하고 오는 것이었다. 그러나 절에 간다 해도 남과 같이 목욕재계(沐浴齋戒)하고 새 옷을 갈아입고는 갈 수 없었다. 그럴 시간적 여유가 없는 것이다. 다만 세수하고 양치질만 하고 가는 것이며 그리고 절에 가서도 남들처럼 법당 안에 들어가서 염불을 할 수도 없는 처지였다.

그는 천(賤)한 종의 신분(身分)에다가 몸마저 정결하지 못한 까닭으로 법당 안에는 함부로 들어갈 생각마저 하지 않았다. 뜰에서 부처님 전에 공손히 예배드리고는 오직 간절한 마음으로 지성스럽게 염불을 하는 것이었다.

그러나 하루 종일 고(苦)된 일을 한 몸인지라, 그 어찌 고달프지 않을 것이랴. 잠이 와서 도저히 염불을 할 수가 없었다. 그리하여 욱면랑은 생각을 해보았다. '어떻게 해야만 잠이 안 오게 할 수 있을까?' 하는 것이다.

그는 생각한 끝에 몸에 아픈 자극을 주기로 했다. 손바닥에 구멍을 뚫고는 그 구멍에다가 끈을 꿰어 그 끈을 뜰 양편에 말뚝을 세우고 그 말뚝에 매어 놓고는 잠이 오려고 하면 손을 좌우로 움직여 그 줄이 손바닥 구멍을 스쳐 그 심한 아픔에 잠이 깨도록 하면서 염불을 했다는 것이다. 이 얼마나 지독(至毒)한 결심이며 지극한 간절심인가.

이와 같이 고되고 고된 염불을 하루도 빠짐없이 계속하여 행하되 여름날 비바람이 몰아쳐서 그 몸이 다 젖어도 그냥 그대로 그 비를 다 맞아 가면서 염불을 하고 있는 것이며, 그 춥고 추운 겨울날 눈보라가 몰아치며 차디찬 찬바람이 살을 에이는 듯 불어 부쳐도 그냥 그대로 뜰에 서서 염불을 하였다.

참으로 지독한 결심이었으며 지극히 간절하고 간절한 수행이었다. 이러한 고된 수행을 끊어짐 없이 9년이란 긴 세월을 계속해 나갔다. 참으로 장하고 장하며 기특(奇特)하고 기특한 것이었다. 그 어찌 부처님께서 감응(感應)하지 않을 수 있을 것이랴.

하루는 욱면랑이 종전과 다름없이 뜰에 서서 염불을 하고 있으니 공중에서 크게 외쳐 가로되 "욱면랑은 입당(入堂)하여 염불하라"고 하더라는 것이다. 입당 염불이란 법당 안에 들어가서 염불하라는 말이다.

그때 그 소리를 법당 안에서 염불하고 있던 대중도 모두 다 들은 것이었다. 전 대중은 놀라지 않을 수가 없었다. 그러나 염불소리에 그 소리가 무슨 소리인지를 잘 몰라서 어리둥절하고 있노라니 또 다시 "욱면랑은 입당하여 염불하라"고 하더라는 것이다.

그때야 대중들이 모두 일어나서 법당 문을 열고는 욱면랑을 안으로 맞아 드렸다는 것이다. 욱면랑은 태어나 처음으로 법당 안에 들어와 보게 된 것이었다.

욱면랑은 법당 안에 들어와서는 두 손을 모아 부처님을 우러러 보고는 눈물을 흘리면서 공손히 예배를 드렸다. 그리고 나서 맑고 처량(凄凉)한 음성으로 염불을 하는 것인데, 그의 염불소리는 저 골수(骨髓)에 맺히고 맺혀져 있는 왕생극락을 원하는 지극한 지심(至心)에서 울려나오는 지극히 간절하고 간절한 음성이었다. 그리고 자신의 불우한 인생살이의 괴로움과 서러움에서 부처님을 그리고 그리워하는 지극히 애절(哀切)하고 애절한 음성이었던 것이다. 그 맑고 처량한 음성으로 간절하고 애절하게 부르는 그의 염불소리는 저 멀리 극락세계에까지 사무쳐 가는 듯 했으며 또한 두 눈에서는 하염없는 눈물이 흘러내려 두 뺨을 흠뻑 적시고만 있었다.

비록 등상불(等像佛)이기는 하지만 그 앞에 가서 절 한번 하고 싶어도 그것을 한 번도 해볼 수 없었던 자신의 불우한 운명의 서러움이 맺히고 맺혔던 것이, 이제 비로소 부처님

앞에 서서 부처님을 대하게 되니 참을 수 없이 터져나오는 서럽고 서러운 눈물이었다. 육면랑에게 있어서는 이 세상이 참으로 괴롭고 괴로운 고해(苦海)였다. 그래서 부처님이 더욱 그립고 그리웠으며 극락세계에 가고자 하는 생각이 더욱이나 간절하고 간절하기만 했던 것이다.

그리하여 전 대중은 육면랑의 그 맑고 처량하며 간절하고 애절한 그의 염불소리에 탐진(貪嗔) 번뇌(煩惱)가 다 녹아지는 듯한 신비로움에 잠기어 조용히 그의 염불소리만 듣고 있었다.

그런 순간 저 멀리 서쪽으로부터 미묘한 음성이 들려오기 시작하였다. 천악(天樂)이 울려오고 있었던 것이다. 이는 이 세상에서는 들어볼 수 없는 참으로 아름답고 미묘한 음성이었다.

그 소리가 차츰 가까이 와서 법당 위에 이르른 순간 육면랑의 몸에서는 밝고 광채가 빛나며 아름다운 향기를 풍기면서 그의 몸이 공중으로 솟아 올라가고 있었다.

이를 본 대중들은 또한 놀라지 않을 수가 없었다. 마침내 천장에 커다란 구멍이 뚫어지면서 그 구멍을 통하여 공중으로 솟아 올라가고 말았다.

법당 안에 있던 전 대중이 황급히 나와서 공중을 쳐다 보니 허공 중에 밝은 광명이 육면랑의 몸을 찬란하게 비추고 있는데, 육면랑은 화려하게 장엄된 칠보(七寶) 연화대(蓮華臺) 위에 32상 대장부(大丈夫)의 몸으로 화(化)하여 단정히 앉아 있으며, 그의 몸에서는 다시 금색 광명이 빛나고 있었다. 그 주위에는 무량한 성중(聖衆)들이 오색이 찬란한 깃발들을 들고는 풍악(風樂) 소리와 함께 서쪽을 향하여 연화대를 중심으로 서서히 옮겨갔으며, 마침내는 그 아름답던 모습과 그 아름답던 풍악소리도 모두 다 사라져 버리고야 말았다.

때는 경덕왕(景德王) 14년(755년) 을미(乙未) 정월(正月) 20일이었다. 이러한 광경을 본 전 대중은 모두 넋을 잃은 듯 집에 돌아갈 줄을 모르고 놀라운 마음과 애석해 하는 마음으로 그냥 그대로 서있기만 하였다.

아간 귀진은 자기 집에서 그런 훌륭한 귀인(貴人)이 난 것을 길이 세상에 알리기 위하여 그 집을 절로 만들어 법왕사라고 이름하여 희사(喜捨)했다고 하며 욱면랑이 등천(登天)한 법당을 "욱면랑(郁面娘) 등천지전(登天之殿)"이라고 방을 써 붙였다.

또 이상한 것은 욱면랑이 등천한 그 구멍이 두 아람들이 될 정도로 큰 구멍이었는데 처음 수년간은 눈비가 아무리 많이 와도 그 구멍으로는 전혀 스며들지를 않았다. 그러나 세월이 흘러 여러 해가 지나고 나니 차츰 눈비가 스며들기 시작하여 마침내는 탑을 만들어서 그 위에 덮게 했다고 한다.

이 기록을 적은 분은 그 후 백여 년이 지난 뒷사람이었는데 그러한 전설(傳說)을 듣고는 사실을 탐문(探問)코저 그곳을 찾아가 보니 그때까지도 그 법당이 그냥 있었으며 욱면랑이 등천한 구멍도 그대로 보존되어 있었다고 한다.

이러한 사실이 말로만 전해져 내려온 것이 아니고 그 유적(遺蹟)이 담긴 물체가 그 후 오랜 세월 동안을 내려오면서 분명히 증명해준 것이어늘 어찌 염불하여 왕생극락 하는 사실을 의심하여 믿지 않을 수 있을 것인가.

그런데 욱면랑이 그와 같은 지독한 수행을 하게 된 데에는 한 가지 그럴만한 이유가 있었으니, 그가 하루는 밤에 꿈을

꾸니 자기가 중이 되어 어느 절에서 살고 있는데 그 절의
전 대중의 수효가 천여 명이나 되는 많은 대중이었더라는
것이다. 그리하여 반반 나뉘어서 반은 살림을 살고 다른 반
은 공부를 하게 되어있더라는 것이다.

그런데 자기는 살림 사는 편에 가담(加擔)이 되어서 살림을
맡아서 살게 되었다. 살림을 맡아서 살다 보니 수행은 할
수도 없거니와 계행(戒行)마저 제대로 지키지를 못 하게 되
어 시은(施恩)만을 짓고 일생을 마치게 되어 다음 세(世)에는
죽어서 소의 몸을 받아 평생을 고역(苦役)하여 전세(前世)의
빚을 갚게 되어 있다는 것이다.

그러나 다행히도 부처님 경전을 실어 나른 공덕으로 그 소
의 몸을 벗고는 금생에 사람의 몸을 받은 것이나 아직도 그
시은의 빚이 미진(未盡)하여 여자의 몸으로 남의 집에 종이
되어 평생을 고역하게 된 꿈을 꾸었다.

그 꿈을 꾸고 나서는 자기의 전세 죄업으로 금생에 고역을
하게 된 것을 알게 되었으며 인과응보(因果應報)가 참으로
무서운 것임을 절실히 느끼게 되었던 것이다.

그리고 그 꿈을 꾸고 나서부터는 항상 수심(愁心)과 걱정으
로 세상을 살아가고 있었다. 그는 자신이 전생에 지은 빚만
으로도 이처럼 무서운 인과를 받게 된 것인데 하물며 무량
한 생명을 죽인 죄며 그 밖에 갖가지의 크고 작은 죄며 알
고 지은 죄 모르고 지은 죄가 수 없이 많을 터이다. 그런데,
그 죄의 과보(果報)는 현재 자기가 받아온 것보다도 훨씬 더
중(重)할 것이니 그것을 어떻게 받아야만 하나 하고 매일같
이 걱정이 되어 근심을 했다.

그러던 중 천만 다행으로 그러한 죄업을 받지 않을 수 있는

길을 알게 되었으니, 바로 야간 귀진으로부터 들은 바 정토법문(淨土法門)인 것이었다. 그러한 좋은 법을 얻어 듣고 나서는 비로소 안심이 되며 어떻게 해서라도 결정코 왕생극락을 하고야 말겠다고 굳은 결심을 하게 되었다.

욱면랑이 마음 깊이 생각하기를 '이 몸을 찢고 찢으며 부수고 부수어서 생명을 버리는 한이 있더라도 꼭 왕생극락을 하고 말겠다'는 독한 결심을 했다.

그는 극락세계에는 한번 왕생하게 되면 다시는 고를 받지 않고 영원히 낙을 받을 수 있거니와 만일 왕생극락을 못하게 되면 영원한 무량겁(無量劫)에 끊임없이 무수한 고(苦)를 받아야만 하기 때문에 그와 같은 지독한 수행을 했다는 것이다.

그 누구도 욱면랑처럼 독한 마음으로 굳게 결심하여 닦지 않고는 무시(無始) 겁래(劫來)로 받아온 삼계(三界) 고해(苦海)를 영원히 벗어나기란 지극히 어려울 것이다.

아미타부처님을 정수리에 모시고 다니는 관세음보살님

ㅡ 선화상인

관세음보살의 스승이며, 극락세계의 교주이시기 때문입니다.

일체중생은 아미타불과 더욱 인연이 있는데, 이유는 이 부처님께서 관세음보살은 서른두 가지의 응신으로 모든 곳에 시현 하십니다.

왜냐하면 사바세계의 관세음보살과 가장 인연이 있기 때문입니다.

우리는 왜 아미타불을 염해야 하는가.

일타 스님 외증조 할머니의 염불과 방광
- 가족 41명의 출가 동기 -

일타 큰스님5)

일타 큰스님

나의 가족은 친가와 외가를 모두 합하여 모두 41명이 승려가 되었습니다. 이 41명의 출가는 석가모니 부처님과 그 일족의 출가 이후 가장 많은 숫자로 기록되고 있습니다.

그렇다면 이 41명의 출가는 우연하게 이루어진 것인가? 아닙니다. 나의 외증조 할머니인 이평등월(李平等月) 보살의 기도와

---

5) 1929년 충남 공주에서 출생한 스님은 13세 때 출가, 일평생 참선정진과 중생교화에만 몰두한 수행승으로 유명하다. 친가와 외가를 합쳐 모두 41명이 출가한 얘기며 20대에 오대산 적멸보궁에서 매일 3천배씩 7일 동안 기도를 드린 뒤 오른 손 네 손가락 열두 마디를 모두 불태워 버린 일화는 지금도 불가에서 전설처럼 전해지고 있다. 1929년 충남 공주생. 1942년 통도사 고경 스님을 은사로 득도. 1949년 통도사 강원 대교과 졸. 1983년 해인사 주지. 1993년 조계종 전계대화상. 1999년 미국 하와이 와불산 금강굴에서 입적. 이 글은 일타 스님의 저서 『기도(祈禱)』(효림 刊)에 게재되어 있다.

입적(入寂), 그리고 방광의 이적(異蹟)이 그 밑바탕에 깔려 있습니다.

안성이씨(安城李氏) 평등월 보살은 일찍이 우리나라 제일의 양반으로 치던 광산 김씨(光山金氏) 집안으로 시집을 갔습니다. 그녀는 남편 김영인(金永仁)의 아낌없는 사랑 속에서 삼형제를 낳아 기르며, 학식 있는 양반집 안방마님으로 부족함 없이 살았습니다. 그런데 나이 60이 조금 지났을 때 갑자기 불행이 닥쳐왔습니다. 남편이 남의 빚보증을 섰다가 대부분의 재산을 날려 버렸고, 연이어 시름시름 앓던 남편은 끝내 저 세상 사람이 되어버린 것입니다.

평등월 보살이 실의(失意)에 잠겨 헤어나지 못하고 있자, 이미 장성하여 가정을 꾸리고 있던 만수(萬洙) 완수(完洙) 은수(恩洙) 세 아들은 머리를 맞대고 상의했습니다.

"이제 시대는 바뀌었다. 우리가 양반이라고 마냥 이렇게 살 것이 아니다. 노력하여 돈을 벌어야 한다."

이렇게 결의한 세 아들은 어머니를 찾아갔습니다.

"어머니께서는 조금도 염려 마십시오. 이제부터 저희들이 집안을 꾸려 어머니를 편안하게 모시겠습니다."

그리고는 남은 재산을 모두 처분하여 목화를 솜으로 만드는 솜틀기계 한 대를 일본에서 구입하였습니다. 기계를 발로 밟으면서 목화를 집어넣으면 껍질은 껍질대로, 씨는 씨대로 나오고 솜은 잘 타져서 이불짝처럼 빠져 나오는 당시로서는 최신식 기계였습니다. 이렇게 공주 시내 한복판의 시장에다 솜틀공장을 차린 삼형제는 작업복을 입고 하루 8시간씩 3교대로 직접 솜틀기계를 돌렸습니다. 기계는 24시간 멈출 때가 없었습니다.

공주 사람들은 그 솜틀기계 돌아가는 소리를 듣고 "공주도 이제 개명을 하는구나" 하면서 '공주개명(公州開明)! 공주개명!'을 외쳤습니다. 마침내 공주 주변에서 생산되는 목화는 모두 이 공장으로 들어왔고, 산더미같이 쌓인 목화가 솜이 되어 나오는 양이 많아지면 많아질수록 집안에는 돈이 쌓여 갔습니다. 월말이 되면 삼형제는 한 달 번 돈을 나누었습니다.

그런데 세 몫이 아니라 네 몫으로 나누었습니다. 남는 한 몫은 누구의 것이겠습니까? 바로 어머니 평등월 보살의 것이었습니다. 하지만 그 돈을 어머니께 직접 드리지는 않았습니다. 어머니께서 한 달 동안 '삼형제 중 누구 집에 며칠을 계셨느냐'에 따라 그 집에 직접 분배를 하는 것입니다. 막내아들 집에 열흘을 계셨으면 3분의 1을 막내아들 집에 주었습니다. 이렇게 하니 며느리들은 서로 시어머니를 잘 모시기 위해 갖은 정성을 다 기울였습니다. 집집마다 어머니 방을 따로 마련하여 항상 깨끗하게 꾸며 놓았고, 좋은 옷에 맛있는 음식으로 최고의 호강을 시켜드렸습니다. 때때로 절에 가신다고 하면 서로 시주할 돈을 마련해 주는 것이었습니다. 마침내 이 집안은 공주 제일의 효자 집안으로 소문이 났고, 벌어들인 돈으로는 논 백 마지기를 다시 사들이기까지 하였습니다.

평등월 보살은 신이 났습니다. 그렇게 행복할 수가 없었습니다. 이렇게 매일을 평안함과 기쁨 속에서 지내던 할머니가 막내아들 집에 가 있던 어느 날, 한 비구니스님이 탁발을 하러 왔습니다.

그 스님을 보자 할머니는 눈앞이 밝아지는 듯했습니다.

"아! 어쩌면 저렇게도 잘생겼을까? 마치 관세음보살님 같구나." 크게 반한 할머니는 집안에서 가장 큰 바구니에다 쌀을 가득 퍼서 스님의 걸망에 부어 드렸습니다. 그때까지 비구니스님은 할머니를 조용히 보고만 있다가 불쑥 말을 했습니다.

"할머니! 요즘 세상 사는 재미가 아주 좋으신가 보지요?"

"아, 좋다마다요. 우리 아들 삼형제가 모두 효자라서 얼마나 잘해 주는지……. 스님. 제 말 좀 들어 보실래요?"

할머니는 신이 나서 아들 자랑을 시작했고, 며느리 자랑, 손자 자랑까지 일사천리로 늘어놓았습니다. 마침내 할머니의 자랑은 끝내 이르렀고, 장시간 묵묵히 듣고만 있던 스님은 힘주어 말했습니다.

"할머니, 그렇게 세상일에 애착을 많이 가지면 죽어서 업(業)이 됩니다."

"업?"

충청도 사람들은 '죽어서 업이 된다'고 하면 구렁이가 된다는 것으로 알고 있습니다. 죽어서 큰 구렁이가 되어 고방(庫房) 안의 쌀독을 칭칭 감고 있는 업! 할머니는 그 '업'이라는 말을 듣자마자 머리카락이 하늘로 치솟는 것 같았습니다.

"아이구 스님! 어떻게 하면 업이 되지 않겠습니까?"

"벌써 업이 다 되어 가는데 뭐……. 지금 와서 나에게 물은들 뭐하겠소?"

스님은 벼랑을 짊어지고 돌아서서 가버렸습니다. 그러나 할머니는 포기할 수 없었습니다. '업만은 면해야 한다'는 일념으로 5리, 10리 길을 쫓아가면서 스님께 사정을 했습니다.

"스님, 제발 하룻밤만 저희 집에 머무시면서 업을 면할 수 있는 방법을 가르쳐 주십시오. 스님, 제발 저 좀 살려 주십시오."간청에 못 이겨 다시 집으로 온 스님은 할머니가 이끄는 대로 방으로 들어갔습니다. 그러나 스님은 윗목에서 벽을 향해 앉아 말 한마디 없이 밤을 새웠고, 할머니 역시 스님의 등 뒤에 앉아 속으로만 기원을 하고 있었습니다.

"제발 업이 되지 않는 방법을 일러주십시오. 제발......"

마침내 날이 밝아오기 시작하자 스님은 할머니 쪽으로 돌아 앉았습니다.

"정말 업이 되기 싫소?"

"아이구. 제가 업이 되어서야 되겠습니까? 안됩니다. 스님. 절대로 안됩니다. 인도환생(人道還生)하든지 극락세계에 가도록 해주십시오."

"정말 업이 되기 싫고 극락에 가기를 원하면 오늘부터 행실을 바꾸어야 하오."

"어떻게 해야 합니까?"

"오늘부터 발은 절대로 이 집밖으로 나가지 않도록 하고, 입으로는 '나무아미타불'만 부르고, 일심으로 아미타불을 친견하여 극락에 가기만을 기원하시오."

스님의 '집밖으로 나가지 말라'는 말씀은 몸단속을 하라는 것이고, '나무아미타불을 불러라'는 것은 입을 단속. '일심으로 극락왕생할 것을 기원하라'는 것은 생각 단속입니다. 곧 몸[身]과 입[口]과 생각[意]의 삼업(三業)이 하나가 되게 염불할 것을 가르쳐 준 것입니다.

그러나 할머니는 쉽게 이해가 되지 않았습니다.

"스님. 다시 한번 자세히 일러주십시오."

"보살님 나이가 70이 다 되었는데, 앞으로 살면 얼마나 살 겠소? 돌아가실 날까지 '나무아미타불'을 열심히 부르면 업 같은 것은 십만 팔천 리 밖으로 도망가 버리고, 극락세계에 갈 수 있게 됩니다. 그러니 오늘부터는 첫째나 둘째 아들집 에도 가지 말고, 이웃집에도 놀러가지 마십시오. 찾아오는 사람에게 집안 자랑하지도 말고. 오직 이 집에서 이 방을 차지하고 앉아 죽을 주면 죽을 먹고 밥을 주면 밥을 먹으면 서 '나무아미타불'만 외우십시오. 그리고 생각으로는 극락 가기를 발원하십시오. 그렇게 하겠습니까?"

"꼭 그렇게 하겠습니다."

할머니는 다짐을 하면서 큰절을 올렸고, 스님은 옆에 놓아 두었던 삿갓을 들고 일어서서 벽에다 건 다음 슬며시 방문 을 열고 나갔습니다. 걸망도 그대로 둔 채……

'변소에 가시나 보다.'

그러나 한번 나간 스님은 영영 돌아올 줄 몰랐습니다. 사람 을 풀어 온 동네를 찾아보게 하였으나 '보았다'는 사람조차 없었습니다.

'아! 그분은 문수보살님이 틀림없다. 문수보살님께서 나를 발심시키기 위해 오신 것이 분명하다.'

생각이 여기에 미치자 더욱 발심(發心)이 되었습니다. 할머 니는 방의 가장 좋은 위치에 스님의 삿갓과 걸망을 걸어 놓 고, 아침에 눈만 뜨면 몇 차례 절을 올린 다음 '나무아미타 불'만 불렀습니다.

어느덧 할머니는 앞일을 내다보는 신통력(神通力)이 생겼습니다. "어멈아! 오늘 손님이 다섯 온다. 밥 다섯 그릇 더 준비해라." 과연 끼니때가 되자 손님 다섯 사람이 찾아오는 것이었습니다.

또 하루는 막내아들을 불러 각별히 당부하였습니다.

"얘야. 너희들 공장에 화기(火氣)가 미치고 있다. 오늘은 기계를 돌리지 말고 물을 많이 준비해 놓아라. 위험하다."

그 말씀대로 세 아들은 아침부터 솜틀기계를 멈추고 물통준비와 인화물질 제거에 신경을 썼습니다. 그런데 오후가 되자 바로 옆집에서 불길이 치솟는 것이었습니다. 그들은 서둘러 옆집 불을 껐습니다. 만약 목화솜에 불이 옮겨 붙었다면 솜틀공장은 삽시간에 잿더미로 변하였을 것입니다. 다행히 할머니의 예언으로 조금도 손상을 입지 않았을 뿐 아니라, 이웃집의 피해까지 줄일 수 있었습니다.

그리고 우리 아버지와 어머니의 결혼도 외증조할머니의 말씀에 따른 것입니다. 손녀인 어머니가 결혼 적령기가 되었을 때, 외증조할머니는 큰아들을 불러 말씀하셨습니다.

"여기에서 북쪽으로 30리가량 가면 구름내[雲川]라는 마을이 있다. 김창석 씨네 둘째 아들과 네 딸 상남(上男)이와는 인연이 있으니, 찾아가서 혼사(婚事)를 이야기해 보아라."

이렇게 외증조할머니는 가 보지도 않고 신통력으로 나의 부모님을 결혼시켰습니다. 마침내 주위에서는 외증조할머니를 일컬어 '생불(生佛)'이라고 부르기까지 하였습니다. 그런데 어찌된 일인지. 어느 날부터인가 외증조할머니가 '나무아미타불'을 부르지 않고 '문수보살'을 찾는 것이었습니다.

갑작스런 변화를 걱정한 아들 삼형제는 인근 마곡사의 태허(太虛: 경허鏡虛 대선사의 사형) 스님을 찾아가 상의했습니다.

"문수보살을 부르는 것도 좋지만, 10년 동안이나 아미타불을 불렀으면 끝까지 아미타불을 부르는 것이 좋다. 그리고 앞일을 자꾸 예언하다 보면 자칫 마섭(魔攝: 마구니의 포섭)이 될 수도 있다. 내가 '상방대광명(常放大光明)'이라는 글을 써 줄 테니 벽에 붙여 놓고 '나무아미타불'을 항상 부르도록 말씀드려라."

常放大光明! 언제나 대광명을 뿜어낸다는 이 글을 보면서 할머니는 다시 '나무아미타불'을 열심히 불렀습니다. 그리고 앞일에 대한 말씀도 하지 않았습니다. 이렇게 부지런히 염불기도를 하다가 할머니는 88세의 나이로 입적(入寂)하였습니다.

그런데 그때야말로 기적이 일어났습니다. 7일장(七日葬)을 지내는 동안 매일같이 방광(放光)을 하는 것이었습니다. 낮에는 햇빛에 가려 잘 보이지 않았으나, 밤만 되면 그 빛을 본 사람들이 '불이 났다'며 물통을 들고 달려오기를 매일같이 하였습니다. 그리고 문상객으로 붐비는 집안 역시 불을 켜지 않아도 대낮같이 밝았습니다.

상방대광명(常放大光明)!

그야말로 외증조할머니는 염불기도를 통하여 상방대광명을 이루었고, 그 기적을 직접 체험한 가족들은 그 뒤 차례로 출가하여, 우리 집안 친가·외가 41인 모두는 승려가 되었습니다.

몸과 말과 뜻을 하나로 모아 염불하고 기도하는 공덕. 그 공덕을 어찌 작다고 하겠습니까? 그리고 부처님의 불가사의

가 어찌 없다고 하겠습니까? 외증조할머니의 염불기도는 우리 집안을 불심(佛心)으로 가득 채웠고, 41명 모두를 '중노릇 충실히 하는 승려'로 바꾸어 놓는 밑거름이 되었던 것입니다.

一心不亂 心作心是

대개 "일심불란에 이르러 마음으로 부처가 되고,
마음 그대로 부처이다(一心不亂, 心作心是)" 함은
모두 자기 자신의 무량수無量壽 심체로써
아미타부처님의 무량수 대원과 계합하지 않음이 없다.
이로써 기약하길, 자심自心을 장엄하고 자심을 청정히 하여
시방중생을 두루 평등하게 하고 스스로 깨닫고
다른 사람을 깨닫게 할 뿐이다.
- 매광희 거사《불설대승무량수장엄청정평등각경》서문

우리 시대의 염불도인 하담·법산 스님

이야기6)는 5, 60년 전으로 거슬러 올라간다. 어떤 더벅머리 총각이 행복을 찾아 나섰다. 성은 한(韓)씨요, 이름은 복동(福童). '복동'이라는 이름은 '복'이라는 말과 인연이 깊은지, 어릴 때부터 '우리 복덩이, 우리 복덩이'라고 했던 것이 복동으로 변했다.

그는 '인생이란 무엇인가?' '어떻게 살 것인가?' '어떻게 사는 것이 잘 사는 길인가?' 심사숙고(深思熟考)하다가 어떤 때는 며칠 밤을 뜬 눈으로 지새우기도 하고, 어떤 때는 괴로움이나 슬픔을 억제하지 못하여 눈물을 뚝뚝 흘리기도 하였으며, 또 어떤 때는 살 것이냐 죽을 것이냐 생사의 기로에서 고민하기도 하였다.

결론적으로 그는 잘 사는 사람, 행복한 사람을 직접 보고 장래 문제를 결정하기로 하였다. 어디로 갈까, 누구를 찾을까, 궁리 끝에 행복은 사랑에서 올 것 같아서 주위에서 행복하다고 소문이 난 친구 집을 찾기로 하였다.

그 친구는 당시로서는 드물게도 대학까지 졸업하고, 남들이 부러워하는 직장도 가졌다. 특히 친구들에게 부러움을 사고 있는 것은 고향의 예쁜 처녀와 결혼하여 잉꼬부부라고 할 정도로 금슬이 좋다고 소문이 났기 때문이다. 슬하에는 예쁘고 똑똑한 아들, 딸 남매까지 둔 친구로서 누가 봐도 복

---

6) 〈축서사보〉 갑신년 신년법어에 게재된 무여 스님의 글이다.

이 많다는 친구였다.

그 친구 집에 가면 행복을 진정으로 느낄 수 있을 것 같아서 잔뜩 기대에 차서 갔다. 대문을 막 들어서는데, '우당탕탕!' 살림 던지는 소리가 들렸다. 조금 뒤에 그 점잖은 친구의 입에서 막말이 터져 나오더니, 부인도 질세라 쌍소리를 하니 아이들은 죽을 것 같은 소리로 마구 울어댔다.

행복을 찾으러 갔던 사람은 처음에는 자기 귀를 의심했다. '설마 내 친구 아무개는 아니겠지'라는 생각까지도 했다. 그러나 분명히 친구 집이고, 친구의 목소리가 틀림없는 줄을 알고는 크게 실망하여 도망치듯 나오고 말았다. 너무 충격이 심하여 온 전신에 힘이 쭉 빠지고 걸음조차 제대로 걷기가 어려웠다.

친구 집에서 크게 실망한 '행복을 찾는 사람'은 비틀거리며 네거리까지 나왔다. 어디로 갈까… 여러 사람을 떠올렸다. 가장 믿었던, 가장 틀림이 없다고 생각한 친구에게서 행복을 느낄 수 없다면 가볼 곳이 막연했다. 얼마를 생각하다가 고을에서 제일 갑부인 변 부자 댁을 찾기로 했다.

자수성가(自手成家)한 갑부로서 언제 보아도 당당하고, 무슨 일이든지 자신만만하고, 어떤 사람에게도 굽힘이 없이 큰소리 평평치는 의지와 노력의 사나이 변씨에게 가면 남다른 행복을 느낄 것 같았다.

사랑채에서 변 부자를 찾으니, 변 부자는 초라하고 보잘 것 없는 어떤 남자와 말다툼을 하고 있었다. 그 남자는 하나밖에 없는 변 부자의 동생이었다. 변 부자는 3천 석 꾼인데, 30석도 못하는 가난뱅이 동생한테 조상 대대로 물려받은 땅 두 마지기를 돌려주지 않는다고 볼 것 없이 나무라고 있었다. 그 싸우는 모습을 보니 만정이 뚝 떨어졌다. 허탈한 기분으로 그 집도 나오고 말았다.

'행복을 찾는 사람'은 변 부자 댁에서 행복을 느끼지 못하고 또 어디로 가볼까 고민하다가 당대의 이름 있는 정치가 댁을 찾아보기로 하였다. 문지기에게 '정치가를 만날 수 있느냐'고 물으니 손님을 대하는 태도와 말이 불손하고 거칠었다. 집안에 들어서니 분위기가 쌀쌀하여 마치 범죄집단 같은 곳에 들어간 느낌이었다.

간신히 부인을 만나니 상전이 하인을 대하듯이 거만하고 딱딱하였다. 내키지 않았지만 이왕 어렵게 들어간 집안이라 "행복한 정치가를 만날 수 있느냐?"고 물었다. 부인이 말하기를 "행복은 무슨 말라비틀어진 말입니까? 그 양반은 행복의 '행' 자도 모르는 사람입니다." 하였다.

부인을 보니 알 것 같았다. 그렇게 거만하고 딱딱하고 험구이니 그런 여자의 남편이라면 행복과는 거리가 멀겠다는 생각이 들었다. 옛날 봉건주의 시대 권문세도가의 전형을 보는 것 같아서 정작 정치가는 만나지도 않고 괴로운 심정으로 솟을대문 집을 나오고 말았다.

정녕 행복한 사람이 없단 말인가? 이제는 행복이라는 말도 싫어졌고, 행복한 사람을 만나겠다는 마음도 없어졌다. 비틀거리며 산속으로 올라가다가 길섶의 잔디 위에 쓰러졌다. 어느덧 밤이 되어 하늘에는 별들이 총총 빛났다.

문득 저 반짝이는 별들처럼 하늘로 올라가고 싶었다. 순간, 자살을 결심하였다. 굳이 살아야 할 이유도 없고, 의욕도 없었다. 자살을 결심하니 마음이 그렇게 편할 수가 없었다. 멀리 동쪽 하늘이 환해지는 것을 보고 잠이 들었다. 여러 날

제대로 자지 못한데다 피로가 겹쳐 깊은 잠에 빠졌다.

얼마를 잤을까, 눈을 뜨니 다음날 한낮이 지나서였다. 따뜻한 양지 바른 곳에서 실컷 자고 나니 지쳤던 몸도 완전히 풀리고, 행복을 찾겠다는 마음도 자살을 하겠다는 마음도 다 쉬고 나니 몸과 마음이 가볍고 조금도 부족함이 없이 대단히 만족스럽고 기분이 좋았다. 순간 '이것이 행복이 아닌가.' 하고 쾌재를 불렀다. 이 이상 어디에서 행복을 찾을 것인가. 그는 드디어 행복을 찾았다는 생각이 들었다.

얼마 뒤 그는 행복한 순간을 자세히 점검하기 시작하였다. 행복은 어디에서 오는 것일까? 그는 드디어 '행복은 마음에서 오는구나, 텅 빈 듯한 아무 생각도 없는 그런 마음에서 온다'는 것을 느꼈다. 그는 그대로 몇 시간을 누워 있었다. 여전히 아무 생각도 없이 편안하고 기분이 좋았다.

어느덧 해가 기울고 있었다. 그때 멀리서 목탁소리가 들려왔다. 목탁소리가 점점 가깝게 들려왔다. 그는 목탁소리가 나는 곳으로 갔다. 목탁 치는 스님은 미치광이 같은 스님이었다.

스님은 일제시대 극장 선전원들이 사방에 영화 포스터를 붙인 통을 뒤집어쓰고 거리를 다니면서 선전했던 모습처럼 앞에도 '나무아미타불', 뒤에도 '나무아미타불', 옆에도 '나무아미타불'을 주렁주렁 써서 붙였고, 그것도 모자라 '나무아미타불'이라고 쓴 깃대를 등에 지고 '나무아미타불'을 부르면서 목탁을 쳤다.

그 스님은 하루 종일 그렇게 서울의 골목을 다니다가 해가 지니 삼각산 도선사로 가는 중이었다. 스님은 그렇게 5년간이나 목탁을 치고 '나무아미타불'을 부르며 다녔다. 스님께

『능엄경』에 이르시길, 「제가 스스로 소리를 관하려고 하지 않아도
소리를 관하는 마음을 관찰하여 저 시방세계 괴로움에 핍박 받는
중생들로 하여금 그 소리를 관하여 즉시 해탈을 얻게 하였나이다.」
관하는 주체를 관하고, 듣는 성품을 들으면 본래 고락이 없다.
중생은 돌이켜 들을 수 없어 소리를 따라 유전하는 까닭에
괴로움의 핍박을 받는다. 보살은 세속 티끌을 여의고 청정한
성품으로 돌아가서 모든 망상을 스스로 벗어날 수 있고,
괴로움에 핍박받는 중생으로 하여금 명호를 수지하여
보살이 관조하는 힘의 가지를 입게 하고, 해탈을 얻게 할 수 있다.
그러므로 진실로 청정심으로 돌아가고 자비로 관하는 힘의 가피를 입는다.
- 정공법사 〈관세음보살보문품 심요〉 중에서

서 그렇게 요란하게 써 붙이고 '나무아미타불'을 부르며 시
내를 누비고 다니는 것은 귀로 '나무아미타불'이라는 소리를
듣고, 눈으로 '나무아미타불'이라는 글자를 보기만 하여도
그만큼 업장이 소멸하고 공덕이 쌓인다는 확신이 있었기 때

문이다.

그러다가 관심을 보이는 사람이 있으면, 극락세계와 아미타불에 대한 법문을 들려주고, 때로는 염불로 업장을 참회하는 참회법도 가르쳐주는 거리의 보살이요 선지식이었다. 이 스님이 하담(荷潭) 스님이다. 스님의 세속 인연은 알려진 것이 없고 다만 성이 황(黃)씨고 19세에 금강산 장안사(長安寺)로 출가하였다고 하였다.

은사스님께서 "너는 경전도 보지 말고 참선에도 관심을 갖지 말고 오직 아미타불만 일념으로 염해라"는 말을 듣고 오직 아미타불만 했다. 가나오나, 앉으나 서나, 나무아미타불, 나무아미타불, 나무아미타불, 새벽에 눈 뜨자마자 밤에 잘 때까지 언제 어느 곳에서나 아미타불만 염하고 아미타불에 빠졌다.

처음에는 잘 안되더니 그렇게 지극하게 하여 3, 4개월이 지나니 자신이 생기고 할 만하다는 생각이 들었다. 1년쯤 지나니 더 잘 돼서 1, 2시간 정도는 눈 깜짝할 사이에 지나가는 것 같았다.

그 무렵 장안사 극락전에 서울의 어느 신심 있는 보살이 3·7(21)일간 기도를 왔다. 주지스님이 찾는다기에 주지실로 갔더니, "하담 수좌, 자네가 기도를 해주게" 하였다. 하담 스님은 주지스님의 말씀이 고맙기도 하고 처음으로 하는 사중 기도라 열심히 하였다. 공양하고 화장실 가고 극히 필요한 용무 보는 일 이외에는 법당에 들어가 목탁을 쳤다. 스스로 생각해도 대견할 정도로 최선을 다했고, 기도에 아예 몸뚱이를 바쳤다.

염불이 점점 잘 되는 것 같더니 몇 시간씩 일념에 들기도

하다가, 기도를 마칠 무렵에는 하루 반가량을 삼매에 들기도 하였다. 기도가 끝난 뒤에도 계속 열심히 하다가 입산한지 3년 만인 어느 날 아미타불의 무량한 광명을 보게 되었다. 그 때 나이 30대 중반이었다.

그 무량한 빛과 오묘한 진리를 체험하는 순간, 그 기분을 억제치 못하여 하루 종일 금강산을 망아지처럼 뛰어다녔다. 며칠을 미친 사람처럼 다니다가 이 기쁨을 나만 누릴 것이 아니라 중생들에게 회향해야겠다는 생각이 들었다.

'모든 중생에게 아미타불 네 글자를 보여주고, 귀에 넣어줌으로써 세세생생 지은 업장을 녹여주고 죄업을 소멸시켜주어 일체 중생이 왕생극락케 하리라' 하는 큰 서원을 세우고 금강산에서 하산하여 서울로 갔다.

'행복을 찾는 사람'은 서울 우이동 도선사 입구에서 목탁을 치면서 올라오는 하담 스님을 보게 되었다. 스님을 보는 순간 환희심이 나고 존경심이 났다. 얼마를 따라가다가 자기도 스님의 목탁에 맞춰 아미타불을 부르고 있는 것을 알았다. 아미타불을 부르는 것이 어색하지 않고 친근감이 났다. 도선사에 도착하여 화담 스님을 따라 밤새도록 정근을 했다. 다음날 아침인데도 전혀 피로한 줄 모르고 아미타불을 불렀다.

다음날도 그 다음날도 목이 터져라 불렀다. 일주일이 지나니 몸은 가볍고 점점 기분은 더 좋았다. 그는 염불이 잘 될수록 하담 스님이 장안사에서 아미타불에 빠지듯이 오직 나무아미타불, 나무아미타불 일념에 들었다. '행복을 찾는 사람'은 염불을 할수록 진정한 행복, 참 행복은 아미타불을 부르는 것에 있다는 것을 더 절실하게, 더 진하게 느끼며 미친 듯이 아미타불만 불렀다.

그러던 어느 날, 그날도 아미타불에 빠져 석불(石佛)만 보고 정근하고 있는데, 서울역에서 목탁을 치고 다니는 하담 스님이 보였다. 이상해서 옆을 보고 뒤를 돌아보아도 하담 스님이 보이지 않았다. 그는 언제 하담 스님이 내려갔는지도 모르고 염불에만 빠져있었던 것이다.

하도 신기해서 하담 스님을 계속 주시했다. 하담 스님은 서울역전에서 얼마간 목탁을 치면서 다니더니 여러 사람들에게 설법을 하였다. 뒤에 남대문을 거쳐서 중앙청 쪽으로 가고 있었다.

그날 저녁 청담(淸潭) 스님께서 외출하고 들어오셨기에 경계를 자상하게 이야기했더니, "그간 애썼다. 참으로 좋은 경험을 했다. 식(識)이 맑아지면 그럴 수도 있다. 천안통(天眼通)이 열렸다." 하면서 "보이더라도 일체 신경을 쓰지 말고 아미타불 일념에만 빠져라" 하였다.

그 이후 예사롭게 서울 시내가 보이고 인천 앞바다까지 보였다. 그때는 지나가는 사람만 보아도 그 사람에 대해 다 알 것 같았다. 도선사에서 3개월가량 기도를 하던 어느 날 하담 스님이 나타났다. 그는 하담 스님에게 묻지도 않고 사방에 나무아미타불이라 주렁주렁 매단 옷을 입고 따라나섰다.

그는 하담 스님의 목탁에 맞춰 아미타불을 목청껏 불렀다. "나무아미타불! 나무아미타불! 나무아미타불!" 그는 가는 곳마다 아미타불을 느끼면서 목이 터져라 서울시민을 위하여 나무아미타불을 부르고 불렀다.

두 스님이 아미타불을 부르면 지나가던 사람들이 우~ 우~

모여들기도 하고, 어떤 사람들은 노골적으로 무시하고 멸시하기도 하고, 아이들은 구경거리처럼 따라 다니기도 하였다. 상가 앞을 지나면 탁발하려고 온 줄 알고 돈이나 먹을 것을 주기도 하고 어떤 음식점에서는 음식을 대접하기도 하였다.

동대문시장이나 남대문시장에서는 시장 상인이나 시장 보러 나온 사람들이 수십 명씩 따라다니기도 하였다. 그때만 해도 시장 주변에 거지가 많았는데, 시장을 돌면서 돈이나 물건이 생기면 다 나누어 주곤 하였다.

스님은 정근하며 가다가 농번기에는 일손이 없는 농촌에 모도 심어주고 보리를 베어주기도 하였고, 어느 곳에서는 하루 종일 타작을 해주기도 하였다. 공사판을 지나가다 막노동꾼과 같이 힘든 일을 해주기도 했고, 어떤 읍에서는 우는 아이를 봐주기도 하였고, 환자가 있으면 간호도 해주고, 지나다가 노인정을 보면 절대로 무심히 지나가지 않았다. 어떤 시골 초등학교에서는 부처님 이야기를 들려주기도 하였다.

하담 스님은 무엇이든지 닥치는 대로 보살행을 하고 또 거리를 다니면서 거리의 포교사가 되고 아미타불의 전달자가 되었다. 또한 스님은 자비하고 남에게 공경심이 대단하여 누구든지 부처님처럼 대하고 부처님처럼 모시려고 노력하였다. 그래서 스님에게는 이 사람도 부처님, 저 사람도 부처님, 만나는 사람은 어떤 사람도 부처님처럼 대하여 스님에게는 가는 곳마다 부처님 세계요 극락정토였다. 그래서 스님과 한 번만 대화하거나 사귀면 평생 잊지 못하는 사람이 많았다.

그렇게 다니다가 아미타불 일념에 들면 걸어가던 길이든,

절이든 세속 사람의 집이든 몇 시간씩 정근을 하다가 가곤
하였다. 어느 해는 충청도 계룡산 근처를 지나다가 사흘이
나 묵으면서 정근을 하니 신도 안에 가던 이교도들이 몰려
와 공양을 듬뿍 내서 인근 주민을 포식시킨 적도 있다.

어느 해 충청도 천안을 지나가다가 하담 스님이 문득 '행복
을 찾는 사람'에게 말했다. "자네도 수계를 해야지?" "네,
저도 받고 싶습니다." 하니 길가의 큰 능수버들 아래 정좌하
더니 "나에게 삼배를 하게" 하여 삼배를 드렸더니 "불법을
잘 호지하게. 자네가 체험한 것이 정법일세. 그것을 호지하
는 것이 계일세" 하였다. 그러면서 "오늘부터 법산(法山)이라
하겠네" 하여 법산 스님이 되었다.

하담 스님은 그렇게 전국을 다니면서 아미타불 정근을 하여
극락정토를 발원하고 수많은 사람에게 아미타불 인연을 맺
어주고 갖가지 보살행으로 선근공덕을 쌓다가 말년에는 부
산 범어사에 정착하였다. 법산 스님도 줄곧 함께 수행하였
다.

두 스님은 대중생활을 하지 않고 공양은 행자나 일꾼들과
같이 하고 잠은 부목 방에서 잤다. 아침 공양을 하고 주변
도량 청소가 끝나면 어김없이 부산 시내를 내려가 아미타불
정근을 하며 다니다가 저녁에는 들어왔다. 그러던 어느 날
하담 스님은 총무스님에게 말했다.

"내가 석 달 후에 가야 되겠소."

총무스님은 무심히 지나가는 말처럼 들었다. 가야 되겠다는
말도, 다른 곳으로 가신다는 말인지, 돌아가신다는 말인지
이해가 안 되었다. 가신다고 한 날 일주일 전에 총무스님을
방으로 불렀다.

때가 묻어 새카만 주머니에 꼬깃꼬깃 모은 10원 짜리와 100원짜리 돈 6만원을 주면서 "나는 아무 것도 가진 것이 없네. 경책 한 권도, 농짝 하나도 없네. 못난 중이라 옛 어른들처럼 땅 한 마지기도 부처님께 바치지 못하겠네. 적은 액수지만 사중에 보태 쓰게" 하면서 주고는 또 양말 속에 넣어두었던 3만원을 주면서 화장비로 써달라고 하였다.

하담 스님은 가시기 하루 전날 손수 향나무를 달인 물로 목욕을 하고, 미리 마련한 수의로 갈아입은 후, 깨끗한 장소에서 그간 입었던 더러운 옷을 깨끗하게 태운 후, 실로 남은 것이라고는 수건 하나, 양말 한 켤레도 없이 오직 수의와 가사 장삼뿐이었다.

3개월 전에 가겠다고 했을 때 가볍게 들었던 총무스님은 하담 스님의 거동이 이상하게 느껴져 학인 승려 두 명으로 하여금 곁을 지키도록 하였다. 예언한 날 10시가 되자 하담 스님이 조용히 말하였다.

"이제 내가 가야 할 시간이 되었구나."

그때 곁에 있던 젊은 스님이 말했다.

"스님, 10시는 부처님께 마지 올릴 시간입니다."

"허, 듣고 보니 그 말도 옳구려."

앉은 채로 열반(涅槃)에 들고자 했던 스님은 젊은 스님들의 부축을 받아 법당으로 올라갔다. 법당 옆에 단정히 앉아 사시 마지가 끝날 때를 기다렸다.

"이제는 가야겠구나. 나를 좀 눕혀다오."

시내에서 정근하다가 황급히 올라온 법산 스님과 젊은 스님의 부축으로 반듯이 누운 하담 스님은 조용한 음성으로 발원하면서 가셨다.

"원컨대 법계의 모든 중생들이 일시에 성불하소서. 원컨대 법계의 모든 중생들이 일시에 성불하소서. 원컨대…"

하담 스님의 열반 소식을 듣고 범어사 스님들은 큰 충격을 받고 슬픔에 빠졌다. 특히 범어사 총무스님은 땅을 치며 대성통곡하였다.

"아이구, 아이구… 진짜 도인 스님! 선지식을 옆에 두고 눈 어둡고 귀 멀어 몰라보았으니 참으로 한탄스럽구나."

장례는 스님의 삶처럼 간소하면서 여법하게 치러졌다. 법산 스님은 은사스님이 남긴 한줌의 재를 금정산(金井山)에 뿌리고 부산을 떠났다. 스님은 은사스님의 마지막 가시는 모습을 보고 더욱 신심을 내고 발심하였다.

그 이후로는 더 큰 소리로 더 간절하게 염불하였다. 그렇게 전국을 3년가량 다니다가 발걸음을 멈춘 곳이 강원도 명주군의 어느 외딴 토굴이었다. 멀리 동해 바다가 보이는 산자락에 방 한 칸, 부엌 한 칸 조그마하고 보잘 것 없는 집에서 살았다.

이곳에서는 지금까지의 거리의 삶과는 전혀 달랐다. 거의 두문불출(杜門不出)하였다. 처음 몇 년간은 땔감을 구하기 위하여 산에 오른다던가, 양식이 떨어지면 탁발하기 위하여 외출도 하였다.

몇 년이 지나서는 누군가 땔감이 없으면 땔감을, 먹을 것이 없으면 먹을 것을 조달하여 주었다. 그는 하루 종일 아미타불에 빠졌다. 오직 '나무아미타불, 나무아미타불, 나무아미타불' 나무아미타불로 눈을 뜨면 잘 때까지 나무아미타불을 놓지 않았다. 그렇게 나무아미타불을 부르면서 달이 가고 해가 지나서 10여 년간 아미타불과 함께 세월을 보냈다.

그간 어떤 때는 너무 좋아 춤을 덩실덩실 추기도 하였으며, 어떤 때는 남모를 소리를 내며 즐기기도 하였으며, 어떤 때는 법열에 자신을 억제하기 어려워 동해안을 질주하기도 하였으며, 어떤 때는 뒷산 상봉인 오대산(五台山) 삼왕봉(三王峰)을 올라가 천하를 호령하기도 하였으며, 어떤 때는 밤중에 방광(放光)하여 마을 사람들을 놀라게 하기도 하였다.

또 어느 해는 강원도 산골에 앉아서 서울을 보며 정부의 나라 걱정을 하기도 하였고, 어느 여름에는 큰 비가 올 것을 예상하고 주민들을 대피시킨 일도 있고 언젠가는 동해안으로 상륙한 공비들 2명을 자수시켜 화제가 되기도 하였다.

그런 그를 인근 마을 사람들은 '살아있는 아미타불', '살아있는 부처님'이라고 하기도 하고, '도인 스님'으로 부르기도 하였다. 한편 그는 앞날을 내다보는 '신비한 스님'으로 보이기도 하였다.

그는 30년 가까이 부른 아미타불 속에서 진정한 희열을 느끼고, 그가 그토록 바라던 참 행복을 느끼다가 갔다. 그는 열반에 들 때도 아미타불 일념에 들어 법열을 느끼다가 얼굴에 미소를 지은 상태로 갔다.

이상 하담 스님과 법산 스님의 이야기는 법산 스님에게 직접 들은 이야기이다.

難信之法

南無阿彌陀佛

- 불설무량수경

若聞斯經 信樂受持 難中之難 無過此難
遇善知識 聞法能行 此亦爲難
如來興世 難値難見 諸佛經道 難得難聞

어려운 것 중에서 어려우니, 이보다 더 어려운 것은 세상에 없느니라.

더구나 이 경전을 듣고서 믿고 좋아하며 수지하기는

선지식을 만나 법을 듣고 수행하기도 또한 어려운 일이니라.

제불의 경전과 도법은 얻기도 어렵고 듣기도 어려우며,

여래께서 세상에 출현하심은 만나기도 어렵고 뵙기도 어려우며,

진주 연화사 두 보살의 극락왕생

고즈넉한 산사의 분위기와는 사뭇 다르지만 진주 연화사에
는 오래 전부터 널리 알려지지 않은 노 보살에 관한 사연
2가지가 전해져 온다.

송선덕화 보살 사연

대웅전을 올라 오른쪽 선방을 지나 대나무 숲 사이에는 5
층으로 된 높은 사리탑이 하나 보인다. 송선덕화 보살[7]에
관한 사연인데 불가의 정신을 다시 한번 깨우칠만한 영험
한 사례로 꼽힌다.

이 사찰에는 과거에 말이 별로 없고 우직한 송 보살이 있
었다. 보살은 인근에 살고 있으면서 절에 자주 찾아와 갖
가지 일을 도왔다. 집이 힘겹게 가난했지만 다복하게 살았
다.

그러던 중 스님으로부터 "나무아미타불을 부르면 죽어서
극락세계에 왕생 한다"는 법문을 듣고 그때부터 염불을 하
기 시작했다.

보살은 비가 오나 눈이 오나 일심으로 염불을 하고 다녔
고 누구를 만나더라도 인사가 '안녕하세요'가 아닌 '나무아
미타불'이었다.

---

7) 진주 출신의 청담 큰스님(조계종 종정 역임)의 기록을 나무아미타
    불 카페 http://cafe.daum.net/amtb '반문문자성' 님이 간추린 것임.

진주 연화사 선덕화 보살(왼쪽)과 정토화 보살의 사리탑비

그렇게 20년이 지난 어느 날 송 보살은 갑자기 자기가 언제, 어느 때 세상을 떠날 일을 예언하고 다녔다. 사람을 만날 때마다. "자신이 4일 후(3개월인지 확실치 않음) 저녁 어두워질 때 가겠으니 부디 염불 잘하시오. 나는 극락에 가니까 거기서 만나자"며 인사를 하고 다녔다. 사람들은 '나이가 많아 망령이 났다'며 믿지 않았다.

그날이 되자 보살은 자식들을 다 불러 놓고 "오늘 저녁 해질 무렵에 간다. 너희들도 딴 짓 하지마라. 극락도 있고 지옥도 있는 줄 알고, 또 사람이 부처가 되는 법이니 잘 명심하고 신심으로 살아야 한다"고 유언하고 임종했다.

임종 후에 신기한 일이 벌어졌다. 서쪽에서 한 줄기 빛이 방안에 환하게 비추고 특이한 향기가 났다. 그 빛은 오랫동안 비췄는데 너무 밝아 진주일대 소방서에서 불이 난 줄 알고 달려오는 해프닝까지 벌어졌다.

이 사실이 신도들에게 알려지면서 수천 명이 몰려왔다 그들은 한결같이 "송 보살이 예언대로 돌아갔다. 열반했다"며 그를 부처님같이 생각하고, 절하고 돈도 냈다.

이후 화장하고 수습해 보니 사리 7과가 나왔고 이를 기려 '송씨선덕화사리탑'을 세워 모셨다.

처지가 가난해도 일념으로 염불하고 기도하면서 부처님의 뜻대로 살면 마음이 통일되고 밝은 마음의 혜가 열려 극락세계로 간다는 불심을 깨우치는 일화로 전해지고 있는 것이다.

오정토화 보살의 취골탑(就骨塔) 사연

진주 연화사 입구에 들어서 대웅전 앞에 서면 오른쪽에 탑이 하나 보인다. 이것이 취골탑(就骨塔)으로 90여년 전 연화사에 적을 두었던 한 보살을 화장했는데 화장 후 뼈가 마치 인위적으로 모아 세운 것처럼 탑같이 보여, 이 탑을 세워 기리고 있다. 탑에는 '청신녀오정토화사리부도'라고 새겨져 있다. 90년 정도 된 것으로 추정하고 있으며 세월의 흔적 때문에 다소 검게 보이는 것이 특징이다.

이 탑의 주인공은 94세의 나이로 돌아가신 노 보살이다. 이 보살 역시 절에서 법당 청소나 빨래 허드렛일 등 궂은 일을 도맡았다.

언제나 말없이 봉사하면서 속으로는 끊임없이 염불을 했는데 여간 정성이 아니었다. 하지만 보살은 부엌의 부지깽이도 일어나 거든다는 모내기철에 세상을 떠났다. 유독 그해 가뭄이 심해 논바닥이 거북등처럼 갈라졌고, 물이 없어 모

를 심지 못할 지경이었다. 발인식 날, 평소에 친하게 지내
던 친구가 보살의 관을 보고 말했다.

"오늘이 우리의 마지막이다. 지금 농부들뿐 만 아니라, 모
든 사람이 물이 없어 갈증을 느끼고 있다. 친구! 부처님에
대한 친구의 정성스럽고 간절했던 평소의 생각으로 남아
있는 세상 사람들에게 이롭도록 비를 내려달라"고 간청했
다. "그러면 우리가 이 상여를 지고 진주 시내를 한 바퀴
돌겠다"는 약속까지 했다. 그런데 발인 후 운구를 하려할
때 기이한 일이 벌어졌다.

갑자기 하늘에 구름이 몰려들고 순식간에 진주 시내를 감
싸더니 소나기가 내린 것이다. 사람들은 너무나 기쁜 나머
지 상여를 메고 진주 시내를 한바퀴 돌았는데 연화사에
도착했을 때도 여전히 비가 그치지 않고 계속됐다.

장사를 치르고 다음날 뼈를 수습하려고 다비장에 갔더니
뼈들이 탑처럼 쌓여 있었다. 신도들은 이를 신기하게 여겨
사리와 함께 연화사 경내에 탑을 세워 노보살의 덕을 기
리고 있다.

이 일은 평소 노보살이 염불하고 기도하며 부처님 뜻대로
살아온 것을 부처님께서 갸륵하게 여겨 가뭄으로 걱정하는
중생의 소망을 들어준 것으로 전해지고 있다.

'연종집요' 저술한 홍인표 거사

회서(懷西) 홍인표(洪仁杓, 1880~1964) 거사의 본관은 남양(南陽), 원적은 서울이며, 1964년도에 입적하셨다. 거사께서는 동경제대를 수학 하시고 일제강점기에 잠시 정읍 군수를 역임할 정도로 이(理)와 사(事)를 겸비한 염불행자였다.

근대의 대율사이신 자운(慈雲) 큰스님과 서로 존경하며 깊은 교류를 하셨으며, 1960년대 초 지금의 서울 삼청동 보국사에서 염불왕생에 바탕을 둔 '대동염불회'를 결성하였다. 당시 대동염불회는 만일염불회의 전통을 계승하여 대단한 신심과 원력으로 염불결사를 한 신행단체였다.

〈연종집요〉는 거사께서 오랫동안 정토교학을 연구하며 대장경을 열람하신 후 철저한 준비로 집필한 역저이다. 한국 근현대불교사에서 정토수행에 대해 처음으로 가장 체계적이고 종합적인 서술을 한 저서로 평가받고 있다.

거사께서는 평생 오신채를 금하셨고 정토 경전에 대한 사경과 애송은 지극하셨으며, 그분의 세필은 장안의 명필로도 정평이 났다. 만년에는 항상 사성예불과 염불정진으로 일관하셨으며 염불정업 발원행자로 정진하셨다. 거사께서는 말년에 밤으로 옷도 잘 벗지 않으시고 서쪽을 향하여 항상 엎드려 절하는 자세로 주무시고, 오신채며 육식은 일체 금하고 '나무아미타불' 육자 염불을 지성으로 하시다가 않은 자세 그대로 극락왕생 하셨다. 왕생하실 때는 적손(홍언규, 현수 스님)을 불러 금강계단(통도사)에 입문케 하시고 조용히 염불삼매로 좌탈입적(坐脫入寂) 하셨다.

다음은 홍인표 거사의 정토사상을 몃볼 수 있는 〈연종집요〉의 서문이다.

일생에 육도윤회를 벗어나 성불하는 길

석가모니불께서 온갖 중생들이 육도 중에서 수레바퀴처럼 돌아다니며 고를 받으면서도 그 고를 벗어날 줄을 알지 못하는 것을 불쌍히 여기시어 성도하신 후에 사십여 년 동안 팔만 법장을 설법 하시어 중생이 육도를 벗어나 성불하는 법을 가르쳐 주셨다.

그러나 중생으로서 처음 발심하여 성불하기까지에는 3아승기겁이라는 장구한 세월을 닦아야 하니, 그러는 동안에는 무수한 생사를 반복하면서 한량없는 고난을 받아야 하므로 부처님께서 성불하는 법을 가르쳐주시며 생각하시기를, 이 법이 이렇게 오랜 세월이 걸리고도 어려워서 중생들이 이 말을 듣고 겁이 나서 발심하지 못하거나 혹은 도를 닦다가 중도에 그만두는 폐단이 있을까 염려하시어 빨리 성불할 수 있는 별법을 가르쳐 주셨다.

이 법이 연종법문이니 어떤 중생이나 여러 생을 지내지 아니하고 일생에 염불한 공덕으로 육도윤회를 벗어나 서방정토 극락세계에 왕생하여 아미타불의 설법을 듣고 필경에는 성불하는 법문이다.

다른 법문은 자기의 힘으로 도를 닦아서 온갖 번뇌를 끊어야 육도의 윤회를 면하고 성불하는 것이며 만일 조금이라도 번뇌가 남아 있으면 성불은 고사하고 육도의 윤회도 면할 수 없게 되는 것이다.

그러나 이 연종법문은 자기의 염불하는 수행과 아미타불의 원력으로 인하여 설혹 임종할 때에 번뇌를 다 끊지 못하였더라도 대혹왕생 즉 미혹을 띤 채 왕생하여 성불하게 되는 것이니 다른 법문에 비하여 알기 쉽고 행하기 쉽고 닦기 쉽고 성불하기 쉬운 절묘한 법문이다.

이 책을 보는 이가 이미 발심하였으면 염불에 더욱 정진할 것이요, 만일 발심하지 못하였으면 빨리 발심하고 부지런히 닦아서 이 생을 마치고는 극락세계에 왕생하기를 간절히 바라는 바이다.

불기 2505년 임인(壬寅) 계춘(季春)

회서 홍인표

나무아미타불南無阿彌陀佛
여섯 자의 공덕은 다음과 같다
나南는 항하사 성聖 공덕이 구족하다.
무無는 돌아가신 7대 윗 조상이
고를 여의고 낙을 얻는다.
아阿는 삼십삼천 태허가 진동한다.
미彌는 무량억겁 생사의 죄가
단번에 없어진다.
타陀는 8만4천 마군이
갑자기 없어진다.
불佛은 8만4천 무명업식이
한꺼번에 없어진다.
- 연종집요

하루 10만 독 염불한 법륜각 보살의 상서로운 왕생

이 법륜각 보살8)은 서울 정릉 보국사 신도이다. 1923년 평
남 안주에서 태어났는데 한국전쟁 때 월남하여 서울에서 살
면서 보국사에 다녔다. 법륜각 보살은 처음에는 참선에 관
심을 가지고 참선수행을 하였는데, 인천 용화사의 송담 큰
스님을 친견하고 그분의 가르침에 따라 간화선을 수행하였
다 한다.

그렇게 참선에 몰두하였으나 간화선이 최상승인지라 자신의
근기에 맞지 않다고 여기고 있던 차, 1960년경 보국사에서
대동염불회를 조직하여 정토염불법을 크게 펼치신 자운(慈
雲, 1911~1992) 큰스님을 만나게 되면서부터 정토염불을
알게 되었다.

자운 노스님께서는 3.1운동 독립선언에 참여한 33인이었던
용성(龍城) 큰스님의 전법제자로, 1981년부터 조계종 전계대
화상을 역임하셨으며, 해인사에 계실 때 수산(秀山) 스님과
함께 만일염불회를 결사하시어 정토왕생업을 닦으셨고 또
보국사에 오셔서는 대동염불회를 조직하시어 정토염불을 널
리 펼치신 분이시다.

1992년 스님께서 해인사에서 열반하실 때에는 "서쪽을 향
하여 합장하고 단정히 앉아 아미타불의 명호를 칭명하면서
조용히 입적하시니 향기가 진동하고 묘음이 청아하였으며

---

8) 보국사 태원 스님 구술.

염불소리와 함께 입으로부터 오색광명이 서쪽하늘을 가득 메웠다."고 한다.

법륜각 보살은 보국사에서 자운 스님으로부터 이러한 정토 법문을 배우게 된 것이다. 그리하여 그동안 수행하던 참선을 내려놓고 서방정토에 귀의하여 오로지 '나무아미타불' 염불만 하였다. 이로부터 30여 년간을 한결같이 하루에 10만독 씩 염불하셨다고 한다. 10만독이라면 하루종일 염불을 놓지 않았다는 것이 된다.

하루는 보국사 주지 태원 스님이 법륜각 보살의 집을 방문한 적이 있었는데, 그때 법륜각 보살은 텔레비전을 보면서 염주를 돌리고 있었다. 스님께서 "텔레비전을 보면서 염불하면 염불이 제대로 되겠느냐?"고 물었다.

법륜각 보살은 웃으면서 "그래도 염불이 됩니다."라고 대답하였다. 스님께서는 이 말을 듣고 속으로 의아스러웠다고 한다. 상식적으로 텔레비전을 보면서 염불한다는 것이 불가능하게 생각되기 때문이다. 그러나 법륜각 보살은 일상생활 속에서도 걸림없이 염불이 돌아가는 경지에 있었던 것이다.

당시 보국사의 대동염불회는 만일염불회의 전통을 계승하여 대단한 신심과 원력으로 염불결사를 한 모임으로, 대표는 회서 홍인표 거사가 맡고 있었다. 홍인표 거사는 임종 후 사리가 나올 정도로 철저히 수행하셨다 한다. 그리고 그가 지은 〈연종집요〉는 한국근현대불교사에서 정토에 대해 가장 최초로 체계적이고 종합적인 서술을 한 저서로 평가받고 있다.

법륜각 보살은 바로 이러한 대동염불회의 수행분위기 속에서 염불수행에 매진하였던 것이다. 재가자들이 모여 이렇게 염불수행을 열심히 할 수 있었던 밑바탕에는 물론 자운 노스님의 원력이 있었기 때문이다.

자운 스님께 비구계를 받으시고 스님과 함께 해인사에서 염불만일회를 결사한 수산 스님께서도 대구에서 염불선원을 세우시어 수많은 재가 염불행자들을 배출하였으며, 수산 스님께 염불법을 배우신 법장(法藏) 스님께서도 경주 미타사에서 1985년 염불만일연회를 결사하시어 20년 넘게 염불수행과 포교를 해 오시는데, 여기에는 자운 스님의 크신 원력이 밑받침되고 있다고 볼 수 있다.

법륜각 보살은 평소 심장이 안 좋았는데, 왕생 수개월 전에는 병환이 심해져 몇 차례 병원입원을 한 적이 있었다. 길게는 열흘, 짧게는 일주일 정도 입원하였다가 다시 일상으로 돌아오곤 하였다. 이즈음에 법륜각 보살과 아는 분이 보살님을 도와드리며 함께 생활하고 있었는데 법륜각 보살이 병원에 입원할 때도 늘 함께 따라가서 간병해 주곤 하였다.

법륜각 보살은 간병도우미인 그분에게 불교를 가르쳐주어 불법에 귀의하게 하고 보국사에도 함께 가곤 하였다. 1998년 어느 날, 법륜각 보살이 세 번째인가 네 번째인가 병원에 입원하였을 때였다. 이때도 간병인이 함께 가서 간병을 해 주었는데, 이번에는 병환과 노환이 심해 더 이상 생명을 이어가기가 어려울 것 같았다. 임종할 때가 다 된 것이었다.

법륜각 보살은 침대에 누워서 임종에 임박한 상황에서도 평소와 다름없이 염불을 하고 있었다. 그러다가 어느 순간 갑자기 "부처님이 오신다!", "부처님이 오신다!" 하고 두 번이나 외치고는 몸소 침대에서 내려와 서쪽을 향하여 세 번 절을 올리는 것이었다. 그리고는 다시 침대에 돌아와 조용히 숨을 거두었다. 이것은 이 자리에 함께 있었던 간병인이 분명히 목격한 사실이다.

간병인은 나중에 태원 스님께 이 놀라운 사실을 이야기함으로써 비로소 세상에 알려지게 된 것이다. 태원 스님은 이 이야기를 전해 듣고 예전에 법륜각 보살이 텔레비전을 보면서도 염불이 된다는 말을 비로소 의심없이 믿었을 뿐 아니라 평소에 지극한 정성으로 염불하였다는 사실을 알게 되었다. 왜냐하면 웬만한 수행력을 지닌 고승이라 해도 임종에 이르러서는 온몸의 기운이 다 빠져나가는 상황이기에 앉아 있기도 불가능한 처지인데, 법륜각 보살은 임종을 바로 앞둔 상황에서 벌떡 일어나 침대에서 내려와 삼배를 하였기 때문이다. 이는 평소에 지극정성으로 염불한 공덕이 있었기에 가능한 일이며, 이러한 염불공덕으로 임종 직전에 아미타부처님의 내영(來迎)을 받고 가피를 받았기에 가능한 일이라 하지 않을 수 없다.

출판 자금을 내거나
독송 · 수지하는 사람과
여러 사람 여러 장소에
유통시키는 사람들을 위해
두루 회향하는 게송

경을 인쇄한 공덕과 수승한 행과

가없는 수승한 복을 모두 회향하옵나니,

원하옵건대 전생 현생의 업이 다 소멸되고,

업과 미혹이 사라지고 선근이 증장되며,

현생의 권속이 안락하고, 선망 조상들이 극락왕생하며,

시방찰토 미진수 법계, 공존공영하고 화해원만하며,

비바람이 항상 순조롭게 불고 세계가 모두 화평하며,

일체 재난이 없어지고 사람들이 건강 평안하며,

일체 법계 중생들이 함께 정토에 왕생하게 하소서.

無緣大慈
조건 없는 참사랑

구름은 바람 없이 움직일 수 없고
사람을 움직이는 것은 오직 사랑이어라
중생을 윤회계에서 벗어나게 하는 것은
오직 아미타불 명호의 대자대비 본원력이라

무량수여래회 근본도량
영주 용두사(용득사)

염불각자열전

1판 1쇄 펴낸날 2018년 6월 15일
1판 8쇄 펴낸날 2024년 8월 21일

편저 김성우
발행인 김재경 **편집 · 디자인** 김성우 **교정 · 교열** 이유경 **마케팅** 권태형 **제작** 재능인쇄
펴낸곳 도서출판 비움과소통(blog.daum.net/kudoyukjung)
　　　　서울 금천구 가산디지털2로 43-14 한화비즈2차 7층 702호
　　　　전화 010-6790-0856 팩스 0505-115-2068
　　　　이메일 buddhapia5@daum.net
출판등록 2010년 6월 18일 제318-2010-000092호

© **무량수여래회**
ISBN 979-11-6016-039-0 03220

※ 전법을 위한 법보시용 불서는 저렴하게 제작 · 보급해 드립니다.
　　다량 주문시 표지 · 본문 등에 원하시는 문구(文句)를 넣어드립니다.